EL PILOTO AL MANDO EN OPERACIONES COMERCIALES ESPECIALIZADAS (SPO)

Enero 2022

Javier Recarte Casanova

ISBN 13: 978-84-608-8651-8

Depósito legal: CA 253-2016

INTRODUCCIÓN

¿Qué representa el Piloto al Mando que realiza sus funciones en una compañía de Operaciones Comerciales Especializadas (SPO) dentro de la organización de la Aviación Civil? ¿Qué legislación regula sus funciones? ¿Cómo debe aplicarla el Piloto al Mando? ¿Dónde encontrar resumida y estructurada la legislación para que el Piloto al Mando de Aeronave pueda aplicarla, ya que la Ley se lo exige?

Si la Legislación Aeronáutica ha evolucionado de una manera importante para el Transporte Aéreo Comercial, con una actividad legislativa impresionante por parte de las JAA y ahora de la Unión Europea e incluso por parte de la AESA, los Trabajos Aéreos, hasta hace muy poco, han estado abandonados casi absolutamente por parte de estos organismos donde incluimos también a la OACI.

Ahora hay una nueva normativa europea al respecto que regula las operaciones comerciales especializadas, nueva denominación para los trabajos aéreos. Pero no aborda todas las facetas. Por ejemplo, no llega a la regulación del trabajo y descanso, manteniendo la normativa anterior que incluye la C.O. 16 B, no publicada en el BOE.

La función del Piloto al Mando de Aeronave radica en desarrollar el ejercicio de las responsabilidades que le atribuye la Ley. Lo que ocurre es que en este caso, la mayor parte de las veces, el Piloto al mando es el único piloto a bordo. El Comandante de Aeronave, que realiza sus funciones en una aeronave de transporte aéreo, de acuerdo con la Ley sobre Navegación Aérea, es responsable de la aeronave, su tripulación, los pasajeros, sus equipajes, la mercancía y el correo que el operador le ha entregado. ¿Dónde quedan, pues, las responsabilidades del mero Piloto al Mando de una aeronave de trabajos aéreos, o mejor dicho, de operaciones comerciales especializadas (SPO)? Por analogía deben equipararse a las del Comandante.

El Reglamento de la Circulación Aérea confunde ambas definiciones, llevando a un caos de conceptos. Ocurre lo mismo con la AESA.

El Piloto al Mando de una aeronave de SPO ha de conocer no solo las normas directas sobre la aeronave, las tripulaciones, y su propia función en el trabajo a ejecutar - Leyes, Reglamentos, Convenios Internacionales, Manual de Operaciones, etc.- sino también las de otros organismos que tienen incidencia en el trabajo aéreo: Sanidad, Aduanas, Hacienda, Registro Civil, etc. Ha de conocer además las normas internas de su compañía, tanto comerciales como operacionales, que no recoja el M.O. Esa es su responsabilidad.

Por otra parte, el Piloto al Mando de aeronave no puede funcionar como un Capitán de la Marina Mercante, aunque legalmente se pudiera equipar en ciertos casos, pues éste toma sus decisiones amparado por un espacio de tiempo más que suficiente para hacer consultas. Piloto al Mando ha de tomar muchas de sus decisiones de un modo instantáneo, por lo que no le queda más remedio que conocer el contenido legal de sus decisiones, así como las consecuencias jurídicas de lo que decide.

El Estado y las normas internacionales dejan en las manos del Piloto al Mando la operación de vuelo, otorgándole un poder de decisión casi omnímodo, dándole capacidad, incluso, para no aplicar las leyes y reglamentos en ciertas circunstancias.

El Piloto al Mando es, por tanto, como ya lo he definido en algunas de mis publicaciones, un operador jurídico, es decir, una persona que, para ejercer sus funciones, interpreta las normas para poder aplicarlas, adaptándolas a cada caso determinado.

El Piloto al Mando ha de aprender las normas directamente de los artículos de las Leyes, Reglamentos y Convenios Internacionales, dado que no existen textos de consulta jurídica para ellos. Esto, que ya es árido para los juristas, es casi imposible para personas no versadas en Derecho.

Hay decenas de normas, diseminadas por la legislación nacional e internacional, que debería conocer el Piloto al Mando o el Copiloto, pues estas mismas normas así lo exigen.

Al fin existe una normativa importante para trabajos aéreos, cuyo testo principal está diseminado a través de todo el Reglamento (UE) 965/2012 (Anexos III y VIII) e incluye también algún Real Decreto del Ministerio de Fomento y Circulares Operativas y Resoluciones de la AESA.

Este es el único manual que las aglutina y adapta para su rápida consulta, toda esta normativa, ordenándola por capítulos estructurados de manera más organizada.

Los Manuales de Operaciones son eso, de operaciones, pero no abordan las facetas jurídicas que afectan al Piloto al Mando, más que en algunos apartados.

Con este manual, he tratado de llenar esta laguna y ayudar al Piloto de Operaciones Comerciales especializadas a aplicar la normativa en la mayor parte de los casos.

NOTA: Si, por inadvertencia, se ha incluido en el Manual algo que contradiga las normas oficiales, prevalecerán éstas en todo caso.

EL PILOTO AL MANDO EN OPERACIONES COMERCIALES ESPECIALIZADAS

ÍNDICES

A. TABLA DE CONTENIDO

3. FUNCIONES Y RESPONSABILIDADES DEL PILOTO AL MANDO

4. LA TRIPULACIÓN

5. LA AERONAVE

6. EL AERÓDROMO

7. NORMAS DE TRABAJO Y DESCANSO

8. AUTORIDADES DE AVIACIÓN CIVIL

9. ACCIDENTES, INCIDENTES Y SU NOTIFICACIÓN

10. INFRACCIONES Y SANCIONES. PROCEDIMIENTO SANCIONADOR

11. FORMULARIOS Y ACTAS

12. ANEXOS

B/ ABREVIATURAS QUE APARECEN EN EL MANUAL

A	Aviones
ACAS	Sistema para evitar colisiones en vuelo
ACC	Control de Área
AD	Aeródromo
ADS-B	Automatic Dependent Surveillance-Broadcast
ADS-C/CPDLC	Vigilancia Dependiente Automática/Comunicación Automática de Datos entre piloto-controlador
AeMC	Centro de Medicina Aeronáutica
AENA	Aeropuertos Nacionales y Navegación Aérea
AESA	Agencia Estatal de la Seguridad Aérea
AFTN	Red de Telecomunicaciones Fijas Aeronáuticas
AMC	Medio aceptable de cumplimiento (Acceptable Means of Compliance)
AME	Médico Examinador Aéreo
AMSL	Sobre el nivel medio del mar.
AOC	Certificado de Operador Aéreo
AOG	Aircarft on ground ....
APP	Control de Aproximación
APU	Unidad de energía auxiliar
APV	Aproximación con guía vertical
Art.	Artículo
As	Dirigible (Airship)
ASDA	Distancia de aceleración parada
ATB	Billete electrónico
ATC	Control de Tránsito Aéreo
ATO	Organización de Formacon Aprobada
ATPL	Licencia de piloto de transporte de línea aérea
ATPL	Licencia de piloto de transporte de línea aérea
ATS	Servicio de Tránsito Aéreo
AVI	Animal en bodega
AWB	Air Way Bill (Conocimiento aéreo)
B	Globo
BITD	Dispositivo básico de entrenamiento en vuelo

	por instrumentos
BLDN	Ciego
BLL	Licencia de piloto de globo
BOE	Boletín Oficial del Estado
BPL	Licencia de piloto de globo
CAO	Sólo avión de carga
CDFA	Descenso continuo para aproximación final........................
CDL	Lista de Desviación de Configuración
CEANITA:	Comisión de Estudio y Análisis de Notificaciones de Incidentes de Tránsito Aéreo.
CEE	Comunidad Económica Europea
CFI	Instructor de vuelo principal
CIAIAC	Comisión de Investigación de Accidentes e Incidentes de Av. Civil.
CIDEFO	Comisión Interministerial de Defensa y Fomento
CM	Crew Member
CO	Circular operativa
CofA	Certificate of Airworthiness (Certificado de aeronavegabilidad)
CONV.	Convenio
CPL	Licencia de Piloto Comercial
CRE	Examinador de habilitación de clase
CS	Especificaciones de certificación
CTKI	Instructor principal de conocimientos teóricos
CV	Convenio de Varsovia
CVR	Cockpit Voice Recorder
DEAF	Sordo
DEPO	Deportado
DGAC	Dirección General de Aviación Civil
DGTA	Dirección General del Transporte Aéreo
DIP	Valija diplomática
DOUE	Diario Oficial de la Unión Europea
EOBT	Hora prevista de fuera calzos
ETA	Hora estimada de llegada
ETL	Baliza automática de emergencia
ETOPS	Extended range twin operation
ETD	Hora estimada de despegue

FAR	Federal Air Rules
FC	Tripulación de vuelo
FCL	Flight Crew Licence
FE	Examinador de vuelo
FFS	Simulador de vuelo
FI	Instrumentos de vuelo
FIE	Examinador de instructores de vuelo
FNPT	Entrenador de procedimientos de vuelo y navegación
FSTD	Dispositivos de simulación de vuelo para entrenamiento
FTD	Dispositivo de entrenamiento de vuelo
FTI	Instructor de ensayos de vuelo
GEN	Requisitos Generales
GM	Material de orientación
GMP	Facultativos de medicina general
GPS	Global Position System
GPWS	Ground Proximity Warning System
H	Helicópteros
HEMS	Operaciones de Servicio Médico de Emergencias con Helicóptero.
HHO	Operaciones de vuelo de helicópteros con grúas de rescate
HON	Autoridad
HT	Director de información
hPa	Hecto Pascal
HUM	Restos humanos en bodega
IATA	Asociación del Transporte Aéreo Internacional
ICE	Hielo seco
IDE	Instrumentos, Datos y Equipos
IEM	Interpretative and Explanarory Material
IFALPA	Federación Int. de Asociaciones de Pilotos de L. Aéreas
IFR	Reglas de vuelo instrumental
IMC	Condiciones meteorológicas de vuelo instrumental
INAD	Inadmitido
INCAD	Documento de admisión de pasajeros incapacitados.
INS	Inertial Navigation System
IT	Índice de transporte
IR	Habilitación de vuelo por instrumentos
IRI	Instructor de habilitación de vuelo por instrumentos

JAA	Join Aviation Authoriries
JAR	Joint Aviation Requirements
LAG	Líquidos, aerosoles y geles.
LAPL	Licencia de piloto de aeronave ligera
LGT	Ley General Tributaria
LMC	Cambios de última hora en hoja de carga
LNA	Ley sobre Navegación Aérea
LPPNA	Ley Penal y Procesal de la Navegación Aérea
LRJPAC	Ley de Régimen Jurídico de las Administraciones públicas y del Procedimiento Administrativo Común
LSA	Ley de Seguridad Aérea
LVO	Operaciones con visibilidad reducida
MAB	Masa y Centrado
MCTOM	Masa máxima certificada para el despegue
MCC	Curso de formación de cooperación de la tripulación
MEL	Lista de equipo mínimo
MMEL	Master MEL
MI	Instructor de habilitación de montaña
MOT	Manual de Operaciones de Tráfico
MPA	Aeronave propulsada
n.e.p	No especificado en ninguna parte
NIL	No Item Loaded
NM	Millas náuticas
NOS	Not otherwise specified
NPA	Aproximación de no precisión
NU	Número de Naciones Unidas
NVG	Gafas de visión nocturna
NVIS	Vuelo asistido por un sistema de visión nocturna de imágenes
NVG	Gafas de visión nocturna
NVIS	Vuelo asistido por un sistema de visión nocturn de imágenes
OACI	Organización de la Aviación Civil Internacional
OCH	Altura de franqueamiento de obstáculos
OPS	Operaciones
OTD	Otros dispositivos de enseñanza
OHMP	Especialistas en salud y seguridad en el trabajo
OP	Procedimientos Operativos

OTD Otros dispositivos de enseñanza
ARA Requisitos de Autoridad Aplicables al personal de vuelo (Authority equirements fort Air Crew)
Parte ARO Requisitos de la Autoridad para operaciones aéreas (Authority Requirements for Air Operations)
Parte ATO Organización de formación aprobada (Approved Training Organisation)
Parte CAT Transporte Aéreo Comercial (Comertial Air Transport)
Parte CC Cualificación de la Tripulación de Cabina de Pasajeros (Cabin Crew)
Parte FCL Licencias de la Tripulación de vuelo (Flight Crew Licences)
Parte MED Parte Médica
Parte ORA Requisitos de Organización para el personal de vuelo (Organisation equirements for Air Crew)
Parte ORO Organización para Operaciones Aéreas (Operations Requiremen for Air Organisation)
Parte SPA Aprobaciones especiales (Specific Approvals)
PBE Equipo respirador de protección de la tripulación
PPL Licencia de piloto privado
PER Perecedero
PETC Animal de compañía en cabina
PF Piloto que vuela
PIC Piloto al mando
PIL Passenger Information List
PIF Puestos de Inspección Fronteriza
PL Despegue vertical (Power Lift)
PLH Protocolo de La Haya
PN Policía Nacional
PNF Piloto que no vuela
POL Performances de aeronaves y limitaciones operativas
POLA Performances de aeronaves y limitaciones operativas
QTG Guía de pruebas de calificación
PRM Persona con movilidad reducida
PIC Piloto al mando
PPL Licencia de Piloto Privado
QTG Guía de pruebas de calificación

RCA	Reglamento de Circulación Aérea
RCL	Líquidos criogénicos
RCM	Material corrosivo
RD	Real Decreto
REX	Explosivos normalmente prohibidos
RFG	Gas inflamable
RFL	Líquido inflamable
RFS	Sólido inflamable
RFW	Peligroso si se humedece
RGX	Explosivo 1.3 G
RHF	Peligro. Estibar alejado de comestibles
RIS	Sustancia infecciosa (Agente etiológico)
RMD	Mercancías peligrosas varias
RMP	Reglamento de mercancías peligrosas
RNG	Gas no inflamable, no tóxico
RPG	Gas tóxico
RSC	Combustible espontáneamente
RSI	Reglamento Sanitario Internacional
s.s.	Siguientes
s.s.r.	Si se requiere
TC	Tripulación Técnica en operaciones HEMS, HHO o NVIS.
TMG	Motovelero de turismo
TRI (A)	Instructor de Habilitación de tipo (avión)
TRI (H)	Instructor de habilitación de tipo (helicóptero)
TRIM.	Trimestre
TWR	Control de torre
TMG	Motovelero de turismo
UE	Unión Europea
UHF	Ultra alta frecuencia
IR	Región superior deInformación de Vuelo
RXE	Explosivos 1.4 E
RXG	Explosivos 1.4 G
RXS	Explosivos 1.4 S
S	Planeador
SEC	Seguridad
SERA	Standardised European Rules of the Air
SFE	Examinador de vuelo en simulador
SFI	Instructor de vuelo en simulador
SFTSAAB	Friction Tester
SITA	Sociedad Internacional de Telecomunicaciones Aeronáuti-

	cas
SPIC	Alumno piloto al mando
SPL	Licencia de piloto de información de vuelo
ULD	Dispositivo unitario de carga
VFR	Reglas de vuelo visual
VHF	Muy alta frecuencia
VIP	Persona muy importante
VMC	Condiciones meteorológicas de vuelo visual

C. Indice por palabras

A

B

C

D

E

F

J

L

M

N

INTENCIONADAMENTE EN BLANCO

0. MISCELÁNEA

0.1 DEFINICIONES

Trasponemos las definiciones sobre las materias de este manual, que vienen reguladas en distintas normas de Aviación Civil nacionales e internacionales:

(1) Accidente: todo suceso que, en relación con la utilización de una aeronave tenga lugar, en el caso de aeronaves tripuladas, en el período comprendido entre el momento en que cualquier persona embarque en la aeronave con intención de realizar un vuelo y el momento en que cualquiera de esas personas desembarque, o que tenga lugar, en el caso de aeronaves no tripuladas, en el período comprendido entre el momento en que la aeronave esté lista para ponerse en movimiento con intención de realizar un vuelo y el momento en que se detenga al final del vuelo y se apaguen los motores utilizados como fuente primaria de propulsión, y durante el cual:

(i) Una persona sufra lesiones mortales o graves como consecuencia de:

(A) Hallarse en la aeronave, o

(B) Entrar en contacto directo con alguna parte de la aeronave, entre las que se incluyen las partes que se hayan desprendido de la aeronave, o

(C) a exposición directa al chorro de un reactor,

Excepto en caso de que las lesiones obedezcan a causas naturales, hayan sido autoinfligidas o causadas por otras personas, o se trate de lesiones sufridas por polizones escondidos fuera de las áreas destinadas normalmente a los pasajeros y la tripulación, o

(ii) La aeronave sufra daños o fallos estructurales que alteren de manera adversa sus características de resistencia estructural, su rendimiento o sus características de vuelo, y que exigirían normalmente una reparación importante o el recambio del componente dañado, excepto si se trata de un fallo o avería del motor, cuando el daño se limite a un solo motor (incluidos su capó o accesorios), a las hélices, extremos de alas, antenas, sondas, aletas, neumáticos, frenos, ruedas, carenas, paneles, puertas del tren de aterrizaje, parabrisas, revestimiento de la aeronave (como pequeñas abolladuras o perforaciones en el revestimiento), o a daños menores a las palas del rotor principal, las palas del rotor trasero, el tren de aterrizaje, así como los daños resultantes de granizo o impactos de aves (incluidas perforaciones del radomo), o

(iii) El avión desaparezca o sea totalmente inaccesible;

(2) **Acto de interferencia ilícita:** Actos, o tentativas, destinados a comprometer la seguridad de la aviación civil incluyendo, sin que esta lista sea exhaustiva, lo siguiente:

- Apoderamiento ilícito de aeronaves;
- Destrucción de una aeronave en servicio;
- Toma de rehenes a bordo de aeronaves o en los aeródromos;
- Intrusión por la fuerza a bordo de una aeronave, en un aeropuerto o en el recinto de una instalación aeronáutica;
- Introducción a bordo de una aeronave o en un aeropuerto de armas o de artefactos (o sustancias) peligrosos destinados a fines criminales;
- Uso de una aeronave en servicio con el propósito de causar la muerte, lesiones corporales graves o daños graves a los bienes o al medio ambiente;
- Comunicación de información falsa que comprometa la seguridad de una aeronave en vuelo, o en tierra, o la seguridad de los pasajeros, tripulación, personal de tierra y público en un aeropuerto o en el recinto de una instalación de aviación civil.

(3) **Actividad:** cualquier tarea que desempeña un miembro de la tripulación para el operador, incluido la actividad de vuelo, trabajo administrativo, dar o recibir entrenamiento y verificación, posicionamiento, y algunos elementos de la imaginaria.

(4) **Actividad (2):** Cualquier función que deba realizar un miembro de la tripulación en relación con la actividad económica de un titular de un AOC.

(5) **Acuerdo de arrendamiento con tripulación**: un acuerdo entre

compañías aéreas según el cual la aeronave se explota con el certificado de operador aéreo (AOC) del arrendador;

(6) **Acuerdo de arrendamiento sin tripulación**: un acuerdo celebrado entre empresas y en virtud del cual la aeronave se explota al amparo del certificado de operador aéreo (AOC) del arrendatario;

(7) **Aeródromo alternativo en ruta (ERA)**: un aeródromo adecuado, situado dentro de la ruta, que puede ser necesario en la fase de planificación;

(8) **Aeródromo de alternativa:** un aeródromo al que podría dirigirse una aeronave cuando fuera imposible o no fuera aconsejable dirigirse al aeródromo de aterrizaje previsto o aterrizar en el mismo; existen los siguientes tipos de aeródromos de alternativa:

(i) Aeródromo de alternativa pos-despegue: un aeródromo de alternativa en el que podría aterrizar una aeronave si esto fuera necesario poco después del despegue y no fuera posible utilizar el aeródromo de salida;

(ii) Aeródromo de alternativa en ruta: un aeródromo en el que podría aterrizar una aeronave si esta experimentara condiciones no normales o de emergencia en ruta;

(iii) Aeródromo de alternativa en ruta ETOPS: un aeródromo de alternativa conveniente y adecuado en el que podría aterrizar una aeronave si esta experimentara una parada de los motores u otras condiciones no normales o de emergencia en ruta en una operación ETOPS;

(iv) Aeródromo de destino alternativo: un aeródromo de alternativa al que podría dirigirse una aeronave cuando fuera imposible o no fuera aconsejable aterrizar en el aeródromo de aterrizaje previsto;

(9) **Aeródromo de alternativa al de despegue**: un aeródromo de alternativa en el que podría aterrizar una aeronave si esto fuera necesario poco después del despegue y no fuera posible utilizar el aeródromo de salida;

(10) **Aeronave**: una máquina que puede sustentarse en la atmósfera por reacciones del aire que no sean las reacciones del mismo contra la superficie de la tierra;

(11) Aeronave del Estado: Las aeronaves militares, entendiéndose por tales las que tengan como misión la defensa nacional o estén mandadas por un militar comisionado al efecto. Estas aeronaves quedan sujetas a su regulación peculiar.

También se consideran las aeronaves no militares destinadas exclusivamente a servicios estatales no comerciales.

(12) **Aeronave ELA1:** una de las siguientes aeronaves ligeras europeas tripuladas:

(i) Un aeroplano con una masa máxima de despegue (MTOM) de 1 200 kg o menos que no esté clasificado como aeronave motopropulsada compleja;

(ii) Un planeador o un planeador con motor de 1 200 kg de MTOM o menos;

(iii) un globo aerostático que, por su diseño, tenga un volumen máximo de gas de elevación o aire caliente que no sobrepase los 3 400 m 3 en el caso de los globos de aire caliente, los 1 050 m 3 en el caso de los globos de gas, ni los 300 m 3 en el caso de los globos de gas cautivos.;

(13) **Aeronave ELA2**: una de las siguientes aeronaves ligeras europeas tripuladas:

(i) Un aeroplano con una masa máxima de despegue (MTOM) de 2.000 kg o menos que no esté clasificado como aeronave motopropulsada compleja;

(ii) Un planeador o un planeador con motor de 2 000 kg de MTOM o menos;

(iii) Un globo;

(iv) Un autogiro ultraligero con una MTOM de 600 kg o menos de diseño sencillo, fabricado para transportar no más de dos ocupantes, sin turbina ni motores cohete; limitado a operaciones VFR diurnas.;

(14) **Aeronave motopropulsada compleja**:

(i) Un avión,

(A) Con una masa máxima certificada de despegue superior a 5.700 Kg, o

(B) Certificado para una configuración máxima de más de 19 asientos de pasajeros, o

(C) Certificada para operar con una tripulación mínima de dos pilotos, o

(D) Equipado con un turboreactor o con más de un motor turbohélice,o

(ii) Un helicóptero certificado

(A) Para una masa máxima certificada de despegue superior a 3.175 Kg, o

(B) Para una configuración máxima de 9 asientos de pasajeros, o

(C) Para operar con una tripulación mínima de 2 pilotos, o

(iii) Una aeronave con rotor basculante.

(15) **Aeronave motopropulsada no compleja:** Aeronave distinta de las motopropulsadas complejas.

(16) **Aeronave ligera.** Aeronave de masa certificada de despegue de 7.000 Kg o menos.

(17) **Aeronave media.** Aeronave de masa máxima certificada de despegue de menos de 136.000 Kg pero más de 7.000 Kg.

(18) **Aeronave pesada.** Aeronave de masa máxima certificada de despegue de 136.000 Kg o más.

(19) **Aeronotificación:** un informe procedente de una aeronave en vuelo preparado de conformidad con los requisitos de notificaciones de posición, operativas y/o meteorológicas;

(20) **AIRAC:** Una sigla (Reglamentación y Control de la Información Aeronáutica) que significa el sistema (y el NOTAM asociado) que tiene por objeto la notificación anticipada, basada en fechas comunes de entrada en vigor, de las circunstancias que requieren cambios en los métodos de operaciones.

(21) **Alcance visual en la pista (RVR)**: la distancia hasta la cual el piloto de una aeronave que se encuentra sobre el eje de una pista puede ver las señales de superficie de la pista o las luces que la delimitan o que señalan su eje;

(22) **ALERFA:** Palabra clave utilizada para designar una fase de alerta.

(23) **Alojamiento**: a efectos de imaginaria y de actividad partida, lugar tranquilo y confortable no abierto al público, con la posibilidad de controlar luz y temperatura, equipado con mobiliario adecuado en el que los miembros de la tripulación puedan dormir, con capacidad suficiente para acomodar a todos los miembros de la tripulación al mismo tiempo y con acceso a comida y bebida.

(24) **Alojamiento adecuado**: a efectos de imaginaria, actividad partida y descanso, una habitación separada para cada miembro de la tripulación, ubicada en un entorno tranquilo, equipada con una cama, ventilación suficiente, dispositivo para regular la temperatura y la intensidad de luz, y acceso a comida y bebida.

(25) **Alojamiento adecuado (2):** Lugar que, disponiendo de servicios propios y reuniendo condiciones adecuadas para el descanso, en función del lugar, en cuanto a temperatura, luz, ruido y ventilación, sirve para que los tripulantes puedan disfrutar de un periodo de descanso. Se considera alojamiento adecuado el alojamiento individual o el domicilio del tripulante.

(26) **Altitud/altura de franqueamiento de obstáculos:** La altitud más baja o la altura más baja por encima de la elevación del umbral de la pista pertinente o por encima de la elevación del aeródromo, según corresponda, utilizada para respetar los correspondientes criterios de franqueamiento de obstáculos.

(27) **Altitud mínima de sector:** La altitud más baja que puede usarse en condiciones de emergencia y que permite conservar un margen vertical mínimo de 300 m (984 pies), sobre todos los obstáculos situados en un área comprendida dentro de un sector circular de 46 km (25 millas marinas) de radio, centrado en una radioayuda para la navegación.

(28) **Aproximación baja:** Aproximación a un aeródromo o una pista siguiendo una aproximación por instrumentos o una aproximación VFR que incluye una maniobra de motor y al aire en que el piloto, intencionadamente, no permite que la aeronave toque la pista.

(29) **Aproximación directa (IFR):** Aproximación por instrumentos en la que la aeronave en vuelo IFR comienza la aproximación final sin haber efectuado antes el viraje de base o reglamentario establecido como parte del procedimiento de aproximación.

La aproximación directa puede concluir con la entrada directa a la pista de instrumentos o con entrada en el circuito de tránsito de aeródromo.

(30) **Aproximación directa (VFR):** Aproximación en la que la aeronave en vuelo VFR entra en circuito de tránsito de aeródromo directamente en final o final larga.

(31) **Aproximación en circuito:** Prolongación de un procedimiento de aproximación por instrumentos, que permite maniobrar alrededor del aeródromo, con referencias visuales, antes de aterrizar.

(32) **Aproximación final:** Parte de un procedimiento de aproximación por instrumentos que se inicia en el punto o referencia de aproximación final determinados o, cuando no se haya determinado dicho punto o dicha referencia:

(i) Al final del último viraje reglamentario, viraje de base o viraje de acercamiento de un procedimiento en hipódromo, si se especifica uno; o b) en el punto de interceptación de la última trayectoria especificada del procedimiento de aproximación; y que finaliza en un punto en las inmediaciones del aeródromo desde el cual:

(A) Puede efectuarse un aterrizaje; o bien

(B) Se inicia un procedimiento de aproximación frustrada.

(33) **Aproximación visual**: una aproximación en que cualquier parte o la totalidad del procedimiento de aproximación por instrumentos no se completa, y se realiza mediante referencia visual respecto al terreno;

(34) **Área con servicio de asesoramiento.** Área designada comprendida dentro de una región de información de vuelo, donde sea da servicio de asesoramiento de tránsito aéreo.

(35) **Área de aterrizaje:** La parte de un área de movimiento que está destinada al aterrizaje o despegue de las aeronaves.

(36) **Área de control:** Espacio aéreo controlado que se extiende hacia arriba desde un límite especificado sobre el terreno.

(37) **Área de maniobras:** Aquella parte del aeródromo que se debe usar para el despegue, el aterrizaje y el rodaje de aeronaves, excluyendo las plataformas.

(38) **Área de maniobras visuales (circuito):** Área en la cual hay que tener en cuenta el franqueamiento de obstáculos cuando se trata de aeronaves que llevan a cabo una aproximación en circuito.

(39) **Área de movimiento:** La parte del aeródromo que ha de utilizarse para el despegue, el aterrizaje y el rodaje de aeronaves, y está integrada por el área de maniobras y la(s) plataforma(s).

(40) **Área de señales:** Área de un aeródromo utilizada para exhibir señales terrestres.

(41) **Asistencia radar:** El empleo del radar para proporcionar a las aeronaves información y asesoramiento sobre desviaciones significativas respecto a la trayectoria nominal de vuelo.

(42) **Aterrizaje forzoso seguro**: aterrizaje o amaraje inevitable con una previsión razonable de que no se produzcan lesiones a las personas en la aeronave ni en la superficie;

(43) **ATIS.** Símbolo utilizado para designar el servicio automático de información terminal.

(44) **Autoridad ATS competente civil:** La autoridad correspondiente, designada por la autoridad competente (Dirección General de Aviación Civil), responsable de proporcionar los servicios de tránsito aéreo en el espacio aéreo de que se trate.

(45) **Autoridad ATS competente militar:** La Autoridad correspon-

diente, designada por la autoridad competente (Ejército del Aire), responsable de proporcionar los servicios de tránsito aéreo en el espacio aéreo de que se trate.

(46) **Autoridad competente**: la autoridad designada como tal por el Estado miembro para garantizar que se cumplan los requisitos del presente Reglamento;

(47) **Autoridad competente militar.** Ministerio de Defensa. Ejército del Aire.

(48) **Autoridad encargada de las investigaciones de seguridad**: la autoridad nacional permanente encargada de las investigaciones de seguridad en la aviación civil que realiza o supervisa dichas investigaciones de seguridad, tal como se define en el artículo 4 del Reglamento (UE) nº 996/2010;

(49) **Autorización del control de tránsito aéreo:** autorización para que una aeronave proceda en condiciones especificadas por una dependencia de control de tránsito aéreo;

(50) **Aviación general:** Todas las operaciones de aviación civil que no sean servicios aéreos regulares ni operaciones no regulares de transporte aéreo por remuneración o arrendamiento.

(51) **Aviones de performance clase A:** aviones multimotor propulsados por motores turbohélice con una configuración máxima operativa de asientos de pasajeros (MOPSC) superior a nueve o una masa máxima en el momento del despegue superior a 5 700 kg, y todos los aviones multimotor propulsados por turborreactor;

(52) **Aviones de performance clase B**: aviones propulsados por motores de hélice con una configuración máxima operativa de asientos de pasajeros (MOPSC) igual o inferior a nueve plazas y una masa máxima en el momento del despegue igual o inferior a 5.700 kg;

(53) **Aviones de performance clase C**: aviones propulsados por motores alternativos con una configuración máxima operativa de asientos de pasajeros (MOPSC) superior a nueve plazas o una masa máxima en el momento del despegue superior a 5 700 kg;

(54) **Aviso de bomba:** Amenaza comunicada, anónima o no, real o falsa, que sugiere o indica que la seguridad de una aeronave en vuelo o en tierra, aeropuertos, instalaciones de aviación civil, o personas pueden estar en peligro debido a un explosivo o artefacto.

(55) **Al través.** Una aeronave está «al través» de una radioayuda,

punto u objeto, cuando esta radioayuda, punto u objeto se encuentra aproximadamente 90 grados a la derecha o a la izquierda de la derrota de la aeronave. «Al través» indica una posición de referencia más que un punto preciso.

(56) **Base:** lugar asignado por el operador a cada miembro de la tripulación, en el cual habitualmente este comienza y termina un período de actividad o una serie de períodos de actividad y en el que, en condiciones normales, el operador no se responsabiliza de su alojamiento.

(57) **Brigada de salvamento:** Unidad compuesta por personal competente y dotada del equipo apropiado, para ejecutar con rapidez la búsqueda y salvamento.

(58) **Capa de transición.** Espacio aéreo entre la altitud de transición y el nivel de transición.

(59) **Centro coordinador de salvamento:** Dependencia encargada de promover la buena organización del servicio de búsqueda y salvamento y de coordinar la ejecución de las operaciones de búsqueda y salvamento dentro de una región de búsqueda y salvamento.

(60) **Centro de comunicaciones.** Estación fija aeronáutica que retransmite tráfico de telecomunicaciones de otras (o a otras) estaciones fijas aeronáuticas conectadas directamente con ella.

(61) **Centro de comunicaciones AFTN:** Estación de la AFTN cuya función primaria es la retransmisión de tráfico AFTN de otras (o a otras) estaciones AFTN conectadas con ella.

(62) **Centro de control de área.** Dependencia establecida para facilitar servicio de control de tránsito aéreo a los vuelos controlados en las áreas de control bajo su jurisdicción.

(63) **Centro de información de vuelo:** Dependencia establecida para facilitar servicio de información de vuelo y servicio de alerta.

(64) **Certificación:** cualquier forma de reconocimiento de que un producto, componente o equipo, una organización o una persona cumple los requisitos aplicables, incluidas las disposiciones del presente Reglamento y sus disposiciones de aplicación, así como la expedición del certificado pertinente que acredite dicho cumplimiento;

(65) **Certificado:** Cualquier autorización, licencia u otro documento expedido como consecuencia de la certificación.

(66) **Certificado médico de piloto y certificado de médicos examinadores aéreos no conforme con los JAR:** el certificado

expedido o reconocido por un Estado miembro de conformidad con la legislación nacional y cuyo reconocimiento mutuo no haya sido recomendado en lo que se refiere a los JAR pertinentes.

(67) **Certificar la aeronavegabilidad:** Certificar que una aeronave o partes de la misma se ajustan a los requisitos de aeronavegabilidad vigentes, después de haber efectuado una inspección, revisión general, reparación, modificación o instalación.

(68) **Circuito de tránsito de aeródromo:** la trayectoria especificada que deben seguir las aeronaves al evolucionar en las inmediaciones de un aeródromo;

(69) **Circuito de rodaje de aeródromo:** Trayectoria especificada que deben seguir las aeronaves en el área de maniobras, **mientras prevalezcan determinadas condiciones de viento.**

(70) **Circulación aérea general:** conjunto de movimientos de las aeronaves civiles, así como el conjunto de movimientos de las aeronaves de Estado (incluidas las aeronaves militares, de aduana y policía), cuando dichos movimientos se realizan de conformidad con los procedimientos de la OACI.

(71) **Circulación aérea militar operativa:** Tránsito aéreo militar que opera de acuerdo con el Reglamento de Circulación Aérea Militar Operativa.

(72) **Circulación de defensa aérea:** Tránsito aéreo militar en operaciones de defensa aérea, reales o simuladas, que opera de acuerdo con las Reglamentaciones de Defensa Aérea del Mando Aéreo de Combate.

(73) **Circular de Información aeronáutica:** Aviso que contiene información que no requiere la iniciación de un NOTAM ni la inclusión en las AIP, pero relacionada con la seguridad del vuelo, la navegación aérea, o asuntos de carácter técnico, administrativo o legislativo.

(74) **Clases de espacio aéreo de los servicios de tránsito aéreo:** partes del espacio aéreo de dimensiones definidas, designadas alfabéticamente, dentro de las cuales pueden realizarse tipos de vuelos específicos y para las que se especifican los servicios de tránsito aéreo y las reglas de operación;

(75) **Código para el radar secundario de vigilancia (SSR)**: el número asignado a una determinada señal de respuesta de impulsos múltiples transmitida por un transpondedor en modo A o en modo C;

(76) **Colación.** Procedimiento por el que la estación receptora repite

un mensaje recibido o una parte apropiada del mismo a la estación transmisora, con el fin de obtener confirmación de que la recepción ha sido correcta.

(77) **Combustible mínimo:** Término utilizado para describir una situación en que el combustible restante de la aeronave es tal que el vuelo debe aterrizar en un aeródromo específico y no puede aceptarse ninguna demora adicional.

(78) **Combustible para contingencias**: el combustible requerido para hacer frente a los factores imprevistos que puedan influir en el consumo de combustible hasta el aeródromo de destino;

(79) **Componentes y equipos:** cualquier instrumento, dispositivo, mecanismo, componente, aparato o accesorio, incluido el equipo de comunicaciones, que se utilice o esté destinado a utilizarse en la operación o el control de una aeronave en vuelo y que esté instalado o fijado en una aeronave. Se incluirán los componentes del fuselaje, del motor o de la hélice;

(80) **Comunicación aeroterrestre**: la comunicación en ambos sentidos entre aeronaves y estaciones o puntos en la superficie terrestre;

(81) **Comunicación de aire a tierra.** Comunicación en un solo sentido, de las aeronaves a las estaciones o posiciones situadas en la superficie de la tierra.

(82) **Comunicación de tierra a aire.** Comunicación en un solo sentido, de las estaciones o posiciones situadas en la superficie de la tierra a las aeronaves.

(83) **Comunicación interpiloto aire-aire.** Comunicación en ambos sentidos por un canal aire-aire designado para que, en vuelos sobre áreas remotas y oceánicas, las aeronaves que estén fuera del alcance de estaciones terrestres VHF puedan intercambiar información operacional necesaria y para facilitar la resolución de dificultades operacionales. Condiciones meteorológicas de vuelo por instrumentos.

(84) **Comunicaciones por enlace de datos:** una forma de comunicación destinada al intercambio de mensajes mediante enlace de datos;

(85) **Comunicaciones por enlace de datos controlador-piloto (CPDLC):** una comunicación entre el controlador y el piloto por medio de enlace de datos para las comunicaciones ATC;

(86) **Condiciones meteorológicas de vuelo visual (VMC)**: condiciones meteorológicas expresadas en términos de visibilidad,

distancia desde las nubes y techo de nubes, iguales o mejores que los mínimos especificados;

(87) **Configuración (aplicada al avión).** La combinación especial de las posiciones de los elementos móviles, tales como flaps, tren de aterrizaje, etc., que influyan en las características aerodinámicas del avión.

(88) **Contacto radar.** Situación que existe cuando la traza radar o el símbolo de posición radar de determinada aeronave se ve e identifica en una presentación radar.

(89) **Control de afluencia.** Medidas encaminadas a regular el tránsito dentro de un espacio aéreo determinado, a lo largo de una ruta determinada, o con destino a un determinado aeródromo, a fin de aprovechar al máximo el espacio aéreo.

(90) **Control de operaciones.** La autoridad ejercida respecto a la iniciación, continuación, desviación o terminación de un vuelo en interés de la seguridad de la aeronave y de la regularidad y eficacia de un vuelo.

(91) **Control radar.** Término empleado para indicar que en la provisión de servicio de control de tránsito aéreo se está utilizando directamente información obtenida mediante radar.

(92) **Controlador radar.** Controlador de tránsito aéreo calificado, titular de una habilitación radar apropiada a las funciones a que está asignado.

(93) **Controlador de tránsito aéreo habilitado.** Controlador de tránsito aéreo titular de licencia y de habilitaciones válidas, apropiadas para las atribuciones que le corresponden.

(94) **Copiloto.** Piloto titular de licencia, que presta servicios de pilotaje sin estar al mando de la aeronave, a excepción del piloto que vaya a bordo de la aeronave con el único fin de recibir instrucción de vuelo.

(95) **Derrota:** la proyección sobre la superficie terrestre de la trayectoria de una aeronave, cuya dirección en cualquier punto se expresa generalmente en grados a partir del norte (geográfico, magnético o de la cuadrícula);

(96) **Descanso parcial:** período de tiempo dentro de un período de actividad de vuelo, más corto que un período de descanso, y durante el cual un miembro de la tripulación está exento de tareas.

(97) **Deshielo:** respecto a los procedimientos en tierra, designa un procedimiento por el cual se elimina la escarcha, el hielo, la nieve o la nieve semifundida de una aeronave con objeto de dispo-

ner de superficies no contaminadas;

(98) **Despegue con baja visibilidad (LVTO)**: despegue durante el cual el alcance visual en la pista (RVR) es inferior a 400 m, pero no inferior a 75 m;

(99) **DETRESFA.** Palabra clave utilizada para designar una fase de peligro.

(100) **Día libre suelto**: a efectos de cumplimiento de las disposiciones de la Directiva 2000/79/CE del Consejo, un período libre de toda actividad y de imaginaria, constituido por un día y dos noches locales, comunicado con antelación. Un día libre suelto puede incluir un período de descanso.

(101) **Día local**: período de 24 horas que se inicia a las 0.00 (hora local).

(102) **Dispositivo de simulación de vuelo para entrenamiento (FSTD)**: un dispositivo de formación que es:

(i) En el caso de los aviones, un simulador de vuelo (FFS), un dispositivo de entrenamiento en vuelo (FTD), un entrenador de procedimientos de navegación y vuelo (FNPT) o un dispositivo básico de entrenamiento de vuelo por instrumentos (BITD);

(ii) En el caso de los helicópteros, un simulador de vuelo (FFS), un dispositivo de entrenamiento en vuelo (FTD) o un entrenador de procedimientos de navegación y vuelo (FNPT);

(103) **Distancia de aterrizaje disponible (LDA)**: la longitud de la pista que ha sido declarada disponible por el Estado titular del aeródromo y adecuada para el recorrido en tierra de un avión que aterrice;

(104) **Distancia de despegue interrumpido disponible (RTODAH)**: la longitud del área de aproximación final y de despegue declarada disponible y adecuada para que los helicópteros operados en performance clase 1 completen un despegue interrumpido;

(105) **Distancia de despegue interrumpido requerida (RTODRH)**: la distancia horizontal requerida a partir del comienzo del despegue y hasta el punto en que el helicóptero se detiene completamente después de un fallo del motor y de la interrupción del despegue en el punto de decisión para el despegue;

(106) **Distancias declaradas.**

(i) Recorrido de despegue disponible. La longitud de la pista que se ha declarado disponible y adecuada para el recorrido en tierra de un avión que despegue.

(ii) Distancia de despegue disponible. La longitud del recorrido de despegue disponible más la longitud de la zona libre de obstáculos, si la hubiera.

(iii) Distancia de aceleración-parada disponible. La longitud del recorrido de despegue disponible más la longitud de zona de parada, si la hubiera.

(iv) Distancia de aterrizaje disponible. La longitud de la pista que se ha declarado disponible y adecuada para el recorrido en tierra de un avión que aterrice.

(107) Distancia DME. Alcance óptico (alcance oblicuo) a partir del transmisor de la señal DME hasta la antena receptora.

(108) Distancia disponible para despegue (TODA): en el caso de los aviones, la longitud del recorrido de despegue disponible más la longitud de la zona libre de obstáculos, si la hubiera;

(109) Distancia de aceleración-parada disponible (ASDA): la longitud del recorrido de despegue disponible más la longitud de la zona de parada, si dicha zona de parada se ha declarado disponible por el Estado del aeródromo y es capaz de soportar la masa del avión en las condiciones de operación prevalecientes;

(110) Dúplex. Método por el cual la telecomunicación entre dos estaciones puede efectuarse simultáneamente en ambos sentidos.

(111) Duración prevista. El tiempo que se estima necesario para volar desde un punto significativo a otro.

(112) Eco radar. Indicación visual en una presentación radar de una señal radar reflejada desde un objeto.

(113) Ecos parásitos radar. Señales parásitas en una presentación radar.

(114) Elevación. Distancia vertical entre un punto o un nivel en la superficie de la tierra, o unido a ella, y el nivel medio del mar.

(115) Elevación de aeródromo. La elevación del punto más alto del área de aterrizaje.

(116) Empresa: cualquier persona física o jurídica, con o sin fines de lucro, o cualquier organismo oficial dotado o no de personalidad jurídica propia;

(117) Entorno hostil:

(i) Un entorno en el que:

(A) No es posible realizar con seguridad un aterrizaje forzoso debido a que la superficie es inadecuada,

(B) No es posible proteger debidamente a los ocupantes del helicóptero frente a los elementos,
(C) No se proporciona respuesta/capacidad de búsqueda y rescate acordes con la exposición previsible, o
(D) Existe un riesgo inaceptable para las personas o bienes en tierra;

(ii) Y, en cualquier caso, las zonas siguientes:
(A) Para operaciones sobre el agua, las zonas en mar abierto situadas al norte del paralelo 45N y al sur del paralelo 45S designadas por la autoridad del Estado afectado,
(B) Aquellas partes de un área congestionada sin zonas adecuadas para realizar un aterrizaje forzoso en condiciones de seguridad;

(118) Entorno no hostil: un entorno en el que:
(i) Es posible realizar con seguridad un aterrizaje forzoso;
(ii) Los ocupantes del helicóptero pueden protegerse de los elementos, y
(iii) Se proporciona respuesta/capacidad de búsqueda y rescate coherentes con la exposición previsible;
(iv) En cualquier caso, aquellas partes de un área congestionada con zonas adecuadas para realizar un aterrizaje forzoso en condiciones de seguridad serán consideradas entornos no hostiles;

(119) Equipo de detección de trazas ETD: Un sistema tecnológico o una combinación de distintas tecnologías capaz de detectar ínfimas, y de indicar mediante una alarma, la presencia de materiales explosivos contenidos en el equipaje u otros artículos sujetos a análisis.

(120) Equipo de Rayos X: Equipo de seguridad que permite inspeccionar equipaje proporcionando imágenes de alta resolución y calidad del interior, adecuado con funciones de ayuda al operador.

(121) Espacio aéreo con servicio de asesoramiento: un espacio aéreo de dimensiones definidas, o ruta designada, dentro de los cuales se proporciona servicio de asesoramiento de tránsito aéreo;

(122) Espacio aéreo controlado: un espacio aéreo de dimensiones definidas dentro del cual se facilita servicio de control de tránsito aéreo, de conformidad con la clasificación del espacio aéreo;

(123) Espacio aéreo sobre alta mar: el espacio aéreo más allá de su territorio y de sus mares territoriales, tal como se especifica en la Convención de las Naciones Unidas sobre el Derecho del Mar (Montego Bay, 1982);

(124) **Especialista de tarea:** persona designada por el operador o por un tercero, o que actúa como una empresa, que realiza tareas especializadas a bordo o desde una aeronave.

(125) **Estación aeronáutica:** una estación terrestre del servicio móvil aeronáutico; en ciertos casos, una estación aeronáutica puede estar instalada, por ejemplo, a bordo de un barco o de una plataforma sobre el mar;

(126) **Estación AFTN**. Estación que forma parte de la red de telecomunicaciones fijas aeronáuticas y que funciona como tal bajo la autoridad o control del Estado.

(127) **Estación AFTN de destino.** Estación AFTN a la que se dirigen los mensajes y/o datos digitales para procesamiento y entrega al destinatario.

(128) **Estación AFTN de origen.** Estación AFTN en donde se aceptan los mensajes y/o datos digitales para su transmisión en la AFTN.

(129) **Estación de aeronave.** Estación móvil del servicio móvil aeronáutico instalada a bordo de una aeronave, que no sea una estación de embarcación o de dispositivo de salvamento.

(130) **Estación de radio de los Servicios de Tránsito Aéreo.** Estación que sirve para la radiocomunicación entre la dependencia de los servicios de tránsito aéreo y las estaciones de aeronave o las móviles aeronáuticas.

(131) **Estación de telecomunicaciones aeronáuticas.** Estación del servicio de telecomunicaciones aeronáuticas.

(132) **Estación fija aeronáutica.** Estación del servicio fijo aeronáutico.

(133) **Estación móvil de superficie.** Estación del servicio de telecomunicaciones aeronáuticas, que no sea estación de aeronave, destinada a usarse mientras está en movimiento o cuando se detiene en puntos no determinados.

(134) **Estado del explotador.** Estado en el cual el explotador tiene su oficina principal o, de no tener tal oficina, su residencia permanente.

(135) **Estado de matrícula.** Estado en el cual está matriculada la aeronave.

(136) **Etapa.** Ruta o parte de una ruta que se recorre sin aterrizaje

intermedio.

(137) Explotador/empresa explotadora de aeronaves. Persona, organismo o empresa que se dedica, o propone dedicarse, a la explotación de aeronaves.

(138) Faro aeronáutico. Luz aeronáutica de superficie, visible en todos los azimuts, ya sea continua o intermitentemente, para señalar un punto determinado de la superficie de la tierra.

(139) Faro de aeródromo. Faro aeronáutico utilizado para indicar la posición de un aeródromo desde el aire.

(140) Faro de identificación. Faro aeronáutico que emite una señal en clave, por medio de la cual puede identificarse un punto determinado que sirva de referencia.

(141) Faro de peligro. Faro aeronáutico utilizado a fin de indicar un peligro para la navegación aérea.

(142) Fases críticas del vuelo: respecto a los **aviones**, el recorrido de despegue, la trayectoria de despegue, la aproximación final, la aproximación frustrada, el aterrizaje, incluido el recorrido de aterrizaje y cualquier otra fase del vuelo que determine el piloto al mando o comandante;

(143) Fase de alerta. Situación en la cual se abriga temor por la seguridad de una aeronave y de sus ocupantes.

(144) Fase de emergencia. Expresión genérica que significa, según el caso, fase de incertidumbre, fase de alerta o fase de peligro.

(145) Fase de incertidumbre. Situación en la cual existe duda acerca de la seguridad de una aeronave y de sus ocupantes.

(146) Fase de peligro. Situación en la cual existen motivos justificados para creer que una aeronave y sus ocupantes están amenazados por un peligro grave e inminente y necesitan auxilio inmediato.

(147) Final. Posición de una aeronave que se encuentra en aproximación y a una distancia de 7 km (4 NM) o menos del punto de toma de contacto.

(148) Final Larga. Posición de una aeronave que se encuentra en aproximación y a una distancia mayor de 7 km (4 NM) desde el punto de toma de contacto, o cuando la aeronave, en aproximación directa, se halla a 15 km (8 NM) o más del punto de toma de contacto.

(149) Grupo motor. Conjunto compuesto de uno o más motores y elementos auxiliares, que juntos son necesarios para producir tracción, independientemente del funcionamiento continuo de cualquier otro grupo motor o grupos motores, pero que no incluye los dispositivos que produzcan tracción durante cortos períodos.

(150) **Grupo motor crítico.** El grupo motor cuyo fallo produce el efecto más adverso en las características de la aeronave relacionadas con el caso de vuelo de que se trate.

(151) **Guía vectorial radar.** El suministro a las aeronaves de guía para la navegación en forma de rumbos específicos basados en la observación de una presentación radar.

(152) **Habilitación.** Autorización inscrita en una licencia o asociada con ella, y de la cual forma parte, en la que se especifican condiciones especiales, atribuciones o restricciones referentes a dicha licencia.

(153) **Hora de referencia**: hora local en el punto de presentación al servicio situado en una zona horaria de hasta dos horas de diferencia en relación con la hora local en que un miembro de la tripulación está aclimatado.

(154) **Hora prevista de aproximación**: la hora a la que el ATC prevé que una aeronave que llega, después de haber experimentado una demora, abandonará el punto de referencia de espera para completar su aproximación para aterrizar; la hora a que realmente se abandone el punto de referencia de espera dependerá de la autorización de aproximación;

(155) **Hora prevista de fuera calzos**: la hora estimada en la cual la aeronave iniciará el desplazamiento asociado con la salida.

(156) **Hora prevista de llegada**: en los vuelos IFR, la hora a la cual se prevé que la aeronave llegará sobre un punto designado, definido con referencia a las ayudas para la navegación, a partir del cual se iniciará un procedimiento de aproximación por instrumentos, o, si el aeródromo no está equipado con ayudas para la navegación, la hora a la cual la aeronave llegará sobre el aeródromo; para los vuelos VFR, la hora a la cual se prevé que la aeronave llegará sobre el aeródromo;

(157) **Horas de presentación al servicio:** El operador deberá especificar unas horas de presentación al servicio que reflejen realmente el tiempo necesario para la ejecución de las tareas en tierra relacionadas con la seguridad, con una antelación mínima a la hora programada de despegue, según aviones:

(i) Menos de 100 asientos: 45 minutos;

(ii) 100 asientos o más y con un sector inicial igual o menor de 3 horas bloque: 45 minutos;

(iii) 100 asentos o más con un sector inicial superior a 3 horas bloque: 1 hora, excepto letras d) y e);

(iv) Operaciones de largo alcance ETOPS: 65 minutos;

(v) Aviones de 100 asientos o más en vuelos de traslado sin pasajeros: 45 minutos

(158) IFR: símbolo utilizado para designar las reglas de vuelo por instrumentos;

(159) Imaginaria: Período definido de tiempo durante el cual el tripulante debe estar a disposición del operador para que le asigne un vuelo, posicionamiento u otra actividad, sin que medie un período de descanso.

(160) Imaginaria(2): período de tiempo definido y notificado previamente durante el cual el miembro de la tripulación debe estar a disposición del operador para que le asigne un vuelo, posicionamiento u otra actividad, sin que medie un período de descanso.

(161) Imaginaria en el aeropuerto: prestación de imaginaria en el aeropuerto.

(162) IMC: símbolo utilizado para designar las condiciones meteorológicas de vuelo por instrumentos;

(163) Incidente: cualquier suceso relacionado con la utilización de una aeronave, distinto de un accidente, que afecte o pueda afectar a la seguridad de su utilización;

(164) Incidente grave: cualquier incidente que está relacionado con la utilización de una aeronave y en el que concurren circunstancias indicadoras de una alta probabilidad de que se produjera un accidente, cuando, en el caso de aeronaves tripuladas, dicha utilización tenga lugar en el período comprendido entre el momento en que cualquier persona embarque en la aeronave con intención de realizar un vuelo y el momento en que cualquiera de esas personas desembarque, o que tenga lugar, en el caso de aeronaves no tripuladas, en el período comprendido entre el momento en que la aeronave esté lista para ponerse en movimiento con intención de realizar un vuelo y el momento en que se detenga al final del vuelo y se apaguen los motores utilizados como fuente primaria de propulsión. En el anexo figura una lista de ejemplos de incidentes graves;

(165) Incidente imputable a mercancías peligrosas:

(i) Un suceso, distinto de un accidente imputable a mercancías peligrosas, atribuible al transporte aéreo de mercancías peligrosas o relacionado con él, que no tiene que ocurrir necesariamente a bordo de una aeronave, y que produce lesiones a personas o daños a bienes, incendio, rotura, derramamiento, fugas de fluidos, radiaciones, o cualquier otra evidencia de que se ha vulnerado la integridad de algún embalaje;

(ii) Cualquier suceso relacionado con el transporte de mercancías peligrosas que comprometa gravemente la seguridad de una aeronave o sus ocupantes;

(166) Identificación de aeronave. Grupo de letras o cifras, o una combinación de ambas, idéntico al distintivo de llamada de una aeronave para las comunicaciones aeroterrestres o dicho distintivo expresado en clave, que se utiliza para identificar las aeronaves en las comunicaciones entre centros de los servicios de tránsito aéreo.

(167) Identificación radar. Proceso de relacionar una determinada traza radar o el símbolo de posición radar con una aeronave determinada.

(168) IFR. Símbolo utilizado para designar las reglas de vuelo por instrumentos.

(169) IMC. Símbolo utilizado para designar condiciones meteorológicas de vuelo por instrumentos.

(170) INCERFA. Palabra clave utilizada para designar una fase de incertidumbre.

(171) Indicador de dirección de aterrizaje. Dispositivo para indicar visualmente la dirección designada en determinado momento, para el aterrizaje o despegue.

(172) Indicador de lugar. Grupo de clave, de 4 letras, formulado de acuerdo con las disposiciones prescritas por la OACI y asignado al lugar en que está situada una estación fija aeronáutica.

(173) Información AIRMET: la información emitida por una oficina de vigilancia meteorológica respecto a la presencia real o prevista de determinados fenómenos meteorológicos en ruta que puedan afectar a la seguridad operacional de los vuelos a baja altura y que no estaba ya incluida en el pronóstico emitido para los vuelos a baja altura en la región de información de vuelo en cuestión o en una subárea de la misma;

(174) Información de tránsito: información expedida por una dependencia de servicios de tránsito aéreo para alertar al piloto sobre otro tránsito conocido u observado que pueda estar cerca de la posición o ruta previstas de vuelo y para ayudar al piloto a evitar una colisión;

(175) Información SIGMET: información emitida por una oficina de vigilancia meteorológica relativa a la existencia real o prevista en ruta de determinados fenómenos meteorológicos que puedan afectar a la seguridad operacional de las aeronaves;

(176) Informe meteorológico. Declaración de las condiciones meteorológicas observadas en relación con una hora y lugar determinados.

(177) Informe preliminar: la comunicación utilizada para la rápida difusión de los datos obtenidos durante las primeras fases de la investigación;

(178) Inspección en pista: inspección de la aeronave, de las cualificaciones de la tripulación de vuelo y de cabina y de la documentación de vuelo para verificar el cumplimiento de los requisitos aplicables;intervalo para rectificación: una limitación de la duración de las operaciones con equipos inoperativos;

(179) Instalación de descanso: una litera o butaca con apoyo para las piernas y los pies adecuada para que el miembro de la tripulación pueda dormir a bordo de la aeronave.

(180) Instrucción del control de tránsito aéreo: las directrices emitidas por el control de tránsito aéreo con el objeto de obligar a un piloto a realizar una acción determinada;

(181) Instrucciones técnicas (IT): la última edición efectiva de las Instrucciones técnicas para el transporte sin riesgos de mercancías peligrosas por vía aérea, incluido el suplemento y cualquier adenda, aprobadas y publicadas por la Organización de Aviación Civil Internacional;

(182) Interferencia ilícita: todo acto que suponga una amenaza contra la seguridad de una aeronave, tales como: amenaza o colocación de un explosivo a bordo de una aeronave (fuselaje, equipaje, mercancía, etc), secuestro, o supuestos similares.

(183) Investigación de seguridad: las actividades realizadas por una autoridad encargada de las investigaciones de seguridad con el propósito de prevenir los accidentes e incidentes; estas actividades comprenden la reunión y análisis de información, la elaboración de conclusiones, incluida la determinación de causas o de factores contribuyentes, y, si procede, la formulación de recomendaciones de seguridad;

(184) JAR: los requisitos aeronáuticos conjuntos adoptados por las Autoridades Conjuntas de Aviación aplicables a 30 de junio de

2009;

(185) Lado aire: La zona de circulación de los aeropuertos, terrenos y edificios adyacentes o partes de ellos a la que está restringido el acceso por motivos de seguridad aeroportuaria.

(186) Lado tierra: La zona de los aeropuertos, terrenos y edificios adyacentes o partes de ellos que no es una zona de operaciones.

(187) Lesión grave: cualquier lesión sufrida por una persona en un accidente que tenga una de las consecuencias siguientes:

(i) Hospitalización de más de cuarenta y ocho horas, que se inicie en el plazo de siete días a partir de la fecha en que se sufrió la lesión;

(ii) Rotura de cualquier hueso (excepto fracturas simples de dedos de las manos o de los pies, o la nariz);

(iii) Laceraciones que causen hemorragias graves o daños a los nervios, músculos o tendones;

(iv) Lesiones de cualquier órgano interno;

(v) Quemaduras de segundo o tercer grado, o quemaduras que afecten a más del 5 % de la superficie corporal;

(vi) Exposición comprobada a sustancias infecciosas o a radiaciones perjudiciales.

(188) Lesión mortal: cualquier lesión sufrida por una persona en un accidente y que provoque su muerte en un plazo de treinta días contados a partir de la fecha del accidente;

(189) Licencia de la Parte FCL: una licencia de tripulación de vuelo que cumpla los requisitos del anexo I;

(190) Licencia de piloto de aeronave ligera (LAPL): la licencia de piloto recreativo mencionada en el artículo 7 del Reglamento (CE) nº 216/2008;

(191) Límite de autorización: el punto hasta el cual se concede a una aeronave una autorización del control de tránsito aéreo;

(192) Límite de permiso. (Véase Límite de autorización.)

(193) Línea de costa. La línea que sigue el contorno general de la costa, excepto en los casos de abras y bahías de menos de 30 millas marinas de ancho, en que la línea pasará directamente a través del abra o bahía para cortar el contorno general en el lado opuesto.

(194) Lista de equipo mínimo. Lista autorizada que especifica, para un determinado modelo de aeronave, el número mínimo de equipos operables que se requieren, teniendo en cuenta las reglas de funcionamiento, dadas las condiciones ambientales existentes para la continuación del vuelo.

(195) **Lugar de interés público (PIS)**: indica un lugar utilizado exclusivamente para operaciones de interés público;

(196) **Lugar de operación**: un lugar, diferente de un aeródromo, seleccionado por el operador o por el piloto al mando o el comandante para realizar operaciones de aterrizaje, despegue y/o carga exterior;

(197) **Luz aeronáutica de superficie.** Toda luz dispuesta especialmente para que sirva de ayuda a la navegación aérea, excepto las ostentadas por las aeronaves.

(198) **Manual de vuelo del avión (MVA).** Manual relacionado con el certificado de aeronavegabilidad, que contiene limitaciones dentro de las cuales el avión debe considerarse aeronavegable, así como las instrucciones e información que necesitan los miembros de la tripulación de vuelo, para la operación segura del avión.

(199) **Mapa radar.** Información superpuesta en una presentación radar para proporcionar indicación directa de datos seleccionados.

(200) **Margen.** Banda de terreno que bordea un pavimento, tratada de forma que sirva de transición entre ese pavimento y el terreno adyacente.

(201) **MARSA.** Condición en que la autoridad militar asume la responsabilidad de la separación de determinadas aeronaves militares. Sólo se emplea en operaciones IFR previamente acordadas con el ATC.

(202) **Masa de despegue**: la masa, incluidos todos los objetos y todas las personas transportadas al inicio del despegue en el caso de los helicópteros y del recorrido de despegue en el de los aviones;

(203) **Masa operativa en vacío**: la masa total de la aeronave lista para un tipo específico de operación, excluyendo todo el combustible utilizable y la carga de tráfico;

(204) **Medio aceptable de cumplimiento (AMC):** normas no vinculantes adoptadas por la Agencia para ilustrar medios que permitan determinar el cumplimiento del Reglamento (CE) n o 216/2008 y sus disposiciones de aplicación;

(205) **Mercancías peligrosas (DG)**: artículos o sustancias que pueden presentar riesgos para la salud, la seguridad, la propiedad o el medio ambiente que se enumeran en la lista de mercancías

peligrosas de las Instrucciones Técnicas o que, si no figuran en dicha lista, están clasificadas con arreglo a dichas instrucciones;

(206) Miembro de la tripulación: persona designada por un operador para desempeñar funciones a bordo de una aeronave;

(207) Miembro de la tripulación de vuelo: un miembro de la tripulación, titular de la correspondiente licencia, a quien se asignan obligaciones esenciales para la operación de una aeronave durante el período de servicio de vuelo;

(208) Miembro de la tripulación operativa: tripulante que desempeña funciones en una aeronave durante un sector.

(209) Miembro de la tripulación técnica: un miembro de la tripulación en operaciones de transporte aéreo comercial HEMS, HHO o NVIS, distinto de los miembros de la tripulación de cabina o de vuelo, asignado por el operador para realizar tareas en la aeronave o en tierra con objeto de dar asistencia al piloto durante las operaciones HEMS, HHO o NVIS, lo cual puede requerir el manejo de equipos especializados a bordo;

(210) Mínimo de combustible. Indica que la aeronave dispone de combustible que no permite demora, o muy poca demora, a su llegada al destino. Esta no es una situación de emergencia pero indica que es posible la emergencia si se produjera una demora indebida.

(211) Mínimos de utilización de aeródromo. Las limitaciones de uso de un aeródromo, bien sea para despegue o para aterrizaje, corrientemente expresadas en términos de visibilidad, de alcance visual en la pista, de altitud/altura de decisión o de altitud/altura mínima de descenso, o de las condiciones de nubosidad.

(212) Modo (SSR): el identificador convencional relativo a funciones específicas de las señales de interrogación transmitidas por un interrogador SSR; en el anexo 10 de la OACI se especifican cuatro modos: A, C, S e intermodo;

(213) Motor y al aire. Permiso para que una aeronave interrumpa su aproximación para aterrizar y proceda de acuerdo con las instrucciones adicionales especificadas por el ATC.

(214) Navegación a estima. Estimación o determinación de una posición futura a partir de una posición conocida, a base de dirección, tiempo y velocidad.

(215) Nieve (en tierra).

(i) Nieve seca.

Nieve que, si está suelta, se desprende al soplar o, si se

compacta a mano, se disgrega inmediatamente al soltarla. Densidad relativa: hasta 0, 35 exclusive.

(ii) Nieve mojada.

Nieve que, si se compacta a mano, se adhiere y muestra tendencia a formar bolsas o se hace realmente una bola de nieve. Densidad relativa: 0,35 a 0,5 exclusive.

(iii) Nieve compactada.

Nieve que se ha comprimido hasta formar una masa sólida que no admite más compresión y que mantiene su cohesión o se rompe a pedazos si se levanta.

Densidad relativa: 0,5 o más.

(iv) Nieve fundente.

Nieve saturada de agua que, cuando se le da un golpe contra el suelo con la suela del zapato, se proyecta en forma de salpicaduras. Densidad relativa:

0,5 a 0,8.

Las mezclas de hielo, de nieve y/o de agua estancada pueden, especialmente cuando hay precipitación de lluvia, de lluvia y nieve o de nieve, tener densidades relativas superiores a 0,8. Estas mezclas, por su gran contenido de agua o de hielo, tienen un aspecto transparente y no translúcido, lo cual, cuando la mezcla tiene una densidad relativa bastante alta, las distingue fácilmente de la nieve fundente.

(216) Nivel: término genérico referente a la posición vertical de una aeronave en vuelo, que significa indistintamente altura, altitud o nivel de vuelo;

(217) Nivel de crucero: un nivel que se mantiene durante una parte considerable del vuelo;

(218) Nivel de transición: nivel de vuelo más bajo disponible para uso por encima de la altitud de transición;

(219) Nivel de vuelo (FL): una superficie de presión atmosférica constante relacionada con determinada referencia de presión, 1.013,2 hectopascales (hPa), separada de otras superficies análogas por determinados intervalos de presión;

(220) Noche: el período comprendido entre el final del crepúsculo civil vespertino y el inicio del crepúsculo civil matutino o cualquier otro período comprendido entre la puesta y la salida del sol que prescriba la autoridad apropiada, definido por el Estado miembro;

(221) Noche (2): las horas comprendidas entre el fin del crepúsculo civil vespertino y el comienzo del crepúsculo civil matutino; termina el crepúsculo civil vespertino cuando el centro del disco solar está 6 grados por debajo del horizonte y comienza el crepúsculo civil matutino cuando el centro del disco solar está 6 grados por debajo del horizonte;

(222) Noche local: Período de 8 horas comprendido entre las 22.00 y las 8.00 horas (hora local). Como excepción, la segunda noche local podrá dar comienzo a las 20.00 horas si el período de descanso semanal tiene una duración de al menos 40 horas. Esto será posible sólo como máximo en dos ocasiones durante un periodo de 56 días siempre que el periodo de descanso semanal tenga una duración de al menos 40 horas.

(223) NOTAM. Aviso que contiene información relativa al establecimiento, condición o modificación de cualquier instalación aeronáutica, servicio, procedimiento o peligro, cuyo conocimiento oportuno es esencial para el personal encargado de las operaciones de vuelo.

(i) Distribución clase I. Distribución por medio de telecomunicaciones.

(ii) Distribución clase II. Distribución por medios distintos de las telecomunicaciones.

(224) Nube de importancia para las operaciones: una nube en la que la altura de la base es inferior al valor más elevado entre 1 500 m (5 000 ft) y la altitud mínima de sector más alta, o un cumulonimbo o cúmulo de desarrollo vertical a cualquier altura;

(225) Número de Mach. Relación entre la velocidad verdadera y la del sonido.

(226) Observación de aeronave: la evaluación de uno o más elementos meteorológicos realizada desde una aeronave en vuelo;

(227) Obstáculos: todos los objetos fijos (tanto de carácter temporal como permanentes) y móviles, o parte de los mismos, que:

(i) Estén situados en un área zona destinada al movimiento de las aeronaves en tierra, o

(ii) Que sobresalgan de una superficie definida destinada a proteger a las aeronaves en vuelo, o

(iii) Se sitúen fuera de esas superficies definidas y hayan sido considerados un peligro para la navegación aérea;

(228) Oficina de Control de Aproximación. Dependencia establecida para suministrar servicio de control de tránsito aéreo a los vuelos controlados que lleguen a uno o más aeródromos o salgan de ellos.

(229) Oficina NOTAM internacional. Oficina destinada por el Estado para el intercambio internacional de NOTAM.

(230) Oficina meteorológica. Oficina designada para suministrar servicio meteorológico para la navegación aérea internacional.

(231) Operación comercial: la explotación como servicio al público de una aeronave a cambio de remuneración o de cualquier otro tipo de contraprestación económica, o, cuando se trate de un servicio no abierto al público, cuando se realice mediante contrato entre un operador y un cliente, no ejerciendo este último control sobre el operador;

(232) Operación comercial especializada de alto riesgo: cualquier operación comercial especializada de una aeronave realizada sobre una zona en la que la seguridad de terceros en tierra puede verse en peligro en caso de emergencia o, si así lo determina la autoridad competente del lugar en el que se lleva a cabo la operación, cualquier operación comercial especializada de una aeronave que, debido a su naturaleza específica y al entorno local en el que se lleva a cabo, entraña un alto riesgo, en especial para terceros en tierra.

(233) Operación de aproximación de categoría I (CAT I): una aproximación y aterrizaje de precisión por instrumentos que emplea un sistema de aterrizaje por instrumentos (ILS), un sistema de aterrizaje por microondas (MLS), un GLS [sistema de aterrizaje con sistema mundial de navegación por satélite potenciado con base terrestre (GNSS/GBAS)], un radar de aproximación de precisión (PAR) o un GNSS con un sistema de potenciación basado en satélite (SBAS) con una altura de decisión (DH) no inferior a 200 pies y con un alcance visual en la pista (RVR) no inferior a 550 m para aviones y 500 m para helicópteros;

(234) Operación de aproximación que no es de precisión (NPA): una aproximación por instrumentos con una altura mínima de descenso (MDH), o una altura de decisión (DH) si se usa una técnica de aproximación final en descenso continuo (CDFA), no inferior a 250 pies y un alcance visual en la pista/visibilidad meteorológica convertida (RVR/CMV) no inferior a 750 m para los aviones y 600 m para los helicópteros;

(235) Operación de búsqueda y salvamento: aquella que se realiza con el objeto de buscar, localizar y rescatar a una persona o personas que se encuentran en un medio anormal, hostil y cuya vida está amenazada si no se le retira de ese medio o si no se le proporciona protección o ayuda, y siempre que no corresponda a una operación de emergencia médica (HEMS). En todo caso, incluso cuando se corresponda con una emergencia médica, se considerará operación de búsqueda y salvamento aquella en que sea necesario el uso de una grúa o en la que la aeronave no pueda posarse adecuadamente sobre el terreno.

(236) **Operación de transporte aéreo comercial**: la explotación de una aeronave para el transporte de pasajeros, mercancías o correo a cambio de remuneración o de cualquier otro tipo de contraprestación económica.

(237) **Operación especializada**: cualquier operación distinta de una operación de transporte aéreo comercial en la que se utiliza una aeronave para actividades especializadas, como agricultura, construcción, fotografía, vigilancia, observación y patrulla, y publicidad aérea.

(238) **Operación comercial especializada de alto riesgo**: cualquier operación comercial especializada de una aeronave realizada sobre una zona en la que la seguridad de terceros en tierra puede verse en peligro en caso de emergencia o, si así lo determina la autoridad competente del lugar en el que se lleva a cabo la operación, cualquier operación comercial especializada de una aeronave que, debido a su naturaleza específica y al entorno local en el que se lleva a cabo, entraña un alto riesgo, en especial para terceros en tierra.

(239) **Operaciones en el mar**: operaciones durante las que se sobrevuelan rutinariamente y como elemento sustancial del vuelo zonas marítimas hacia o desde lugares en el mar;

(240) **Operación en performance clase 1**: una operación en la que, en caso de fallo del motor crítico, el **helicóptero** puede aterrizar dentro de la distancia de despegue interrumpido disponible o continuar el vuelo en condiciones de seguridad hasta una zona de aterrizaje apropiada, según el momento en que ocurra el fallo;

(241) **Operación en performance clase 2:** una operación en la que, en caso de fallo del motor crítico, se dispone de performance para permitir que el **helicóptero** continúe el vuelo en condiciones de seguridad, excepto si el fallo se produce en los momentos iniciales de la maniobra de despegue o al final de la maniobra de aterrizaje, en cuyo caso puede ser necesario un aterrizaje

forzoso;

(242) Operación en performance clase 3: una operación en la que, en caso de fallo del motor en cualquier momento durante el vuelo, un aterrizaje forzoso puede ser necesario con un helicóptero multimotor y será necesario con un helicóptero monomotor;

(243) Operaciones limitadas: operaciones de aeronaves distintas de las motopropulsadas complejas para:

(i) Vuelos de costes compartidos por particulares, a condición de que el coste directo sea compartido por todos los ocupantes de la aeronave, incluido el piloto, y el número de personas que comparten los costes directos se limite a seis;

(ii) Vuelos de competición o vuelos de exhibición, a condición de que la remuneración o cualquier otro tipo de contraprestación económica de tales vuelos se limite a la recuperación de los costes directos y a una contribución proporcional a los costes anuales, así como a premios cuyo valor no supere un valor especificado por la autoridad competente;

(iii) Vuelos de introducción, lanzamiento de paracaidistas, remolque de planeadores o vuelos acrobáticos realizados por una organización de formación que tenga su oficina principal en un Estado miembro y haya sido aprobada de conformidad con el Reglamento (UE) no 1178/2011 de la Comisión (**), o por una organización creada con el objetivo de promocionar los deportes aéreos o la aviación de recreo, a condición de que la aeronave sea operada por la organización en régimen de propiedad o de arrendamiento sin tripulación, que el vuelo no genere beneficios distribuidos fuera de la organización y que, cuando participen personas que no sean miembros de la organización, tales vuelos representen solo una actividad marginal de la organización.

A los efectos del presente Reglamento, las "operaciones limitadas" no se consideran como operaciones de transporte aéreo comercial ni como operaciones comerciales especializadas;

(244) Operador: cualquier persona física o jurídica que explota o desea explotar una o más aeronaves;

(245) Organismo cualificado: un organismo al que la Agencia o una autoridad aeronáutica nacional, bajo su control y responsabilidad, puedan atribuirle una tarea específica de certificación;

(246) Paridad. Condición en la cual la suma de todos los bitios en una cierta disposición de los mismos, satisface un criterio numérico formulado. Si el criterio numérico es tal que la suma debe ser un número par, la disposición de bitios que lo satisfaga se dice que tiene paridad par. Si el criterio numérico es que la suma debe ser un número impar, la disposición de bitios que lo satisfaga se dice que tiene paridad impar.

(247) Parte interesada: cualquier persona física, cualquier persona jurídica o cualquier organismo oficial, con o sin personalidad jurídica propia, que pueda contribuir a mejorar la seguridad de la aviación civil accediendo a la información sobre sucesos que se intercambien los Estados miembros y que esté incluida en una de las categorías de partes interesadas que establece el anexo II;

(248) Peligro: una situación o un objeto que tiene la posibilidad de causar la muerte o lesiones a personas, daños a equipos o estructuras, pérdida de materiales o reducción de la capacidad de una persona para realizar una función predeterminada;

(249) Período de actividad: período que comienza en el momento en el que un operador solicita a un miembro de la tripulación que se presente al servicio o a iniciar una actividad y que termina cuando esa persona está libre de cualquier actividad, incluyendo la actividad post-vuelo.

(250) Período de actividad de vuelo: período que comienza cuando un miembro de la tripulación es requerido para presentarse al servicio, que incluye un sector o una serie de sectores, y termina cuando el avión se detiene completamente y se apagan los motores, al final del último sector en el que la persona actúa como miembro de la tripulación operativa.

(251) Período de descanso: período ininterrumpido y definido de tiempo durante el cual el miembro de la tripulación queda relevado de todo servicio, de la prestación de imaginaria en el aeropuerto, y de la reserva.

(252) Permiso de control de tránsito aéreo. (Véase autorización de control de tránsito aéreo.)

(253) Personal de servicios de emergencia en tierra: el personal de servicios de emergencia en tierra (por ejemplo: policías, bomberos, etc.) que participa en servicios de emergencia médica con helicópteros (HEMS) y cuyas tareas están relacionadas de alguna manera con operaciones de helicópteros;

(254) Personal de vuelo: Todos los miembros de la tripulación.

(255) Pilotar. Manipular los mandos de una aeronave durante el tiempo de vuelo.

(256) Piloto al mando: el piloto designado para estar al mando y encargarse de la realización segura del vuelo. A los efectos de las operaciones de transporte aéreo comercial, el piloto al mando será denominado Comandante;

(257) Pista: un área rectangular definida en un aeródromo terrestre preparada para el aterrizaje y el despegue de las aeronaves;

(258) Pista contaminada: una pista en la que más del 25 % de su superficie comprendida en la longitud y anchura requeridas que se está empleando está cubierta de lo siguiente:

(i) Una película de agua de más de 3 mm (0,125 pulgadas) de profundidad, o nieve semifundida, o nieve en polvo equivalente a más de 3 mm (0,125 pulgadas) de agua,

(ii) Nieve que se ha comprimido formando una masa sólida que no admite una mayor compresión y se mantendrá unida o se fragmentará si se recoge (nieve compactada), o

(iii) Hielo, incluido el hielo húmedo;

(259) Pista de vuelo visual. Pista destinada a las operaciones de aeronaves que utilicen procedimientos visuales para la aproximación.

(260) Pista(s) principal(es). Pista(s) que se utiliza(n) con preferencia a otras siempre que las condiciones lo permitan.

(261) Pista húmeda: una pista cuya superficie no está seca, cuando la humedad de la superficie no le da un aspecto brillante;

(262) Pista mojada: una pista cuya superficie está cubierta por una cantidad de agua, o su equivalente, menor de la que se especifica en la definición de pista contaminada, o cuando hay suficiente humedad en la superficie de la pista para que parezca reflectante, pero sin zonas significativas de agua estancada.

(263) Pista seca: una pista que no está ni mojada ni contaminada, que incluye las pistas pavimentadas que se han habilitado especialmente con ranuras o pavimento poroso y que por el tipo de mantenimiento permiten una acción de frenado con la misma efectividad que si la pista estuviera seca, aun cuando haya humedad;

(264) Plan de vuelo: la información especificada que, respecto a un vuelo proyectado o a parte de un vuelo de una aeronave, se facilita a las dependencias de los servicios de tránsito aéreo;

(265) Plan de vuelo actualizado (CPL): el plan de vuelo que comprende las modificaciones, si las hay, que resultan de incorporar autorizaciones posteriores;

(266) **Plan de vuelo presentado (FPL)**: el plan de vuelo, tal como ha sido presentado a la dependencia ATS por el piloto o su representante designado, sin ningún cambio subsiguiente;

(267) **Plan de vuelo repetitivo**: un plan de vuelo relativo a cada uno de los vuelos regulares que se realizan frecuentemente con idénticas características básicas, presentados por los explotadores para que las dependencias de los servicios de tránsito aéreo (ATS) los conserven y utilicen repetidamente;

(268) **Plan operacional de vuelo.** Plan de los explotadores para la realización segura del vuelo, basado en la consideración de las características del avión, en otras limitaciones de utilización y en las condiciones previstas pertinentes a la ruta que ha de seguirse y a los aeródromos de que se trate.

(269) **Planeador:** una aeronave más pesada que el aire sustentada en vuelo por la reacción dinámica del aire contra sus superficies de sustentación fijas y cuyo vuelo libre no depende de un motor, incluidos alas delta, parapentes y otras embarcaciones comparables;

(270) **Plataforma:** un área definida destinada a dar cabida a las aeronaves para los fines de embarque o desembarque de pasajeros, correo o carga, abastecimiento de combustible, estacionamiento o mantenimiento;

(271) **Posición de seguimiento radar.** Extrapolación de la posición de una aeronave que hace el calculador a base de información radar, y que utiliza el propio calculador para fines de seguimientos. En ciertos casos, para facilitar el proceso de seguimiento, se utiliza información obtenida por medios distintos del radar.

(272) **Posicionamiento:** desplazamiento de un tripulante que no es miembro de la tripulación operativa de un lugar a otro, siguiendo instrucciones del operador; excluidos:

(i) Tiempo de traslado desde un lugar de descanso privado hasta el lugar designado de presentación en la base y viceversa, y

(ii) El tiempo necesario para el desplazamiento local entre el lugar de descanso y el lugar de comienzo la actividad y viceversa.

(273) **Procedimiento de aproximación con guía vertical (APV)**: un instrumento de aproximación que utiliza la guía lateral y vertical, pero que no cumple los requisitos establecidos para las operaciones de aproximación de precisión, con una altura de decisión

(DH)n no inferior a 2560 pies y un alcance visual en pista no inferior a 600 m.

(274) Procedimientos con baja visibilidad (LVP): procedimientos aplicados en un aeródromo para garantizar la seguridad de las operaciones durante las aproximaciones de la categoría I inferior a la norma, de categoría II distinta de la norma, de categoría II y de categoría III, y los despegues con baja visibilidad;

(275) Procedimiento de aproximación frustrada. Procedimiento que hay que seguir si no se puede proseguir la aproximación.

(276) Procedimiento de espera. Maniobra predeterminada que mantiene a la aeronave dentro de un espacio aéreo especificado, mientras espera una autorización posterior.

(277) Procedimiento de hipódromo. Procedimiento previsto para permitir que la aeronave pierda altitud en el tramo de aproximación inicial y/o siga la trayectoria de acercamiento cuando no resulte práctico iniciar un procedimiento de inversión.

(278) Procedimiento de inversión. Procedimiento previsto para permitir que la aeronave cambie de dirección 180 grados en el tramo de aproximación inicial de un procedimiento de aproximación por instrumentos. Esta secuencia de maniobras puede requerir virajes reglamentarios o virajes de base.

(279) Programa de seguridad estatal: un conjunto integrado de disposiciones a escala de la unión, junto con las actividades y procesos destinados a gestionar la seguridad de la aviación civil a escala europea;

(280) Pronóstico: una declaración de las condiciones meteorológicas esperadas para una hora o período especificados y respecto a un área o una parte de espacio aéreo determinadas;

(281) Publicación de información aeronáutica (AIP): la publicación expedida por cualquier Estado, o con su autorización, que contiene información aeronáutica, de carácter duradero, indispensable para la navegación aérea;

(282) Puesto de estacionamiento de aeronave. Área designada en una plataforma, destinada al estacionamiento de una aeronave.

(283) Publicación de información aeronáutica. La publicada por cualquier Estado, o con su autorización, que contiene información aeronáutica, de carácter duradero, indispensable para la navegación aérea.

(284) Punto de aproximación frustrada. En un procedimiento de aproximación por instrumentos, el punto en el cual, o antes del cual se ha de iniciar la aproximación frustrada prescrita, con el fin de respetar el margen mínimo de franqueamiento de obstáculos.

(285) Punto de contacto:

(i) Cuando una parte interesada establecida en un Estado miembro formule una solicitud de información, la autoridad competente designada por cada Estado miembro de conformidad con el artículo 6, apartado 3;

(ii) Cuando una parte interesada no establecida en la Unión formule una solicitud de información, la Comisión;

(286) Punto de decisión para el aterrizaje (LDP): punto que se utiliza para determinar la performance de aterrizaje y a partir del cual, al ocurrir un fallo del motor en dicho punto, se puede continuar el aterrizaje en condiciones de seguridad o bien iniciar un aterrizaje interrumpido;

(287) Punto de decisión para el despegue (TDP): el punto utilizado para determinar la performance de despegue a partir del cual, si se presenta un fallo en el motor, puede interrumpirse el despegue o bien continuarlo en condiciones de seguridad;

(288) Punto de espera de la pista: punto designado destinado a proteger una pista, una superficie limitadora de obstáculos o un área crítica o sensible para los sistemas ILS/MLS, en el que las aeronaves en rodaje y los vehículos se detendrán y se mantendrán a la espera, a menos que la torre de control de aeródromo autorice otra cosa;

(289) Punto de espera en vuelo. Lugar especificado, que se identifique visualmente o por otros medios, en las inmediaciones del cual mantiene su posición una aeronave en vuelo, de acuerdo con las autorizaciones del control de tránsito aéreo.

(290) Punto de espera en rodaje. Punto designado en el que se puede ordenar a las aeronaves en rodaje y a otros vehículos que esperen, a fin de que queden adecuadamente separados de la pista.

(291) Punto de notificación: un lugar geográfico especificado, con referencia al cual puede notificarse la posición de una aeronave;

(292) Punto de referencia de aeródromo. Punto cuya situación geográfica designa al aeródromo.

(293) Punto de referencia de aproximación final. Punto designado desde el cual se comienza la aproximación final (IFR) a un aeropuerto. Dicho punto identifica el comienzo del segmento de aproximación final de la aproximación por instrumentos.

(294) **Punto de referencia de aproximación inicial.** Punto que identifica el comienzo del segmento de aproximación inicial.

(295) **Punto de toma de contacto.** Punto en el que la trayectoria nominal de planeo intercepta la pista. El punto de toma de contacto, tal como queda definido, es sólo un punto de referencia y no tiene necesariamente que coincidir con el punto en que la aeronave entrará verdaderamente en contacto con la pista.

(296) **Punto de transferencia de control**: un punto determinado situado a lo largo de la trayectoria de vuelo de una aeronave, en el cual la responsabilidad de prestar el servicio de control de tránsito aéreo a dicha aeronave se transfiere de una dependencia o posición de control a la siguiente;

(297) **Punto definido después del despegue (DPATO)**: punto dentro de la fase de despegue y de ascenso inicial, antes del cual no se asegura la capacidad del helicóptero para continuar el vuelo en condiciones de seguridad, con el motor crítico fuera de funcionamiento, pudiendo requerirse un aterrizaje forzoso;

(298) **Punto definido antes del aterrizaje (DPBL)**: punto dentro de la fase de aproximación y aterrizaje, después del cual no se asegura la capacidad del helicóptero para continuar el vuelo en condiciones de seguridad, con el motor crítico fuera de funcionamiento, pudiendo requerirse un aterrizaje forzoso;

(299) **Punto significativo (o importante):** un lugar geográfico especificado, utilizado para definir la ruta ATS o la trayectoria de vuelo de una aeronave y para otros fines de navegación y ATS;

(300) **Radar:** un dispositivo radioeléctrico para la detección que proporciona información acerca de distancia, azimut y/o elevación de objetos;

(301) **Radar de precisión para la aproximación.** Equipo de radar primario usado para determinar la posición de una aeronave durante la aproximación final; en azimut y elevación en relación con una trayectoria nominal de aproximación, y en distancia en relación con un punto de toma de contacto. Los radares de precisión para la aproximación sirven para que pueda darse guía por comunicación radio a los pilotos durante las fases finales de la aproximación para aterrizar.

(302) **Radar de vigilancia:** equipo de radar utilizado para determinar la posición, en distancia y azimut, de las aeronaves;

(303) **Radar primario.** Sistema de radar que usa señales de radio re-

flejadas.

(304) Radar secundario. Sistema de radar en el cual la señal radioeléctrica transmitida por la estación radar indica la transmisión de una señal radioeléctrica de otra estación.

(305) Radar secundario de vigilancia (SSR): un sistema radar de vigilancia que usa transmisores/receptores (interrogadores) y transpondedores;

(306) Radiobaliza de abanico. Tipo de radiofaro que emite un haz vertical en forma de abanico.

(307) Radiobaliza Z. Tipo de radiofaro que emite un haz vertical en forma de cono.

(308) Radiodifusión: Transmisión de información referente a navegación aérea que no va dirigida a ninguna estación o estaciones determinadas.

(309) Radiogoniometría. Radio-determinación que utiliza la recepción de ondas radioeléctricas para determinar la dirección de una estación o de un objeto.

(310) Radiomarcación. El ángulo determinado en una estación radiogoniométrica, formado por la dirección aparente producida por la emisión de ondas electromagnéticas procedentes de un punto determinado, y otra dirección de referencia.

(i) Radiomarcación verdadera es aquella cuya dirección de referencia es el Norte verdadero.

(ii) Radiomarcación magnética es aquella cuya dirección de referencia es el Norte magnético.

(311) Radiotelefonía: forma de radiocomunicación destinada principalmente al intercambio oral de información;

(312) Recalada. Procedimiento que consiste en usar el equipo radiogoniométrico de una estación de radio en combinación con la emisión de otra estación de radio, cuando por lo menos una de las estaciones es móvil, y mediante el cual la estación móvil navega continuamente hacia la otra.

(313) Recorrido de despegue disponible (TORA): la longitud de la pista declarada disponible y adecuada por el Estado del aeródromo para el recorrido en tierra de un avión que despegue;

(314) Red radiotelefónica. Grupo de estaciones aeronáuticas radiotelefónicas que usan y observan las mismas frecuencias y que se ayudan mutuamente, en forma establecida de antemano, para lograr la máxima seguridad de las comunicaciones aeroterrestres y la difusión del tráfico aeroterrestre.

(315) Red de telecomunicaciones fijas aeronáuticas. Sistema completo y mundial de circuitos fijos aeronáuticos dispuestos como parte del Servicio fijo aeronáutico, para el intercambio de mensajes y/o datos numéricos entre estaciones fijas aeronáuticas que posean características de comunicación idénticas o compatibles.

(316) Referencia: cualquier cantidad o conjunto de cantidades que pueda servir de referencia o de base para calcular otras cantidades;

(317) Referencia ILS. Punto situado verticalmente, a una altura especificada, sobre la intersección del eje de la pista con el umbral, por el cual pasa la prolongación rectilínea hacia abajo de la trayectoria de planeo.

(318) Región de información de vuelo: un espacio aéreo de dimensiones definidas, dentro del cual se facilitan los servicios de información de vuelo y de alerta;

(319) Registrador de vuelo: cualquier tipo de registrador instalado en la aeronave a fin de facilitar la investigación de seguridad en accidentes o incidentes;

(320) Representante acreditado: persona nombrada por un Estado, en razón de sus cualificaciones, para participar en una investigación de seguridad realizada por otro Estado. Un representante acreditado designado por un Estado miembro deberá pertenecer a una autoridad encargada de las investigaciones de seguridad;

(321) Reserva: período de tiempo durante el cual el tripulante debe estar a disposición del operador para que le asigne un período de actividad de vuelo, posicionamiento u otra actividad, previo aviso con al menos 10 horas de antelación.

(322) Respuesta radar (o repuesta SSR). La indicación visual en forma simbólica en una presentación radar, de una señal transmitida por un objeto en respuesta a una interrogación.

(323) Retraso en la presentación al servicio: aplazamiento de un período de actividad de vuelo programado por el operador antes de que un miembro de la tripulación haya dejado su lugar de descanso.

(i) Tipo temprano de horario irregular significa:

(A) En el caso de una actividad que comienza temprano, un período de actividad que comienza entre las 5.00 y las 5.59 de la zona horaria en la que el miembro de la tripulación está aclimatado; y

(B) En el caso de una actividad que termina tarde, un período de actividad que termina entre las 23.00 y la 1.59 de la zona horaria en la que el miembro de la tripulación está aclimatado.

(ii) Tipo tardío de horario irregular significa:

(A) En el caso de una actividad que comienza temprano, un período de actividad que comienza entre las 5.00 y las 6.59 de la zona horaria en la que el miembro de la tripulación está aclimatado; y

(B) En el caso de una actividad que termina tarde, un período de actividad que termina entre las 0.00 y la 1.59 de la zona horaria en la que el miembro de la tripulación está aclimatado.

(324) Rodaje: movimiento autopropulsado de una aeronave sobre la superficie de un aeródromo, excluidos el despegue y el aterrizaje;

(325) Rotación: una actividad o una serie de actividades, incluidos, al menos, una actividad de vuelo y períodos de descanso fuera de la base, que comienza en la base y termina con el regreso a la base para un período de descanso en el que el operador ya no es responsable del alojamiento del miembro de la tripulación.

(326) Rumbo: la dirección en que apunta el eje longitudinal de una aeronave, expresada generalmente en grados respecto al norte (geográfico, magnético, de la brújula o de la cuadrícula);

(327) Ruta ATS: una ruta especificada que se ha designado para canalizar la corriente del tránsito según sea necesario para proporcionar servicios de tránsito aéreo;

(328) Ruta con servicio de asesoramiento: una ruta designada a lo largo de la cual se proporciona servicio de asesoramiento de tránsito aéreo;

(329) Rutas de llegada. Rutas identificadas, siguiendo un procedimiento de aproximación por instrumentos, por los cuales las aeronaves pueden pasar de la fase de vuelo en ruta al punto de referencia de la aproximación inicial.

(330) Ruta de navegación de área. Ruta ATS establecida para el uso de aeronaves que pueden aplicar el sistema de navegación de área.

(331) Salida normalizada por instrumentos. Conjunto de maniobras predeterminadas que permiten a la aeronave en vuelo IFR completar todas las fases desde el despegue hasta su integración en la estructura de rutas ATS. (Véase Transición).

(332) Sector: segmento de un período de actividad de vuelo transcurrido entre que una aeronave comienza a moverse con el fin de despegar hasta que esta se detiene después de aterrizar en el puesto de estacionamiento designado.

(333) Secuencia de aproximación. Orden en que se permite a dos o más aeronaves efectuar la aproximación para el aterrizaje.

(334) Segmento de ruta: una ruta o porción de ruta que suele recorrerse sin parada intermedia;

(335) Señal. Símbolo o grupo de símbolos expuestos en la superficie del área de movimiento a fin de transmitir información aeronáutica.

(336) Señal de identificación de aeródromo. Señal colocada en un aeródromo para ayudar a que se identifique el aeródromo desde el aire.

(337) Separación no radar. La separación utilizada cuando la información de posición de la aeronave se obtiene de fuentes que no sean radar.

(338) Separación radar. La separación utilizada cuando la información de posición de la aeronave se obtiene de fuentes radar.

(339) Servicio automático de información terminal (ATIS): el suministro automático de información rutinaria y actual a las aeronaves que llegan o salen durante las 24 horas o durante un período determinado de esas 24 horas:

(i) <u>Servicio automático de información terminal por enlace de datos (ATIS-D)</u>: el suministro del ATIS mediante enlace de datos;

(ii) <u>Servicio automático de información terminal-voz (ATIS-voz)</u>: el suministro del ATIS por medio de emisiones continuas y repetidas de voz;

(340) Servicio de alerta: un servicio suministrado para notificar a los organismos pertinentes respecto a aeronaves que necesitan ayuda de búsqueda y salvamento, y auxiliar a dichos organismos según convenga;

(341) Servicio de asesoramiento de tránsito aéreo: un servicio que se suministra en el espacio aéreo con asesoramiento para que, dentro de lo posible, se mantenga la debida separación entre las aeronaves que operan según planes de vuelo IFR;

(342) Servicio de control de aeródromo: el servicio de control del tránsito aéreo para el tránsito de aeródromo;

(343) **Servicio de control de aproximación:** el servicio de control de tránsito aéreo para la llegada y salida de vuelos controlados;

(344) **Servicio de control de área**: el servicio de control de tránsito aéreo para los vuelos controlados en las áreas de control;

(345) **Servicio de control de tránsito aéreo**: un servicio suministrado con el fin de:

(i) Prevenir colisiones:

(A) Entre aeronaves, y

(B) En el área de maniobras, entre aeronaves y obstáculos, y

(ii) Acelerar y mantener ordenadamente el movimiento del tránsito aéreo;

(346) **Servicio de dirección en la plataforma.** Servicio proporcionado para regular las actividades y el movimiento de aeronaves y vehículos en la plataforma.

(347) **Servicio de información de vuelo:** un servicio cuya finalidad es aconsejar y facilitar información útil para la realización segura y eficaz de los vuelos;

(348) **Servicio de radionavegación aeronáutica**: un servicio que proporciona información de guía o datos de posición para la operación eficiente y segura de la aeronave con el apoyo de una o más radioayudas para la navegación;

Se citan las disposiciones siguientes del Reglamento de radiocomunicaciones para fines de referencia y/o de claridad para comprender la definición anterior de servicio de radionavegación aeronáutica:

(i) RR11 Radionavegación. Radiodeterminación utilizada para fines de navegación, inclusive para señalar la presencia de obstáculos.

(ii) RR10 Radiodeterminación. Determinación de la posición, velocidad u otras características de un objeto, u obtención de información relativa a estos parámetros, mediante las propiedades de propagación de las ondas radioeléctricas.

(349) **Servicio de radiodifusión aeronáutica.** Servicio de radiodifusión dedicado a la transmisión de información relativa a la navegación aérea.

(350) **Servicio de telecomunicaciones aeronáuticas**. Servicio de telecomunicaciones que se da para cualquier fin aeronáutico.

(351) **Servicio de tránsito aéreo (ATS):** expresión genérica que se

aplica, según el caso, a los servicios de información de vuelo, alerta, asesoramiento de tránsito aéreo, control de tránsito aéreo (servicios de control de área, control de aproximación o control de aeródromo);

(352) Servicio fijo aeronáutico. Servicio de telecomunicaciones entre puntos fijos determinados, que se suministra primordialmente para seguridad de la navegación aérea y para que sea regular, eficiente y económica la operación de los servicios aéreos.

(353) Servicio móvil aeronáutico: un servicio móvil entre estaciones aeronáuticas y estaciones de aeronave, o entre estaciones de aeronave, en el que pueden participar estaciones de embarcaciones de supervivencia; las estaciones de radiobaliza de localización de siniestros también pueden participar en ese servicio en las frecuencias de socorro y urgencia designadas;

(354) Servicio radar. Término utilizado para designar un servicio proporcionado directamente por medio de radar.

(355) Sistema anticolisión de a bordo (ACAS): un sistema de aeronave basado en señales de transpondedor del radar secundario de vigilancia (SSR) que funciona independientemente del equipo instalado en tierra para proporcionar aviso al piloto sobre posibles conflictos entre aeronaves dotadas de transpondedores SSR;

(356) Sistema de aterrizaje GBAS (GLS): un sistema de aproximación y aterrizaje que utiliza información de un sistema mundial de navegación por satélite aumentado con base terrestre (GNSS/ GBAS) para guiar a la aeronave basándose en su posición GNSS lateral y vertical. Utiliza la referencia de altitud geométrica para su pendiente de aproximación final;

(357) Sistema de detección de explosivos (EDS): Sistema o combinación de diferentes tecnologías que permiten detectar de forma automática, y así indicarlo por medio de una alarma, sustancias explosivas contenidas en el equipaje.

(358) Sistema de visión mejorada (EVS): un sistema que muestra imágenes electrónicas en tiempo real del exterior, obtenidas mediante sensores de imagen;

(359) Sistema de guía frontal en el aterrizaje (HUDLS): sistema de a bordo que ofrece al piloto orientación visual frontal durante la aproximación y el aterrizaje o el procedimiento de aterrizaje frustrado; incluye todos los sensores, ordenadores, sistemas de alimentación eléctrica, indicaciones y controles;

(360) Sistema de multilateración (MLAT): Grupo de equipos configurados para proporcionar la posición derivada de las señales de transpondedor (respuestas o señales espontáneas) del radar secundario de vigilancia (SSR) usando, principalmente, técnicas para calcular la diferencia en el tiempo de llegada (TDOA). A partir de las señales recibidas, puede extraerse información adicional, incluida la identificación.

(361) Sistema de visión nocturna de imágenes (NVIS): integración de todos los elementos necesarios para usar de manera apropiada y segura las gafas de visión nocturna (NVG) durante las operaciones de helicópteros. El sistema incluye, como mínimo: gafas de visión nocturna (NVG), iluminación NVIS, componentes del helicóptero, formación y mantenimiento de la aeronavegabilidad;

(362) SNOWTAM. Serie de NOTAM que notifica la presencia o eliminación de condiciones peligrosas debidas a nieve, nieve fangosa, hielo o agua en el área de movimiento por medio de un modelo concreto. Superficie de aterrizaje. La parte de la superficie de aeródromo que la jefatura del mismo haya declarado como utilizable para el recorrido normal en tierra o en el agua, de las aeronaves que aterricen o amaren en una dirección determinada.

(363) Suceso: cualquier acontecimiento relacionado con la seguridad que ponga en peligro o que, en caso de no ser corregido o abordado, pueda poner en peligro una aeronave, sus ocupantes o cualquier otra persona, incluidos, en particular, los accidentes e incidentes graves;

(364) Sustancias psicoactivas: el alcohol, los opiáceos, los canabinoides, los sedantes e hipnóticos, la cocaína, otros psicoestimulantes, los alucinógenos y los disolventes volátiles, con exclusión del tabaco y el café;

(365) Tarea crítica de mantenimiento: Tarea de mantenimiento c¡- que conlleve el montaje o la alteración de un sistema o de alguna parte de la aeronave, del motor o de las hélices que, en caso de producirse algún error durante la ejecución, pueda poner en peligro directamente la seguridad del cuelo;

(366) Techo de nubes: la altura a que, sobre la tierra o el agua, se encuentra la base de la capa inferior de nubes por debajo de 6 000 m (20 000 ft) y que cubre más de la mitad del cielo;

(367) Telecomunicación. Toda transmisión, emisión o recepción de signos, señales, escritos, imágenes, sonidos o informaciones de cualquier naturaleza por hilo, radioelectricidad, medios ópticos u otros sistemas electromagnéticos.

(368) Territorio: áreas terrestres y aguas territoriales adyacentes a ellas que se encuentran bajo la soberanía, dominio, protección o mandato de un Estado;

(369) Tiempo de instrumentos. Tiempo de vuelo por instrumentos o tiempo de entrenador.

(370) Tiempo de trabajo: Todo período durante el cual el personal de vuelo permanece en el trabajo, a disposición del empresario y en ejercicio de su actividad o de sus funciones.

(371) Tiempo de vuelo: El tiempo total transcurrido desde que una aeronave comienza a moverse desde el lugar donde estaba estacionada con el propósito de despegar hasta que se detiene al finalizar el vuelo en el lugar de estacionamiento y para todos los motores.

(372) Tiempo de vuelo (2): para aviones y motoveleros de turismo, el tiempo transcurrido desde que una aeronave comienza a moverse desde el sitio de estacionamiento con el fin de despegar hasta que se detiene en el puesto de estacionamiento y se apagan todos los motores o hélices.

(373) Tiempo estimado transcurrido: el tiempo estimado que se necesita para ir de un punto significativo a otro;

(374) Tiempo máximo de efectividad (HoT): el tiempo estimado durante el cual el líquido antihielo impedirá la formación de hielo y escarcha y la acumulación de nieve en las superficies protegidas (tratadas) de un avión;

(375) Toma y despegue. Operación en la que la aeronave aterriza y despega de una pista sin detenerse o abandonar la pista.

(376) Torre de control de aeródromo: una dependencia establecida para facilitar servicio de control de tránsito aéreo al tránsito de aeródromo;

(377) Trabajo aéreo: una operación de vuelo en la que se utilice una aeronave para servicios especializados, por ejemplo en agricultura, construcción, fotografía, prospección, observación y patrullaje, búsqueda y salvamento, publicidad aérea, etc.;

(378) Tramo de ruta. Ruta o parte de ésta por la que generalmente se vuela sin escalas intermedias.

(379) Tramo de aproximación final. Fase de un procedimiento de aproximación por instrumentos durante la cual se ejecutan la alineación y el descenso para aterrizar.

(380) Tramo de aproximación inicial. Fase de un procedimiento de aproximación por instrumentos entre el punto de referencia (radioayuda) de aproximación inicial y el punto de referencia (radioayuda) de aproximación intermedia o, cuando corresponda, el punto de referencia (radioayuda) de aproximación final.

(381) Tramo de aproximación intermedia. Fase de un procedimiento de aproximación por instrumentos entre, ya sea el punto de referencia (radioayuda) de aproximación intermedia y el punto de referencia (radioayuda) de aproximación final, o el punto de aproximación final; o entre el final de un procedimiento de inversión, de hipódromo o de navegación a estima y el punto de referencia (radioayuda) de aproximación final o el punto de aproximación final, según sea el caso.

(382) Tramos de circuito de tránsito de aeródromo: El circuito de tránsito de aeródromo se divide en los siguientes tramos:

(A) Tramo en contra del viento/viento en cara: Trayectoria de vuelo paralela a la pista de aterrizaje en la dirección del aterrizaje.

(B) Tramo viento cruzado/viento a través: Trayectoria de vuelo perpendicular a la pista de aterrizaje, a partir del final de tramo en contra del viento/viento en cara.

(C) Tramo a favor del viento/viento en cola: Trayectoria de vuelo paralela a la pista de aterrizaje en la dirección opuesta al aterrizaje, a partir del final del tramo viento cruzado/viento a través.

(D) Tramo básico/tramo base: Trayectoria de vuelo perpendicular a la pista de aterrizaje, a partir del final del tramo a favor del viento/viento en cola.

(E) Tramo final: Trayectoria de vuelo en la dirección del aterrizaje a lo largo de la prolongación del eje de pista, a partir del final del tramo básico, y que normalmente termina en la pista de aterrizaje.»

(383) Transición. Procedimiento publicado (SID con transición) que conecta un SID a una ruta ATS o una ruta ATS a un STAR.

(384) Tránsito aéreo: todas las aeronaves que se hallan en vuelo, y las que circulan por el área de maniobras de un aeródromo;

(385) Tránsito de aeródromo: todo el tránsito que tiene lugar en el área de maniobras de un aeródromo, y todas las aeronaves que vuelen en las inmediaciones del mismo; por aeronave que opere en las inmediaciones de un aeródromo se entiende también, aunque sin carácter restrictivo, toda aeronave que entre o salga de un circuito de tránsito del aeródromo;

(386) Transmisión a ciegas. Transmisión desde una estación a otra en circunstancias en que no puede establecerse comunicación en ambos sentidos, pero cuando se cree que la estación llamada puede recibir la transmisión.

(387) Tratamiento de datos. Serie sistemática de operaciones realizadas con los datos. Las operaciones pueden ser intercalación, clasificación, cálculo o cualquier otra transformación y ordenación, con el fin de obtener o revisar información, o de modificar la representación de la misma.

(388) Traza de radar. Expresión genérica utilizada para la indicación visual, en forma asimbólica, en una presentación radar, de la posición de una aeronave obtenida por radar primario o secundario.

(389) Trayectoria de planeo. Perfil de descenso determinado para guía vertical durante una aproximación final.

(390) Trayectoria de despegue: trayectoria vertical y horizontal recorrida, con el motor crítico inactivo, desde un punto especificado en el despegue para los aviones a 1.500 pies sobre la superficie y para los helicópteros a 1 000 pies sobre la superficie;

(391) Tripulante de servicio: Tripulante que desempeña sus funciones en una aeronave durante un vuelo o durante una parte de él.

(392) Tripulación de vuelo incrementada: tripulación de vuelo compuesta por más personas que el número mínimo requerido para el funcionamiento de la aeronave y que permite que cada miembro de la tripulación de vuelo pueda dejar su puesto, con el propósito de descanso en vuelo, y ser reemplazado por otro miembro debidamente cualificado.

(393) Umbral: el inicio de la parte de la pista utilizable para aterrizajes;

(394) Umbral desplazado. Umbral que no está situado en el extremo de la pista.

(395) Uso problemático de ciertas sustancias: el uso de una o más sustancias psicoactivas por el personal aeronáutico de manera que:

(i) Constituya un riesgo directo para quien las usa o ponga en peligro las vidas, la salud o el bienestar de otros, y/o

(ii) Provoque o empeore un problema o desorden de carácter ocupacional, social, mental o físico;

(396) Velocidad calibrada. Velocidad indicada corregida por los errores de instrumento y posición.

(397) Velocidad hipersónica. Velocidad superior a MACH 5.0.

(398) Velocidad indicada. Velocidad que se lee en el anemómetro de la aeronave, sin corrección de los errores del sistema indicador.

(399) Velocidad sobre el suelo. Velocidad de desplazamiento de la aeronave sobre el suelo, resultante de la velocidad verdadera y de la velocidad del viento.

(400) Velocidad subsónica. Velocidad inferior a MACH 0.75.

(401) Velocidad supersónica. Velocidad entre MACH 1.20 y 5.0.

(402) Velocidad transónica. Velocidad entre MACH 0.75 y 1.20.

(403) Velocidad verdadera. Velocidad de la aeronave con relación al aire.

(404) VFR. Símbolo utilizado para designar las reglas de vuelo visual.

(405) Viraje de base. Viraje ejecutado por la aeronave durante la aproximación inicial, entre el extremo de la derrota de alejamiento y el principio de la derrota intermedia o final de aproximación. Las derrotas no son opuestas entre sí. Los virajes de base pueden ser los que se hacen, ya sea en vuelo horizontal o durante el descenso, según las circunstancias de cada uno de los procedimientos de aproximación por instrumentos, con la única restricción de que no se infrinjan los márgenes verticales sobre los obstáculos especificados.

(406) Viraje reglamentario. Maniobra que consiste en un viraje efectuado a partir de una trayectoria designada, seguido de otro en sentido contrario, de manera que la aeronave corte la trayectoria designada y pueda seguirla en dirección opuesta. Los virajes reglamentarios se designan «a la izquierda» o «a la derecha», según el sentido en que se haga el viraje inicial.

Pueden designarse como virajes reglamentarios los que se hacen ya sea en vuelo horizontal o durante el descenso, según las circunstancias de cada procedimiento de aproximación por instrumentos, siendo la única restricción que no se infrinjan los márgenes verticales sobre los obstáculos especificados.

(407) Visibilidad. Distancia, determinada por las condiciones atmosféricas y expresada en unidades de longitud, a que pueden verse e identificarse durante el día objetos prominentes no iluminados y durante la noche objetos prominentes iluminados.

(408) Visibilidad en tierra. Visibilidad en un aeródromo, indicada por un observador competente.

(409) Visibilidad en vuelo. La visibilidad hacia adelante, medida desde el puesto de pilotaje de una aeronave en vuelo.

(410) VMC. Símbolo utilizado para designar condiciones meteorológicas de vuelo visual.

(411) **VFR:** el símbolo utilizado para designar las reglas de vuelo visual;

(412) **Vigilancia dependiente automática—radiodifusión (ADS-B)**: un medio por el cual las aeronaves, los vehículos de aeródromo y otros objetos pueden transmitir y/o recibir, en forma automática, datos como identificación, posición y datos adicionales, según corresponda, en modo de radiodifusión mediante enlace de datos;

(413) **Vigilancia dependiente automática — contrato (ADS-C)**: un medio que permite al sistema de tierra y a la aeronave establecer, mediante enlace de datos, las condiciones de un acuerdo ADS-C, en el cual se indican las condiciones en que han de iniciarse los informes ADS-C, así como los datos que deben figurar en los mismos;

(414) **Vuelo acrobático:** las maniobras intencionadas de una aeronave que implican un cambio brusco en su actitud de vuelo, una actitud anómala, o aceleración anómala, no necesaria para el vuelo normal o de instrucción para licencias o habilitaciones diferentes a la habilitación de vuelo acrobático;

(415) **Vuelo asistido por un sistema de visión nocturna de imágenes (NVIS)**: en el caso de operaciones NVIS, la parte de un vuelo efectuada conforme a las reglas de vuelo visual (VFR) que se efectúa en condiciones nocturnas y cuando un miembro de la tripulación utiliza gafas de visión nocturna (NVG);

(416) **Vuelo comercial:** El vuelo regular o no regular o la actividad de vuelos efectuados en virtud de un contrato de alquiler y destinados al público en general o a grupos privados previo pago de remuneración.

(417) **Vuelo controlado:** todo vuelo que está supeditado a una autorización del control de tránsito aéreo;

(418) **Vuelo de competición:** cualquier actividad de vuelo en la que la aeronave se utiliza en carreras o competiciones aéreas, y en la que la aeronave se utiliza para practicar para carreras o competiciones aéreas y para volar hacia y desde los eventos de las carreras o competiciones.

(419) **Vuelo de exhibición:** cualquier actividad de vuelo realizada deliberadamente con el fin de ofrecer una exhibición o proporcionar entretenimiento en un evento anunciado abierto al público, incluso cuando la aeronave se utiliza para practicar para una exhibición de vuelo y para volar hacia y desde el evento anunciado.;

(420) **Vuelo de introducción:** cualquier vuelo a cambio de remunera-

ción o de cualquier otro tipo de contraprestación económica que consiste en un viaje aéreo de corta duración, ofrecido por una organización de formación reconocida o una organización creada con el objetivo de promover los deportes aéreos o la aviación de recreo, con el fin de atraer a nuevos alumnos o nuevos miembros.

(421) Vuelo en formación. Más de una aeronave que, previo acuerdo entre los pilotos y con permiso de la autoridad competente, operan como una sola aeronave a efectos de navegación aérea e información de posición.

(422) Vuelo IFR: un vuelo efectuado de acuerdo con las reglas de vuelo por instrumentos;

(423) Vuelo VFR: un vuelo efectuado de acuerdo con las reglas de vuelo visual;

(424) Vuelo VFR controlado. uelo controlado efectuado de acuerdo con las reglas de vuelo visual.

(425) Vuelo VFR especial: un vuelo VFR al que el control de tránsito aéreo ha concedido autorización para que se realice dentro de una zona de control en condiciones meteorológicas inferiores a las condiciones meteorológicas de vuelo visual (VMC);

(426) Zona aeronáutica: La zona de circulación de los aeropuertos, terrenos y edificios adyacentes o partes de ellos cuyo acceso está controlado.

(427) Zona de acceso controlado: Son aquellas zonas, en las que el acceso es controlado para que sólo acceda personal autorizado, y donde no es necesario realizar un control de seguridad.

(428) Zona crítica de seguridad: Zona especialmente sensible dentro de las zonas restringidas de seguridad que abarca al menos, todas las zonas del terminal de salida de pasajeros situadas entre los puntos de control de seguridad y las puertas de acceso a las aeronaves.

(429) Zona de control: un espacio aéreo controlado que se extiende hacia arriba desde la superficie terrestre hasta un límite superior especificado;

(430) Zona de operaciones: Ver lado aire.

(431) Zona de tránsito de aeródromo: un espacio aéreo de dimensiones definidas establecido alrededor de un aeródromo para la protección del tránsito del aeródromo;

(432) Zona demarcada de seguridad: Es una zona delimitada de las zonas restringidas de seguridad de un aeropuerto, en la cual se podrán aplicar medidas de seguridad alternativas a las normas básicas comunes. Para garantizar su separación se establecerán las medidas de seguridad determinadas por la Autoridad competente.

(433) **Zona despejada de obstáculos.** Espacio aéreo por encima de la superficie de aproximación interna, de las superficies de transición interna, de la superficie de aterrizaje interrumpido y de la parte de la franja limitada por esas superficies, no penetrada por ningún obstáculo fijo salvo uno de masa ligera montado sobre soportes frangibles necesario para fines de navegación aérea.

(434) **Zona libre de obstáculos**: área rectangular definida en el terreno o en el agua y bajo control de la autoridad competente, designada o preparada como área adecuada sobre la cual un avión puede efectuar una parte del ascenso inicial hasta una altura especificada;

(435) **Zona obligatoria de radio (RMZ)**: un espacio aéreo de dimensiones definidas dentro del cual es obligatorio llevar a bordo y utilizar equipo de radio;

(436) **Zona obligatoria de transpondedor (TMZ):** espacio aéreo de dimensiones definidas dentro del cual es obligatorio llevar a bordo y utilizar transpondedor de información de altitud barométrica;

(437) **Zona peligrosa:** un espacio aéreo de dimensiones definidas en el cual pueden desplegarse en determinados momentos actividades peligrosas para el vuelo de las aeronaves;

(438) **Zona prohibida:** un espacio aéreo de dimensiones definidas sobre el territorio o las aguas jurisdiccionales de un Estado, dentro del cual está prohibido el vuelo de las aeronaves;

(439) **Zona restringida:** un espacio aéreo de dimensiones definidas sobre el territorio o las aguas jurisdiccionales de un Estado, dentro del cual está restringido el vuelo de las aeronaves, de acuerdo con determinadas condiciones especificadas;

(440) **Zona restringida de seguridad:** Toda zona de un aeropuerto cuyo acceso está sujeto a un control de accesos y un control de seguridad. Cuando esto no sea posible, las personas y vehículos estarán sometidos a un control aleatorio para garantizar la seguridad. La zona restringida de seguridad abarca al menos el área aeroportuaria a la que tengan acceso los pasajeros en espera de embarcar que hayan pasado control, aquel por el que pueda circular o en el que se pueda guardar el equipaje facturado pendiente de embarque ya controlado salvo si se trata de «equipaje seguro», y la zona aeroportuaria utilizada para el es-

tacionamiento de toda aeronave sujeta a operaciones de carga o embarque.

(441) Zona de toma de contacto. Parte de la pista, situada después del primer umbral, destinada a que los aviones que aterrizan hagan el primer contacto con la pista.

(442) Zona de tránsito de aeródromo. Espacio aéreo de dimensiones definidas establecido alrededor de un aeródromo para la protección del tránsito del aeródromo.

***

0.2 CAPITULACIÓN Y PAGINACIÓN

En el vértice inferior externo de cada página se incluirá el número del capítulo y el número de página. La paginación se hará por capítulos independientes, indicando el capítulo y el número de página. Cuando haya una hoja en blanco, se advertirá con la leyenda en diagonal: "INTENCIONADAMENTE EN BLANCO".

0.3 ENUMERACIÓN DE SUBCAPÍTULOS Y DIVISIONES

Los capítulos y divisiones se enumeran de la siguiente manera. Si tomamos de ejemplo el capítulo 3:

- Título del Capítulo..........................: 3
- Títulos de Subcapítulos oficiales....: 3.1 / 3.1.1 / 3.1.1.1 / 3.1.1.1.1
- Parágrafos dependientes...............: (a), (b), (c)...
- Subparágrafos dependientes.........: (1), (2),(3) /(i), (ii), (iii) / (A), (B), (C) / puntos negros / puntos blancos
- Listas de viñetas (puntos negros y puntos blancos)
- Tras un Subcapítulo tipo "3.1.1", los Subparágrafos dependientes comenzarán por (1) / (i) /(A)...
- Tras un Subcapítulo tipo "3.1.1.1", los Subparágrafos dependientes comenzarán por (i) / (A), etc

***

CAPÍTULO 1
ASPECTOS LEGALES DE LAS FUNCIONES DEL PILOTO AL MANDO

1.1 Norma jurídica y disposición normativa

Es importante exponer una breve explicación sobre las características principales de lo que hay que considerar como la base de actuación de los Pilotos al Mando. Si la función principal del Piloto al Mando es la toma de decisiones, éstas han de estar apoyadas en normas jurídicas, que son las que engranan de una manera legal las actuaciones de aquellos.

Podemos definir la **norma jurídica** como un *"precepto obligatorio y coercible, que regula la conducta de los ciudadanos, inspirado en un criterio de justicia"*. Es un concepto abstracto que se hace concreto al convertirse en una **disposición normativa**, pues ésta es el vehículo de aquella para que el ciudadano la conozca. La disposición normativa es la norma jurídica escrita. No obstante la existencia de estos conceptos diferenciados, para entendernos de una manera más llana, en esta libro vamos a hablar de normas de un modo genérico, para abarcar a los dos conceptos: norma y disposición normativa.

1.2 Eficacia de las normas

Las normas han de conocerse para que sean aplicables. De otra forma estaríamos ante una tremenda injusticia, pues nos obligarían a actuar de una determinada manera, sin saber cuál es y estaríamos indefensos jurídicamente.

Para que la norma adquiera eficacia jurídica ha de ser publicada en el Boletín Oficial correspondiente (Art. 131 de la Ley 39/2015, de 1 de octubre, del Procedimiento Administrativo Común de las Administraciones Públicas). Como es lógico, dependiendo de lo que abarque dicha norma, ha de publicarse en un determinado Boletín. Las normas europeas se publican en el Diario Oficial de la Unión Europea (DOUE); Las normas generales de España se han de publicar en el Boletín Oficial del Estado (BOE). Las que obliguen en la Comunidad Autónoma, se publicarán en el Boletín Oficial de cada una de ellas, y las emanadas de los Ayuntamientos, en sus propios Boletines. Veremos a través del curso cómo algunas disposiciones normativas que aplicamos a diario, no se han publicado en el BOE por lo que en principio carecerían de eficacia jurídica.

1.3 Calificación

El que aplica el derecho (operador jurídico) debe decidir en qué categoría de norma debe incluir la situación planteada. Si un pasajero trata de hablar por teléfono en una avión en vuelo, el Piloto al Mando ha de intervenir por él o por delegación; debe evaluar esa situación; ha de catalogarla dentro del espectro de prohibiciones; debe encajarla en el ordenamiento jurídico-aeronáutico y decidir en consecuencia las acciones a tomar. Es decir, para saber cuál ha de ser su actuación ante sea situación, ha de **calificar** el hecho. Para ello, ha de tener un mínimo de conocimientos legales, y conocer un poco cual es la estructura de normas que abarcan sus funciones.

1.4 Las fuentes básicas del derecho

La fuente formal del Derecho es el lugar de donde parten las normas. Como Fuentes Básicas podemos considerar a:

(a) **La Ley** (la norma escrita) que es la que conocemos y que emana de la Autoridad que tiene competencias normativas: Parlamento y Consejo de la UE, Parlamento y Gobierno de la Nación, Parlamentos y Gobiernos Autónomos, Ayuntamientos...

(b) **La Costumbre.** Cuando una materia concreta no está regulada por norma escrita pero, sin embargo, hay unos usos y costumbres arraigados que, de alguna manera, encauzan su realización, esa costumbre se convierte en norma aplicable y con fuerza de Ley. Por ejemplo: En los aeropuertos se pagan unas tasas aeroportuarias que cubren las ayudas al rodaje y aparcamiento, la estancia de la aeronave en un puesto determinado, la utilización de un finger, la seguridad, etc. Sin embargo vemos que es costumbre que los calzos para mantener inmóvil a la aeronave, los ponen personas pertenecientes a las propias compañías, cuando sería lógico pensar que las tasas que se pagan incluyen ese servicio, como incluyen que personal de AENA acerque el finger y lo asegure a la aeronave. Pero no está regulado y la costumbre ha hecho norma.

(c) **Los Principios General del Derecho.** Son los fundamentos más profundos del Derecho que definen comportamientos que la razón cataloga como necesario para el perfeccionamiento del hombre. Cuando no existe ni Ley ni costumbre aplicable, sólo quedarían estos principios para basar nuestra conducta. Son el Derecho Natural, la razón de la existencia, el comportamiento social del hombre para con los demás.

En el mundo de la Aviación se han definido por la OACI, como Principios Generales del Transporte Aéreo: La SEGURIDAD, la REGULARIDAD, la EFICIENCIA y la ECONOMÍA. Por lo tanto, si no encontramos norma o costumbre aplicable a una situación concreta, deberemos aplicar nuestro criterio basado en estos principios y, por este orden.

1.5 Fuentes alternativas del derecho

Hay también otras fuentes del Derecho alternativas, que algunos autores no las califican como tales, pero que nosotros sí vamos a tratarlas así, pues son "lugares" de donde podemos extraer la base práctica de la aplicación o de la interpretación de las normas.

Como Fuentes Alternativas del Derecho podemos considerar:

(a) **La Jurisprudencia:** Son los criterios reiterados del Tribunal Supremo a través de sus sentencias. Establecen la manera de interpretar la normas y dan las pautas de actuación en un sentido definido. La Jurisprudencia vienen a dar un significado definitivo a lo que el legislador quiso decir. Es la última palabra en la interpretación de las normas.

(b) **La Doctrina.** Aunque no tiene la fuerza de Ley, los criterios de los tratadistas, catedráticos, ilustres abogados doctos en Derecho se tiene en cuenta a la hora de interpretar las normas y en especial, ante los tribunales.

(c) **La Analogía**: Hay veces que la norma no abarca a todos los supuestos posibles que puedan ocurrir. Por ello la normativa prevé lo que se denomina "analogía". El Código Civil español establece que cuando no exista una norma concreta para una situación determinada, y existe otra parecida y compatible con ella, se puede aplicar ésta por analogía. Por ejemplo, el Convenio de Tokio se aplica sólo en vuelos internacionales. Pero ¿que ocurre en un vuelo Madrid Málaga si un pasajero comete una infracción que afecta a la seguridad? Esta situación no está regulada en España por lo que el Piloto al Mando, se vería desarmado jurídicamente para poder atajar una situación comprometida a bordo. La aplicación de la analogía nos permite tomar las atribuciones del Piloto al Mando reguladas en el Convenio Tokio en la medida que aquellas fueran aplicables a la situación.

1.6 JERARQUÍA DE LAS NORMAS QUE AFECTAN A LA OPERACIÓN DE VUELO

Vamos a ver aquí, dentro del ordenamiento jurídico español, y a los efectos de la operación de vuelo, qué rango de normas hay que aplicar en caso de duda, por su territorialidad y jerarquía.
Podemos dividirlas en tres grandes grupos: PÚBLICAS, PUBLICO-DELEGADAS y PRIVADAS

(a) NORMAS PÚBLICAS PUBLICADAS POR EL ESTADO:

Obligan a todos los ciudadanos a los que se dirigen. Podemos dividirlas en un sentido genérico en LEYES (desarrolladas por el Parlamento) y REGLAMENTOS (desarrolladas por la Administración (Gobierno, Ministerios, Comunidades, Ayuntamientos).

(1) LEYES

Son las normas que elabora o ratifica el Parlamento.

(i) Constitución como Ley de Leyes en las que se basan las demás. La Constitución garantiza el principio de legalidad, la jerarquía normativa, la publicidad de las normas, la irretroactividad de las disposiciones sancionadoras no favorables o restrictivas de derechos individuales, la seguridad jurídica, la responsabilidad y la interdicción de la arbitrariedad de los poderes públicos.

(ii) Las Leyes Orgánicas son "las relativas al desarrollo de los derechos fundamentales y de las libertades públicas, (esto es, leyes que desarrollan los principios contenidos en la Constitución en la regulación del ejercicio de los citados derechos y libertades, que son los reconocidos, las que aprueben los Estatutos de Autonomía y el régimen electoral general y las demás previstas en la Constitución. Su aprobación, modificación o derogación exigirá la mayoría absoluta del Congreso, en una votación final sobre el conjunto del proyecto.

(iii) Las Leyes ordinarias son aquellas normas acordadas en el Parlamento para regular materias reservadas a ley. Para su aprobación, debe existir mayoría simple (la mitad más uno de los asistentes). En aviación hay tres leyes ordinarias fundamentales: La Ley sobre Navegación Aérea (LNA), la Ley Penal de la Navegación Aérea (LPNA) y la Ley de Seguridad Aérea (LSA)

(iv) Los Reales Decretos Legislativos son normas creadas por el Gobierno con la autorización del Parlamento. Una vez aprobadas por el Gobierno, el Parlamento ha de ratificarlas para que adquieran validez.

(v) Los Reales Decretos - Leyes, son normas con fuerza de Ley que aprueba el Gobierno en caso extraordinaria y urgente necesidad. Han de ser ratificados por Las Cortes para que adquieran validez.

(2) REGLAMENTOS:

Son normas jurídicas de carácter general dictada por el poder ejecutivo. Su rango en el orden jerárquico es inmediatamente inferior a la ley, y generalmente la desarrolla. A los efectos de la aviación civil, nos interesan los reglamentos aprobados y publicados por el Gobierno y los Ministerios, aunque pueden publicarlos también las Comunidades Autónomas o los Ayuntamientos:

(i) Reales Decretos. Normas emanadas del Gobierno que requieren la aprobación del Consejo de Ministros. De acuerdo con la prelación de las normas jurídicas se sitúa inmediatamente después de las normas con rango de Ley y antes de la Orden Ministerial.

(ii) Ordenes Ministeriales: Son Reglamentos que emanan de un Ministerio y las dictan los ministros en los asuntos propios de su departamento y las Comisiones Delegadas del Gobierno. Corresponde a las Comisiones Delegadas del Gobierno como órganos colegiados del mismo, examinar las cuestiones de carácter general que tengan relación con varios de los Departamentos Ministeriales que integren la Comisión; estudiar aquellos asuntos que, afectando a varios Ministerios, requieran la elaboración de una propuesta conjunta previa a su resolución por el Consejo de Ministros; resolver los asuntos que, afectando a más de un Ministerio, no requieran ser elevados al Consejo de Ministros o ejercer cualquier otra atribución que les confiera el ordenamiento jurídico o que les delegue el Consejo de Ministros.

(iii) Resoluciones: Son mociones escritas adoptada por un departamento ministerial. Normalmente re se refieren a materias concretas reguladas por Órdenes o Reales Decretos. Por ejemplo la Resolución de la DGAC de 5 de marzo de 2007 sobre Certificado de Tripulantes de Cabina de Pasajeros.

(iv) Instrucciones: Son dictadas por departamentos ministeriales que indican disposiciones técnicas o explicativas para el cumplimiento de un servicio administrativo.

(v) Circulares aeronáuticas: Reguladas por la LSA, son disposiciones de carácter secundario y de contenido técnico que completan, precisan y aseguran la más eficaz aplicación de las normas dirigidas a preservar la seguridad y el orden del tránsito y del transporte aéreo civiles.

(b) NORMAS PÚBLICAS PUBLICADAS POR LA UE.

(1) Los Reglamentos de la Unión Europea se publican en el DOUE y son actos legislativos vinculantes. Deben aplicarse en su integridad en toda la UE.

(2) Directivas: Son actos legislativos en los cuales se establecen objetivos que todos los países de la UE deben cumplir. Sin embargo, corresponde a cada país elaborar sus propias leyes sobre cómo alcanzar esos objetivos.

(3) Decisiones: Las decisiones son vinculantes para aquellos a quienes se dirigen (un país de la UE o una empresa concreta) y son directamente aplicables.

(4) Recomendaciones: Las recomendaciones no son vinculantes. Permiten a las instituciones dar a conocer sus puntos de vista y sugerir una línea de actuación sin imponer obligaciones legales a quienes se dirigen.

(5) Dictámenes: Son instrumentos que permiten a las instituciones hacer declaraciones de manera no vinculante, es decir, sin imponer obligaciones legales a quienes se dirigen. Los dictámenes no son vinculantes. Pueden emitirlos las principales instituciones de la UE (Comisión, Consejo y Parlamento), el Comité de las Regiones y el Comité Económico y Social Europeo.

(c) NORMAS PÚBLICO-DELEGADAS

Son las que derivan de un mandato legal y que el Estado delega su redacción y su aplicación a entidades semi-particulares. Por ejemplo los Manuales de Operaciones que han de ser ratificados por la Administración, y las normas redactadas por los Colegios Profesionales, como el Código Deontológico, de las que derivan obligaciones exigibles jurídicamente a los colegiados.

(d) NORMAS PRIVADAS

Son las que se establecen entre particulares de un modo libre y que obligan entre ellos, tales como el Convenio Colectivo o los Contratos como el contrato de Trabajo.

Todas estas normas están jerarquizadas, no pudiendo las de abajo contravenir a las de arriba, con una sola excepción: Las normas laborales. El trabajador tiene derecho a aplicar para sí la norma laboral que más le beneficie. Por ej. Si en su contrato tiene un privilegio particular no previsto en el Convenio Colectivo, puede aplicarlo aunque los demás pilotos no lo tengan.

Todas las Leyes y Reglamentos han de ser publicados para que adquieran eficacia jurídica. Hay que recordar que antes de la publicación de la LSA, la DGAC se dedicaba a redactar normas con carácter de Circular Operativa que eran mandadas por fax a las compañías, sin pasar por el BOE, por lo que carecían de eficacia jurídica. Entre estas Circulares destaca la C.O. 16 B.

En este esquema vemos un poco esta jerarquía:

PÚBLICAS	LEYES (Cortes y UE)	Constitución Leyes Orgánicas Reglamentos UE Leyes Ordinarias R.D. Legislativos R.D. Leyes Decisiones UE
	REGLAMENTOS Gobierno y ministerios	Reales Decretos Órdenes de las CDG O. Ministeriales Resoluciones Instrucciones Circulares Aeronáuticas
PÚBLICO-DELEGADAS	OPERADORES AÉREOS	Manuales de Operaciones
	Colegio Profesional	Normas colegiales Código Deontológico
PRIVADAS	EMPRESA/PILOTOS	Convenios colectivos Contrato de Trabajo Normas de la empresa

1.7 NORMAS BÁSICAS DE LA AVIACIÓN CIVIL

Sería muy complicado, a la vez que inútil, hacer aquí una referencia exhaustiva de todas las normas que afectan a la operación de vuelo, pues lo que nos interesa verdaderamente en esta obra, es acercar al Piloto al Mando a los instrumentos legales que van ayudarle a desarrollar sus funciones dentro de la legalidad, y esas normas no son tantas. Las normas principales serían las siguientes:

(a) Convenios Internacionales:

- Convenio de Chicago y sus Anexos (OACI)
- Convenio de Varsovia y sus modificaciones (Montreal y La Haya)
- Convenio de Tokio y su modificación con el Convenio de Montreal.

(b) Legislación nacional:

- Ley sobre Navegación Aérea.
- Ley Penal (y Procesal) de la Navegación Aérea
- Ley de Seguridad Aérea
- REAL DECRETO 184/2008, de 8 de febrero: Estatuto de la Agencia Estatal de Seguridad Aérea (y sus modificaciones)
- R.D. 1561 sobre Jornadas especiales de trabajo (Art. 14 modificado)
- Reglamento de la Circulación Aérea.
- Resolución de 29 de enero de 2020 de la Secretaría General de Transportes, sobre seguridad aeroportuaria.
- Resoluciones e Instrucciones de la AESA.
- Circulares Aeronáuticas de la DGAC.
- Normas de Sanidad Exterior para la Navegación.
- Normas aduaneras.
- Normas de policía.
- Algunos artículos del Código Civil.
- Reglamento del Registro Civil.

(c) Normas de la UE y de las JAA

- Reglamento (UE) 2018/1139: Agencia Europea de Seguridad Aérea.
- Reglamento (UE) 956/2012 AIR OPERATIONS por el que se establecen requisitos técnicos y procedimientos administrativos en relación con las operaciones aéreas, modificado en varias ocasiones, como vemos más adelante, y sus AMC y GM.
- Reglamento CE 300/2008 sobre Normas Comunes de Seguridad
- REGLAMENTO DE EJECUCIÓN (UE) 2015/1998 DE LA COMI-

SIÓN de 5 de noviembre de 2015 por el que se establecen medidas detalladas para la aplicación de las normas básicas comunes de seguridad aérea (aplicable a partir del 1 de febrero de 2016)

- Reglamento AIR CREW (Reglamento (UE) 1178/2011 y sus modificaciones posteriores y sus AMC y GM.
- Reglamento (UE) 996/2010 sobre investigación y prevención de accidentes e incidentes de aviación civil.
- REGLAMENTO (UE) nº 376/2014 DEL PARLAMENTO EUROPEO Y DEL CONSEJO de 3 de abril de 2014 relativo a la notificación de sucesos en la aviación civil, que modifica el Reglamento (UE) nº 996/2010 del Parlamento Europeo y del Consejo, y por el que se derogan la Directiva 2003/42/CE del Parlamento Europeo y del Consejo y los Reglamentos (CE) no 1321/2007 y (CE) nº 1330/2007 de la Comisión.
- REGLAMENTO DE EJECUCIÓN (UE) 2015/1018 DE LA COMISIÓN de 29 de junio de 2015 por el que se establece una lista de clasificación de los sucesos en la aviación civil de notificación obligatoria de conformidad con el Reglamento (UE) nº 376/2014 del Parlamento Europeo y del Consejo.
- JAR MMEL/MEL

1.8 Las normas de la Unión Europea

Esta es la actual estructura de las regulaciones aeronáuticas de la Unión Europea, muchas de las cueles aun no son de aplicación:

Vamos a hacer un repaso de las que interesan a los pilotos:

(a) REGLAMENTO AIR OPERATIONS[1]

Publicado por el Reglamento (UE) 965/2012, para transporte aéreo comercial. Las modificaciones introducidas por varios Reglamentos han dado lugar al siguiente esquema:

1 El Reglamento (UE) 2017/363 DE LA COMISIÓN de 1 de marzo de 2017 ha regulado que la aplicación del Reglamento (UE) nº 965/2012 a los vuelos ferry ocasionaría una carga administrativa desproporcionada para el sector y para las autoridades competentes. A fin de introducir un enfoque más proporcionado y basado en el riesgo a la aplicación de ese Reglamento, los vuelos extraordinarios de traslado de la aeronave, sin transporte de pasajeros o carga, para su renovación, reparación, revisiones de mantenimiento, inspecciones, entrega, exportación, o fines similares deben quedar exentos de la aplicación del Reglamento (UE) nº 965/2012. En estos casos se operarán en las condiciones establecidas en la normativa interna de los Estados miembros.

ANEXO I: DEFINICIONES

ANEXO II: PARTE ARO.....: Requisitos aplicables a las Autoridades en materia de operaciones aéreas

Subparte GEN: Requisitos Generales. **- ARO.GEN**

Sección I....: Disposiciones generales

Sección II...: Gestión

Sección III..: Supervisión, certificación y complemento

Subparte OPS: Operaciones aéreas: **ARO.OPS**

Sección I...: Certificación de operador de transporte aéreo comercial

Sección II..: Aprobaciones

Subparte RAMP: Inspecciones en rampa de aeronaves bajo supervisión reglamentaria de otro Estado: **ARO.RAMP**

Apéndice I: Certificado de Operador Aéreo

Apéndice II: Especificaciones de operación

Apéndice III: Prueba de Inspección en rampa.

Apéndice IV: Informe de Inspección en Rampa

Apéndice V: Lista de aprobaciones específicas

ANEXO III: PARTE ORO...: Requisitos de organización para las operaciones aéreas

Subparte GEN: Requisitos Generales. **ORO.GEN**

Sección I...: Generalidades

Sección II..: Gestión

Subparte AOC: Certificado de Operador Aéreo. **ORO.AOC**

Subparte DEC: Declaración: **ORO.DEC**

Subparte SPO: Operaciones comerciales especializadas: **ORO.SPO**

Subparte MLR: Manuales, diarios de a bordo y registros. **ORO.MLR**

Subparte SEC.: Seguridad. **ORO. SEC**

Subparte FC....: Tripulación de Vuelo. **ORO.FC**

Sección I..: Requisitos comunes

Sección II.: Requisitos adicionales para ops. de transporte aéreo comercial

Subparte CC....: Tripulación de Cabina: **ORO.CC**

Sección I..: Requisitos comunes

Sección II.: Requisitos adicionales para operaciones comerciales de transporte aéreo

Subparte TC....: Tripulación Técnica en operaciones HEMS, HHO o NVIS: **ORO.TC**

Subparte FTL..: Limitaciones de tiempo de vuelo y de actividad y requisitos de descanso. **ORO.FTL**

Sección 1: Generalidades

Sección 2. Operadores de transporte aéreo comercial

ANEXO IV. PARTE CAT.....: Operaciones de transporte aéreo comercial

Subparte A: Requisitos generales

Sección 1....: Aeronave propulsada .- **CAT.GEN.MPA**

Sección 2....: Aeronaves no motopropulsadas: **CAT.GEN. NMPA**

Subparte B: Procedimientos operativos

Sección I Aeronave propulsada: **CAT.OP.MPA**

Sección 2 Aeronaves no motopropulsadas: **CAT.OP.NMPA**

Subparte C: Performances de la aeronave y limitaciones operativas

Sección 1. Aviones: **CAT.POL.A**

Capítulo 1: Requisitos generales:

Capítulo 2: Performances clase A

Capítulo 3: Performances clase B

Capítulo 4. Performances clase C

Sección 2. Helicópteros: **CAT.POL.H**

Capítulo 1: Requisitos generales:

Capítulo 2: Performances clase 1

Capítulo 3: Performances clase 2

Capítulo 4: Performances clase 3

Seccción 3. Masa y centrado. **CAT.POL.MBA**

Capítulo 1. Aeronave propulsada:

Sección 4. Planeadores: **CAT.POL.S**

Sección 5. Globos. **CAT.POL.B**

Subparte D: Instrumentos, datos y equipo: **CAT.IDE**

Sección 1. Aviones: **CAT.IDE.A**

Sección 2. Helicópteros: **CAT.IDE.H**

Sección 3. Planeadores: **CAT.IDE.S**

Sección 4. Globos: **CAT.IDE.B**

ANEXO V. PARTE SPA. . Aprobaciones específicas

Subparte A. Requisitos generales: **SPA.GEN**

Subparte B. Operaciones de navegación basadas en performancces: **SPA.PBN**

Subparte C. Operaciones con especificaciones de performance minima de navegación: **SPA.MNPS**

Subparte D. Operacióons en espacio aéreo con separación mínima vertical reducida: **SPA.RVSM**

Subparte E. Operaciones con visibilidad reducida: **SPA.LVO**

Subparte F. Operaciones de alcance extendido con aviones bimotores: **SPA.ETOPS**

Subparte G. Transporte de mercancías peligrosas: **SPA.DG**

Subparte H. Operación con ghelicópteros con sistemas de visión nocturna de imágenes: **SPA.NVIS**

Subparte I. Operaciones de vuelo de helicópteros con gruas de rescate: **SPA.HHO**

Subparte J. Operaciones de servicio médico de emergencias con helicóptero: **SPA.HEMS**

ANEXO VI. PARTE NCC.....: Operaciones aéreas no comerciales con aeronaves motopropulsadas complejas

Subparte A: Requisitos generales: **NCC.GEN**

Subparte B: Procedimienos operativos: **NCC.OP**

Subparte C: Actuación de la aeronave y limitaciones operativas: **NCC.POL**

Subparte D. Instrumentos, datos y equipos: **NCC.IDE**

Sección 1: Aviones: **NCC.IDE.A**
Sección 2: Helicópteros: **NCC.IDE.H**

ANEXO VII. PARTE NCO....: OPERACIONES AÉREAS NO COMERCIALES CON AERONAVES DISTINTAS DE LAS MOTOPROPULSADAS COMPLEJAS

Subparte A: Requisitos generales: **NCO.GEN**

Subparte B: Procedimienos operativos: **NCO.OP**

Subparte C: Actuación de la aeronave y limitaciones operativas: **NCO.POL**

Subparte D. Instrumentos, datos y equipos: **NCO.IDE**

Sección 1: Aviones: **NCO.IDE.A**

Sección 2: Helicópteros: **NCO.IDE.H**

Sección 3: Planeadores: **NCO.IDE.S**

Sección 4: Globos: **NCO.IDE.B**

Subparte E: Requisirtos específicos: **NCO.SPEC**

Sección 1: Generalidades. **NCO.SPEC**

Sección 2: Operaciones de helicópteros con carga externa con eslinga: **NCO.SPEC.HESLO**

Sección 3: Operaciones de transporte externo de personas con helicópteros: **NCO.SPEC.HEC**

Sección 4: Operaciones de paracaidismo: **NCO.SPEC. PAR**

Sección 5. Vuelos acrobáticos: **NCO.SPEC.ABF**

ANEXO VIII. PARTE SPO....: OPERACIONES ESPECIALIZADAS

Subparte A: Requisitos generales: **SPO.GEN**

Subparte B: Procedimientos operativos: **SPO.OP**

Subparte C: Performances de la aeronave y limitaciones operativas: **SPO.POL**

Subparte D: Instrumentos, datos y equipos: **SPO.IDE**

Sección 1: Aviones: **SPO.IDE.A**

Sección 2. Helicópteros: **SPO.IDE.H**

Sección 3. Planeadores: **SPO.IDE.S**

Sección 4. Globos: **SPO.IDE.B**

Subparte E: Requisitos específicos: **SPO.SPEC**

Sección 1. Operaciones de helicópteros con grúa externe con eslinga: **SPO.SPEC.HESLO**

Sección 2. Operaciones de transporte externo de personas con helicóptero: **SPO.SPEC.HEC**

Sección 3. Operaciones de paracaidismo: **SPO.SPEC. PAR**

Sección 4. Vuelos acrobáticos: **SPO.SPEC.ABF**

Las partes que quedan por aplicar son las siguientes:

(b) REGLAMENTO AIR CREW

Publicado por los Reglamentos (UE) 1178/2011, ha sido modificado por varos Reglamentos y en especial por el REGLAMENTO DE EJECUCIÓN (UE) 2019/27 DE LA COMISIÓN de 19 de diciembre de 2018 Consta de las siguientes partes:

(1) **Parte FCL:** Sustituye a las JAR FCL y presenta, entre otras, las siguientes novedades:
   (i) Licencias PPL. CPL y ATPL y habilitaciones para planeadores, dirigibles y globos;
   (ii) Licencias y habilitaciones para aeronaves de despegue vertical;
   (iii) Nuevas licencias de piloto de aeronave ligera (LAPL) en aviones, helicópteros, planeadores, dirigibles y globos;
   (iv) Desaparece la renovación administrativa cada 5 años;
   (v) La validez se refiere a la de las habilitaciones;
   (vi) Nuevas habilitaciones: Arrastre de planeador, vuelo en montaña, y ensayos de vuelo;
   (vii) Nuevas figuras de instructor y examinador: Instructor para nuevas habilitaciones;
   (viii) Los CRI/CRE y TRI/TRE serán los únicos que pueden realizar instrucción y examen en caso de aviones de un sólo piloto de alta performance;
   (ix) Los examinadores tendrán un certificado y no una autorización.

(2) **Parte MED**: Sustituye a las JAR FCL III con las siguiente novedades:
   (i) Se multiplican las figuras de los examinadores médicos.
   (ii) Se admite a médicos generales para LAPL y médicos de trabajo para los TCPs.

(3) **Parte CC** (Cabin Crew)
   (i) Se regularan desde el Reglamento AIR CREW (Antes por la Subparte O de las OPS 1)
   (ii) Este cambio ha obligado a cambiar el nombre de FCL por el genérico de AIR CREW
   (iii) Posibilidad de que los documentos demostrativos de formación básica pueden ser expedidos también por operadores o centros de formación autorizados.

(4) **Parte ARA** (Authority Requirements for Air Crew)
   (i) Nuevos formatos para licencias, certificados y autorizaciones
   (ii) Formularios para todos los documentos que circulen entre las entidades autorizadas en formación, médicos y autoridades.

(iii) Los usuarios podrán plantear modificación o creación de nuevos medios de cumplimiento (AMC) o materiales de orientación (GM)

(5) Parte ORA (Operations Requirements for Air Organisation)

(i) Centros de formación:

(A) Se pasa de las tres figuras conocidas (FTO, TRTO y Centro Registrado) a una sola Air Training Organization (ATO)

(B) Engloban a todos los pilotos: avión, helicóptero, en todas las categorías, y de planeador y globo en todas las categorías.

(ii) Centros médico- aeronáuticos: Casi igual que en FCL 3.

***

INTENCIONADAMENTE EN BLANCO

CAPÍTULO 2

TIPOS DE OPERACIONES COMERCIALES ESPECIALIZADAS

2.1 Concepto.

Se entiende por Operación Comercial Especializada, "*cualquier operación comercial de aviación, distinta de una operación de transporte aéreo comercial, en la que se utiliza una aeronave para actividades especializadas, como agricultura, construcción, fotografía, vigilancia, observación y patrulla, paracaidismo y publicidad aérea*".

El Reglamento (UE) 965/2012 establece que la Parte SPO (Specialised Operations) se aplica a cualquiera de estas operaciones especializadas entre otras.

No se regula en la Parte SPO, ni veremos en este libro, la legislación sobre pilotos de:

(a) Operaciones no comerciales especializadas con aeronaves distintas de las especializadas complejas;

(b) Los vuelos de competición o exhibición, si la remuneración o cualquier contraprestación económica por tales vuelos se limita a recuperación de los costes directos y una contribución a los costes anuales, o a premios con un valor no superior al especificado por la autoridad;

(c) Lanzamiento de paracaidistas, remolque de planeadores o vuelos acrobáticos realizados por una organización de formación que tenga su oficina principal en un Estado miembro de la UE y haya sido aprobada de conformidad con el Reglamento (UE) nº 1178/2011, o por una organización creada con el objeto de promocionar los deportes aéreos o la aviación de recreo, a condición de que la aeronave sea explotada por la organización en régimen de propiedad o de arrendamiento sin tripulación, que el vuelo no genere beneficios distribuidos fuera de la organización y que, cuando participen personas que no sean miembros de la organización, tales vuelos representen sólo una actividad marginal de la organización.

La Agencia Estatal de Seguridad Aérea (AESA) ha distribuido entre las compañías SPO un documento (no publicado en el BOE) titulado "Procedimientos par la obtención de autorización para ejercer actividades de trabajos aéreos" en el que se incluyen de un modo exhaustivo los siguientes trabajos aéreos:

- Operaciones de carga externa con helicópteros;
- Vuelos acrobáticos;
- Vuelos de publicidad aérea;
- Vuelos de fotografía aérea;
- Operaciones de reconocimiento;
- Operaciones de reconocimiento, incluidas operaciones de cartografía aérea, actividad de control de la contaminación.
- Operaciones de reconocimiento con helicóptero.
- Trabajo en vertidos de petróleo.
- Operaciones para provocar aludes.
- Remolque de planeadores.
- Operaciones de transporte externo de personas.
- Operaciones de funeral marítimo.
- Operaciones de paracaidismo y caída libre.
- Vuelos de calibración.
- Vuelos periodísticos, y vuelos televisivos o cinematográficos.
- Vuelos de investigación científica (distintos de aquellos recogidos bajo el Anexo I al Reglamento (UE) 2018/1139).
- Vuelos agrícolas.
- Vuelos para la construcción, incluidas operaciones de tendido de líneas eléctricas, y de poda aérea.
- Vuelos en eventos especiales, incluidos exhibiciones de vuelo y vuelos de competición
- Siembra de nubes / Cloud seeding.
- Vuelos que impliquen maniobras acrobáticas extremas realizadas con el objeto de permitir a las personas a bordo experimentar gravedad cero, altas fuerzas G o sensaciones similares.

No obstante, y debido la diversidad de operaciones que pueden considerarse como operaciones especializadas, puede darse la circunstancia de existan ciertas operaciones especializadas no contenidas en el listado anterior. Para asistir a los operadores, el AMC1 SPO.GEN.005 establece el criterio que deben seguir los operadores para determinar si la operación que pretenden realizar se considera como una operación especializada, valorando las siguientes condiciones:

- La aeronave se vuela cerca de la superficie para realizar la operación.
- Se realizan maniobras anormales.
- Se requiere equipo especializado para realizar la operación el cual puede afectar a la maniobrabilidad de la aeronave.
- Se lanzan o rocían sustancias desde la aeronave durante el vuelo.
- Se elevan o remolcan cargas externas.
- Entran o salen personas en la aeronave durante el vuelo.

El siguiente diagrama incluye la ubicación legal de las SPO:

Commercial operations	Commercial air transport (CAT)	Technical rules: Part-CAT	
		Specific approvals: Part-SPA	
		Operator requirements: Part-ORO	
	Non-CAT (specialised operations - e.g. aerial work)	Technical rules: Part-SPO	
		Specific approvals: Part-SPA	
		Operator requirements: Part-ORO	
Non-commercial operations	Non-commercial operations (including training flights)	With complex motor-powered aircraft:	Technical rules: Part-NCC Specific approvals: Part-SPA Operator requirements: Part-ORO
		With other-than-complex motor-powered aircraft:	Technical rules: Part-NCO Specific approvals: Part-SPA
	Specialised operations (e.g. aerial work)	Technical rules: Part-SPO	
		Specific approvals: Part-SPA	
		With complex motor-powered aircraft: also Part-ORO	

La Autoridad Aeronáutica diferencia las Operaciones Comerciales Especializadas de los Trabajos de Lucha contra Incendios Forestales y Búsqueda y Salvamento, que vienen regulados por el Real Decreto 750/2014 de 5 de septiembre, por el que se establecen los requisitos en materia de aeronavegabilidad y licencias para otras actividades aeronáuticas, cuyo Apéndice recoge una completa y exhaustiva regulación de estas operaciones.

También diferencia a las SPO de Trabajos Aéreos con globos y aeronaves históricas, y con RPAS (Drones). Por ello, estas otras especialidades quedarán fiera de este libro.

2.2 Normativa aplicable, Medios Aceptables de Cumplimiento y Material Guía

El Reglamento (UE) 2018/11398 del Parlamento Europeo y del Consejo, de 20 de febrero de 2008, denominado Reglamento Básico, y por el que se crea la Agencia Europea de Seguridad Aérea, regula entre otros, los requisitos esenciales aplicables a las operaciones aéreas, establecidos en el Anexo V del mismo.

El desarrollo del Anexo V de este Reglamento aparece en el Reglamento (UE) 965/2012 de 5 de octubre que, entre otras materias, regula las operaciones comerciales especializadas, requiriendo a los operadores que deseen realizar operaciones comerciales especializadas, el cumplimiento de los Anexos III (Parte ORO) y VIII (Parte SPO). La aplicación de los distintos Anexos del Reglamento es la siguiente:

Operaciones	Partes aplicables del Rto. 965/2012	Tipo de autorización
Operaciones comerciales especializadas (avión/ helicóptero)	Parte ORO y Parte SPO	Declaración (ORO.DEC.100
	Parte SPA: Si se requiere aprobación especial.	Autorización: Ops. de alto riesgo
Operaciones especializadas con globo y planeador	Parte ORO y Parte SPO	Declaración (ORO DEC.100)
	Parte SPA: Si se requiere aprobación especial.	Autorización: Ops. de alto riesgo
Operaciones no comerciales con aeronaves motopropulsadas complejas	Parte ORO y Parte NCC	Declaración (ORO DEC.100)
	Parte SPA: Si se requiere aprobación especial	Autorización: Ops. de alto riesgo
Operaciones no comerciales con aeronaves distintas de las motopropulsadas complejas	Parte NCO	No requiere declaración
	Parte SPA: Si se requiere aprobación especial	

Adicionalmente al Reglamento (UE) 965/2012 de 5 de octubre, la Agencia Europea de Seguridad Aérea (EASA) publicó los Medios Aceptables de Cumplimiento (AMC) y Material Guía (GM) u la AESA publicó asimismo, otra serie de normas complementarias. Por lo tanto y resumiendo, la normativa aplicable a las operaciones comerciales especializadas es:

- Reglamento (UE(2018/1139, del Parlamento y del Consejo de 4 de julio de 2018;
- Reglamento (UE) 965/2012 de 5 de octubre (partes ORO, SPA y SPO);
- Resolución de 13 de junio de 2014;
- Resolución de 16 de febrero de 2016 (SPO de alto riesgo)
- Resolución de 16 de febrero de 2016, retraso en aplicación de operaciones comerciales especializadas de globos y planeadores;
- AMC y GM al Reglamento 965/2012
- Real Decreto 750/2014 de 5 de septiembre (OPS de lucha contra incendios forestales y búsqueda y salvamento)
- Circular Operativa 16 B
- Anexo a la Circular Operativa 16 B
- Real Decreto 1561/1995 sobre Jornadas Especiales de Trabajo (artículo 14), modificado por R.D 294/2004

2.3 Procedimiento para habilitarse como operador para realizar operaciones comerciales especializadas

En ORO.DEC.100 se establece que aquellos operadores que deseen realizar operaciones comerciales especializadas deben presentar una declaración con toda la información pertinente antes del inicio de las operaciones. Asimismo, toda modificación de la información contenida en la declaración debe ser notificada a la AESA.

Esta declaración se puede presentar:

(a) Con certificado electrónico: En caso de optar por esta vía, el Director Responsable del operador deberá, una vez cumplimentada la declaración en la web de la AESA, firmar con su certificado electrónico la misma. El sistema le devolverá el justificante de la presentación de la declaración en el Registro Telepático de la AESA. En estge caso se requiere un certificado digital que ha de incluirse en la web: https://sede.seguridadaerea.gob.es/AESA_

DeclaracionResponsable/iniciofirma.aspx.

(b) Sin certificado electrónico:

En este caso, la declaración se generará en formato .pdf desde la web de la AESA. Una vez cumplimentada la declaración deberá imprimirse, firmarse por el Director Responsable, y presentarla en el Registro de la AESA, o conforme a lo previsto en el art. 16 (Registros) de La Ley 39/2015, de 1 de Octubre, del Procedimiento Administrativo Común de las Administraciones Públicas:

(1) En el Registro Electrónico de la AESA, o de la Administración General del Estado, de las Comunidades Autónomas, de las Entidades de la Administración Local o del Sector Público Institucional;

(2) En las Oficinas de Correos, en la forma establecida reglamentariamente.

(3) En las representaciones diplomáticas u oficinas consulares de España en el extranjero;

(4) En las oficinas de asistencia en materia de registros;

(5) En cualquier otro lugar que establezcan las disposiciones vigentes.

Se tiene acceso al formulario en: https://sede.seguridadaerea.gob.es/AESA_DeclaracionResponsable/Declar_Operador.aspx

Debe entregar dos copias de la declaración, de las cuales una será para AESA y la otra deberá ser conservada por el operador como justificante de la presentación de la misma.

Una vez presentada la declaración el operador quedará habilitado para realizar operaciones comerciales especializadas que no sean de alto riesgo. Para estas últimas además de la declaración el operador deberá obtener la autorización prevista en ORO.SPO.110.

Cualquier modificación de la información contenida en la declaración deberá comunicarse a AESA, presentando una nueva declaración.

Asímismo el operador deberá informar del cese de sus operaciones a AESA.

2.4 Operaciones comerciales especializadas de alto riesgo

Se definen como las operaciones comerciales especializadas de una aeronave realizadas sobre una zona en la que la seguridad de terceros en tierra puede verse en peligro en caso de emergencia o, si así lo determina la autoridad competente del lugar en el que se lleva a cabo la operación, cualquier operación comercial especializada de una aeronave que, debido a su naturaleza específica y al entorno local en el que se lleva a cabo, entraña un alto riesgo, en especial para terceros en tierra.

La AESA ha establecido mediante Resolución de 16 de febrero de 2016 (BOE nº 54 de 3 de marzo) la relación de operaciones comerciales que se consideran de alto riesgo:

(a) Operaciones de paracaidismo y caída libre.

(b) Vuelos que impliquen maniobras acrobáticas extremas realizadas con el objeto de permitir a las personas a bordo experimentar gravedad cero, altas fuerzas G o sensaciones similares.

(c) Operaciones de transporte externo de personas.

En el caso de estas operaciones, adicionalmente a la declaración prevista en ORO.SPO.100, el operador debe solicitar una autorización conforme a lo establecido en ORO.SPO.110. Para ello debe presentar una solicitud por cada una de las operaciones para las que se solicita la autorización, - sea único evento, una serie de vuelos definidos o para una duración ilimitada-, junto con la documentación relativa a la Evaluación de Riesgos y los Procedimientos Operativos Estándar (SOP), vinculados a la operación prevista.

En el caso de realizar operaciones en otro Estado europeo, el operador debe confirmar si la operación a realizar está considerada como de alto riesgo en dicho Estado. En caso afirmativo (ARO.OPS.105) deberá solicitar a la Agencia Estatal de Seguridad Aérea la autorización para realizar operaciones comerciales especializadas de alto riesgo, aunque dicha operación no esté calificada de alto riesgo en España.

2.5 Obligaciones del operador de Operaciones Comerciales Especializadas

2.5.1 En general

(1) El operador es responsable de la operación de la aeronave conforme al anexo V del Reglamento (UE) 2018/1139, si procede, a los requisitos correspondientes del presente anexo y a su autorización de operación especializada (autorización SPO o declaración).

(2) El operador garantizará que el equipamiento de sus aviones y la cualificación de sus tripulaciones se adecuan a las exigen-

cias del área y el tipo de operación.

(3) El operador garantizará que todo el personal asignado a las operaciones en tierra o en vuelo o que participe directamente en ellas esté debidamente instruido, haya demostrado su capacidad para desempeñar sus funciones particulares y conozca sus responsabilidades y la relación que guardan sus obligaciones con el conjunto de la operación.

(4) El operador establecerá y mantendrá programas de instrucción sobre mercancías peligrosas para el personal con arreglo a las instrucciones técnicas. Esos programas de instrucción deberán corresponder a las responsabilidades del personal. Los programas de instrucción de los operadores de transporte aéreo comercial de carga, tanto si se trata de mercancías peligrosas como si no, y de los operadores que efectúen operaciones distintas de las de transporte aéreo comercial mencionadas en las letras b), c) y d) del punto ORO.GEN.005 que transporten mercancías peligrosas estarán sujetos a examen y aprobación por parte de la autoridad competente.

(5) No obstante lo dispuesto en el numero 19, todo operador de planeador o globo, o de vuelos a despeguen y aterricen en el mismo aeródromo o lugar de operación, en operaciones VFR diurnas con:

(i) Aviones de hélice monomotores con una masa máxima certificada de despegue de 5.700 kg o menos y una MOPSC de 5 ó menos, o

(ii) Helicópteros distintos de los motopropulsados complejos, monomotores con una MOPSC de 5 o menos,

garantizará que os miembros de la tripulación de vuelo han recibido formación o instrucciones previas adecuadas que les permita reconocer mercancías peligrosas no declaradas, introducidas a bordo por los operarios o en la carga.

2.5.2 Con respecto a la compañía

(1) Tomará las medidas oportunas para que no se inicie un vuelo a menos que se haya cerciorado previamente, por todos los medios que razonablemente pueda disponer, de que las instalaciones y servicios terrestres y marítimos disponibles y requeridos necesariamente durante el vuelo para la seguridad de la aeronave y protección del personal a bordo, sean adecuados al tipo de operación que haya de realizarse, y

funcionen debidamente para tal fin.

(2) Tomará las medidas oportunas para que se notifique inmediatamente cualquier deficiencia de las instalaciones y servicios, observada en el curso de sus operaciones, a la Autoridad directamente encargada de los mismos.

(3) Asegurará un sistema para comprobar la aplicación y la adecuación de los procedimientos requeridos para asegurar las prácticas operacionales se seguridad y navegabilidad de las aeronaves. Deberá incluir un sistema de respuesta del Responsable de Seguridad para asegurar las acciones correctivas, si fuera necesario.

(4) Realizará exclusivamente las actividades de aviación civil que ha declarado o para las que esté autorizado, cumpliendo las condiciones establecidas en las mismas y las limitaciones y obligaciones determinadas en la autorización.

2.5.3 Con respecto a la operación de vuelo.

(1) Antes de comenzar una operación especializada, el operador deberá llevar a cabo una evaluación del riesgo, analizando la complejidad de la actividad para determinar los peligros y riesgos inherentes a la operación, así como establecer medidas de atenuación.

(2) Sobre la base de la evaluación del riesgo, el operador establecerá procedimientos operativos estándar (SOP) adecuados para la actividad especializada y la aeronave, teniendo en cuenta los requisitos de la subparte E. Los SOP formarán parte del manual de operaciones o constituirán un documento separado. Los SOP se revisarán y actualizarán periódicamente, según proceda.

(3) El operador garantizará que las operaciones especializadas se realicen de conformidad con los SOP.

(4) Todos los vuelos deberán ejecutarse conforme a las disposiciones del manual de operaciones. Es el responsable de la operación de la aeronave conforme al Anexo V del Reglamento (UE) 2018/1139 si procede, a los requisitos correspondientes de la Parte ORO y a su autorización de operación especializada (autorización SPO) y declaración.

(5) El operador deberá establecer y mantener un sistema destinado a ejercer un control operacional sobre todo vuelo efectuado conforme a los términos de su certificado o autorización de operación especializada o declaración.

(6) El operador establecerá procedimientos e instrucciones orientados a la seguridad de la operación de cada tipo de aeronave y que detallarán las funciones y responsabilidades del personal de tierra y de los miembros de la tripulación para todos los tipos de operaciones en tierra y en vuelo. Estos procedimientos e instrucciones no obligarán a los miembros de la tripulación a realizar durante las fases críticas del vuelo más actividades que las imprescindibles para la seguridad de la operación de la aeronave. Se incluirán asimismo procedimientos e instrucciones relativos a la cabina de vuelo estéril»;

(7) El operador deberá dotarse de un sistema de listas de comprobación para cada tipo de aeronave que los miembros de la tripulación habrán de utilizar en todas las fases del vuelo bajo condiciones normales, anormales y de emergencia a fin de garantizar que se respetan los procedimientos operativos del manual de operaciones. Las listas de verificación deberán tener en cuenta, tanto en lo que se refiere a su factura como a su utilización, los principios relativos a los factores humanos y la documentación correspondiente más actualizada del fabricante de la aeronave.

(8) El operador deberá especificar los procedimientos seguidos para la planificación del vuelo a fin de facilitar su realización con plena seguridad en función de las prestaciones de la aeronave, de otras limitaciones operativas así como de las condiciones relevantes previstas en la ruta que vaya a seguirse y en los correspondientes aeródromos o lugares de explotación. Estos procedimientos deberán incluirse en el manual de operaciones.

2.5.4 Con respecto a la aeronave

(1) Cumplirá con la diligencia debida las normas, reglas, medidas y condiciones de seguridad requeridas en cada actividad u operación aeronáutica (LSA)

(2) Cumplirá con los deberes de comunicación a los órganos competentes en materia de aviación civil y, en particular, promoverá los procedimientos de inscripción y cancelación previstos en la normativa reguladora del Registro de Matrícula de Aeronaves (LSA)

(3) Mantendrá las aeronaves e instalaciones, los sistemas y equipos de acuerdo con la normativa de aplicación. (LSA)

(4) Contratará y mantendrá en vigor los seguros aéreos legalmen-

te obligatorios y constituirá los depósitos, fianzas y otras garantías exigibles (LSA).

(5) No operará una aeronave en operaciones comerciales especializadas si no es de acuerdo con el Reglamento AIR OPS.

(6) Deberá operar cada aeronave de acuerdo con los términos de su certificado de Aeronavegabilidad, las directivas de Aeronavegabilidad y las operacionales de la Autoridad Aeronáutica y dentro de las limitaciones aprobadas y contenidas en el Manual de Vuelo.

(7) Establecerá para cada aeronave una Lista de Equipo Mínimo (MEL), aprobada por la Autoridad. Estará basada, pero no será menos restrictiva, en la Master MEL (si existiera) aceptada por la Autoridad y no operará si no es de acuerdo con MEL.

(8) Seguirá las reglas operacionales establecidas al realizar las operaciones de vuelo para las que estén autorizados (LSA)

(9) Llevará a bordo la documentación requerida para la operación de la aeronave (LSA)

(10) Dispondrá en todo momento, para comunicación inmediata a los centros coordinadores de salvamento, de listas que contengan información sobre el equipo de emergencia y supervivencia llevado a bordo por cualquiera de sus aviones que se dediquen a la navegación aérea internacional. La información comprenderá, según corresponda, además del número, color y tipo de balsas salvavidas y de las señales pirotécnicas, detalles sobre el material médico de emergencia (RCA).

(11) Seguirá las normas establecidas con respecto al arrendamiento de aeronaves (ORO.GEN.110):

(i) Cualquier toma en arrendamiento

(A) Sin perjuicio de lo establecido en el Reglamento (CE) nº 1008/2008, todo contrato de arrendamiento de una aeronave explotada por el operador certificado conforme a la presente parte estará sujeto a la aprobación de la autoridad competente.

(B) El operador certificado conforme a la presente parte solo tomará en arrendamiento aeronaves con tripulación de un operador que no sea objeto de una prohibición de explotación en virtud del Reglamento (CE) nº 2111/2005.

(ii) Toma en arrendamiento con tripulación

(A) El solicitante de una aprobación de toma en arrendamiento de aeronave con tripulación de un operador de un tercer país acreditará ante la autoridad competente que:

- Las normas de seguridad del operador del tercer país por lo que respecta al mantenimiento de la aeronavegabilidad y las operaciones aéreas son equivalentes a los requisitos aplicables establecidos por el Reglamento (CE) nº 2042/2003 y el presente Reglamento, y
- La aeronave dispone de un CofA estándar expedido de conformidad con el anexo 8 de la OACI.

(iii) Toma en arrendamiento sin tripulación

(A) El solicitante de una aprobación de toma en arrendamiento de aeronave sin tripulación registrado en un tercer país acreditará ante la autoridad competente que:

- Se ha determinado la existencia de una necesidad operativa que no puede satisfacerse mediante el arrendamiento de una aeronave registrada en la UE;
- La duración de la toma en arrendamiento sin tripulación no excederá de siete meses en cualquier período de 12 meses consecutivos, y
- El cumplimiento de los requisitos aplicables del Reglamento (CE) nº 2042/2003 está garantizado.

(iv) Cesión en arrendamiento sin tripulación

(A) El operador certificado de conformidad con la presente parte que quiera realizar una cesión en arrendamiento sin tripulación de sus aeronaves solicitará la aprobación previa a la autoridad competente. La solicitud estará acompañada de copias del contrato de arrendamiento previsto o la descripción de las disposiciones del arrendamiento, excepto los acuerdos financieros, así como de toda la demás documentación pertinente.

(v) Cesión en arrendamiento con tripulación

(A) Con anterioridad a la cesión en arrendamiento con tripulación de una aeronave, el operador certificado de conformidad con la presente parte informará a la autoridad competente.

2.5.5 Con relación a los empleados en general

(1) El operador velará por que todo el personal sea consciente de que debe cumplir las leyes, reglamentos y procedimientos de los Estados miembros en los que se efectúan las operaciones y que tengan relación con el desempeño de sus funciones.

(2) Se asegurará de que todo el personal de operaciones puede entender la lengua en la que se han escrito las partes del manual de Operaciones relacionadas con su trabajo.

(3) Cumplirá los deberes establecidos de formación en materia de seguridad operacional y de la aviación civil, así como realizar los entrenamientos, verificaciones y cualificaciones del personal aeronáutico a su servicio y mantener los correspondientes registros por los periodos de tiempo establecidos.

2.5.6 Con relación a la tripulación.

(a) Responsabilidades del Responsable de Operaciones.
Se asegurará de que:

(1) Todos los tripulantes están familiarizados con las leyes, regulaciones y procedimientos para el desarrollo de sus funciones;

(2) Todos los miembros de la tripulación pueden comunicarse en el mismo idioma;

(3) Los miembros de la tripulación nombrada, que no sean necesarios para el vuelo, sean técnicos o especialistas, han sido también entrenados y tienen experiencia para realizar sus tareas asignadas;

(4) La composición de la tripulación de vuelo y el número de miembros de la misma en los puestos designados de la tripulación no sean menores que y cumplan con el mínimo especificado en el AFM;

(5) La tripulación de vuelo incluya miembros adicionales cuando lo requiera el tipo de operación y que no se reduzcan por debajo del número especificado en el M.O;

(6) Todos los miembros de la tripulación de vuelo sean titulares de una licencia válida y en vigor, aceptable por la Autoridad, estén adecuadamente cualificados y sean competentes para llevar a cabo las funciones que se les asignen;

(7) Que la tripulación de vuelo asignada cumple todos los requisitos de salud y aptitud para el vuelo establecidos en el manual de operaciones y en la Parte MED del Reglamento AIR CREW

(8) Que la tripulación de vuelo asignada está dentro de los límites de tiempo de vuelo y de actividad, así como que ha cumplido los mínimos de descanso establecidos en la C.O. 16 B y en su Anexo, si fuera el caso, así como las limitaciones exigidas en el artículo 14 del Real Decreto 1561/1995, modificado por R.D 294/2004.

(b) Responsabilidades del operador:

Se asegurará de que:

(1) Se establezcan procedimientos, aceptables para la Autoridad, para evitar que tripulen juntos miembros de la tripulación de vuelo sin adecuada experiencia;

(1) La información de un vuelo determinado referente a los servicios de búsqueda y salvamento, es fácilmente accesible al Piloto al Mando;

(2) Sea designado como Piloto al Mando uno de los pilotos miembros de la tripulación de vuelo, calificado como Piloto al Mando de acuerdo con las Parte FCL, que podrá delegar la conducción del vuelo en otro piloto adecuadamente cualificado;

(3) Cuando el AFM requiera expresamente un Operador de Sistemas, la tripulación de vuelo incluirá un miembro que sea titular de una licencia de ingeniero de vuelo o que sea miembro de la tripulación de vuelo, adecuadamente habilitado y aceptable para la Autoridad;

(4) Cuando contrate servicios de miembros de la tripulación de vuelo que sean autónomos y/o trabajadores a tiempo parcial, se cumplan con los requisitos Air OPS, ORO.FC.100 (e).

(5) El operador ha de facilitar los registros de todas las actividades de entrenamiento, verificaciones y cualificaciones , previa solicitud, al miembro de la tripulación apropiado.

(6) Si un miembro de la tripulación se convierte en miembro de las tripulación de otro operador, el operador pondrá a disposición del nuevo operador los registros relativos al miembro de la tripulación, siempre que se halle dentro de los plazos previstos en la tabla 3 del apartado 2.5.10.

(7) Establecerá reglas al amparo de las normas en vigor, que limiten los tiempos de actividad de vuelo y en tierra y descansos y programará los servicios respetando estas limitaciones (LSA)

(8) Llevará un registro de horas de vuelo para cada tripulante (RCA)

(9) Mantendrá y vigilará lo regulado sobre el mantenimiento de experiencia reciente, cualificación de competencia en ruta y aeródromo, cualificación del piloto para actuar en ambos puestos de pilotaje, y los demás entrenamientos y verificaciones, de acuerdo con lo establecido en la Parte D del manual de operaciones.

(10) No utilizará a ningún piloto con Piloto al Mando de una aeronave en una ruta o tramo de ruta respecto a la cual no esté capacitado hasta que:

(i) Dicho piloto haya demostrado conocimiento adecuado de la ruta que ha de volar y en los aeródromos en los que ha de aterrizar y de los procedimientos de vuelo sobre zonas densamente pobladas y de gran densidad de tránsito.

(ii) Dicho piloto haya hecho una aproximación real en cada aeródromo de aterrizaje en la ruta, acompañado de un piloto capacitado para el aeródromo

2.5.7 Con relación a la documentación y archivos

(11) Suministrará, para su uso y guía del personal de operaciones, un Manual de Operaciones aprobado por la AESA. Este Manual se modificará o revisará siempre que sea necesario a fin de asegurar que está al día. Todas las modificaciones o revisiones, que deberán ser aprobadas por la Autoridad, se comunicarán al personal que deba utilizarlo.

(12) Se asegurará de que los siguientes documentos originales o copias de los mismos son transportado en cada vuelo:

(i) Original del Certificado de registro;

(ii) Original del Certificado de aeronavegabilidad;

(iii) Original o copia del Certificado de ruidos (si se requiere);

(iv) Original o copia de la autorización de operador especializado de alto riesgo;

(v) Original de la Licencia de Radio de la aeronave; y

(vi) Original o copia del certificado o certificado de seguro de responsabilidad civil frente a terceros

(13) Se asegurará de que:

(i) Se lleva a bordo la parte del Manual de Operaciones en vigor, apropiada para las funciones de la tripulación;

(ii) Están accesibles para la tripulación a bordo de la aeronave, aquellas partes del Manual de Operaciones requeridas para la conducción del vuelo;

(iii) Se lleva a bordo el Manual de Vuelo del avión, en vigor, a menos que la Autoridad haya aceptado que el Manual de Operaciones Parte B, contenga la información apropiada para la aeronave.

(14) Se asegurará de que, además de los documentos anteriores, son llevados a bordo, adecuados para el tipo de área de operación, la información y formularios siguientes[1]:

(i) Plan de Vuelo Operacional conteniendo, por lo menos, la información contenida en AMC1 CAT.OP.MPA.175(a)
(ii) Cuaderno Técnico de la aeronave;
(iii) Copia del Plan de Vuelo ATS;
(iv) Documentación apropiada de los NOTAM/AIS;
(v) Información meteorológica apropiada;
(vi) Documentación especificada en AIR OPS sobre carga y centrado;
(vii) Las cartas y mapas en vigor y los documentos asociados;
(viii) Cualquier otra documentación requerida por el Estado afectado por el vuelo.
(ix) Formularios para cumplir con los requerimientos de notificación a la Autoridad o al operador.

(15) Mantendrá adecuadamente los libros, cuadernos, manuales, certificados y cualquier otra documentación legalmente exigida, ateniéndose a lo siguiente:

(i) Conservación de archivos:
(A) Después de un accidente, el operador de una aeronave en la que lleve un registrador de vuelo, deberá hacer lo posible por conservar grabados los datos originales pertenecientes al accidente, tal y como fueron registrados, por un periodo de 60 días, a menos que la autoridad investigadora (o el juzgado que lleve el sumario) indiquen otra cosa.
(B) A menos que haya habido autorización anterior de la Autoridad, después de un incidente sujeto a notificación obligatoria, el operador de una aeronave que lleve registrador de vuelo, deberá hacer lo posible para conservar los datos originales grabados, pertenecientes al

1 La Autoridad podrá permitir que la información escrita en este párrafo. o parte de la misma, sea presentada en formularios de papel no impreso. Se deberá asegurar un estándar aceptable de accesibilidad, uso y fiabilidad.

incidente, tal y como fueron grabados por el registrador, por un periodo de 60 días, a menos que la Autoridad investigadora (o el juzgado que lleve el sumario) indiquen otra cosa.

(C) Adicionalmente, y sin haber habido accidente o incidente alguno, cuando la Autoridad así lo ordene, el operador de una aeronave que lleve un registrador de vuelo, conservará los datos originales grabados, durante un periodo de 60 días a menos que la Autoridad investigadora (o el juzgado) indiquen otra cosa.

(D) Cuando se requiera que una aeronave lleve a bordo un registrador de vuelo, el operador deberá:

- Guardar las grabaciones del tiempo de operación, excepto que, con el propósito de comprobar y mantener los registradores de vuelo, pueda ser borrado hasta una hora de las antiguas grabaciones en el momento de la comprobación;
- Mantener un documento que presente la información necesaria para recuperar y convertir los datos guardados en unidades de ingeniería.

(ii) Exhibición de registros.

Un operador de una aeronave que lleve un registrador de vuelo deberá, en un periodo de tiempo razonable, desde que fue requerido por la Autoridad, mostrar cualquier registro grabado por un registrador de vuelo, que se aprovechable o que haya sido guardado.

(iii) Uso de los registros:

(A) Las grabaciones del registrador de voces de cabina (CVR) no deberán usarse para otra cosa que no sea la investigación de un accidente o incidente sujeto a notificación obligatoria, excepto con el consentimiento de toda la tripulación implicada.

(B) Las grabaciones del registrador de datos de vuelo (FDR), no deberán usarse para otra cosa que no sea la investigación de un accidente o incidente sujeto a investigación obligatoria, excepto cuando esas grabaciones sean:

- Utilizadas por el operador sólo para estudios de aeronavegabilidad o mantenimiento; o
- Desidentificadas; o
- Descifradas bajo procedimientos de seguridad.

2.5.8 Con relación a la Inspección del Estado.

(1) Atenderá las normas, instrucciones y directrices adoptadas por las autoridades aeronáuticas en el ejercicio de sus funciones.

(2) Colaborará y facilitará el buen fin de las actuaciones de la investigación e inspección aeronáuticas.

(3) Se asegurará de que cualquier persona autorizada por la Autoridad, se le permita, en cualquier momento, abordar un vuelo en cualquier aeronave operada por la compañía, y entrar y permanecer en la cabina de mando, a condición de que el Piloto al Mando pueda rechazar el acceso a la misma si, en su opinión, la seguridad de la aeronave pudiera con ello estar comprometida. Deberá justificar dicha acción a los efectos de evitar un expediente sancionador por infracción de falta de colaboración con la Inspección (art. 33 de la LSA)

(4) Exhibición de documentos y archivos:

(i) Deberá permitir a una persona aprobada por la Autoridad, tener acceso a cualquier documento, archivo o registro que tenga relación con la operación de vuelo y con mantenimiento;

(ii) Mostrará, en un plazo razonable de tiempo, toda clase de documentos cuando sea requerido por la Autoridad para ello.

2.5.9 Con relación a los seguros aéreos

Las Compañías deberán estar aseguradas hasta un nivel adecuado para garantizar que todas las personas con derecho a indemnización reciban el importe íntegro a que tienen derecho.

La Ley sobre Navegación Aérea en su artículo 127 y Reglamento CE 785/2004, modificado por el Reglamento (UE) 285/2010 de 6 de abril, establecen la obligatoriedad de algunos seguros aéreos:

<u>Cobertura mínima en caso de operaciones comerciales especializadas</u>:

- A terceros (depende del MTOM de la aeronave): entre 0,75 y 700 millones de DEG[2] según podemos ver en la siguiente tabla:

2 El Derecho Especial de Giro (DEG) es un instrumento de reserva internacional creado por el Fondo Monetario Internacional para tratar de cubrir la falta de monedas que se utilizaban para la realización de los pagos internacionales. En operaciones no comerciales con aeronaves de MTOM =< 2.700 kg, se podrá reducir la cobertura a 100.000 DEG.

CATEGORÍA	MTOM (kg)	Seguro mínimo millones de DEG)
1	< 500	0.75
2	< 1.000	1.5
3	< 2.700	3
4	< 6.000	7
5	< 12.000	18
6	< 25.000	80
7	< 50.000	150
8	< 200.000	300
9	< 500.000	500
10	=> 500.000	700

Sorprendentemente la Ley no obliga al operador a extender un seguro de navegantes, lo que quiere decir que los tripulantes no tienen seguro obligatorio. La Ley considera que el tripulante es un trabajador y si tiene un accidente éste tiene carácter laboral por lo que estaría incluido en el seguro de la patronal. No obstante, casi todas las compañías han pactado en sus convenios o contratos algún tipo de seguro de vida a sus tripulantes.

2.5.10 Periodos almacenamiento y conservación de la documentación por el Operador[3]

El operador se asegurará de que cualquier documentación original o copia que requiera ser conservada, es conservada durante el periodo requerido, incluso si deja de ser operador de la aeronave. El Operador deberá conservar la siguiente documentación a disposición de las autoridades, durante los tiempos anotados en las siguientes tablas:

Tabla 1

Informes	
Diario de a bordo	3 meses
Informes de incidencias e incidentes escritos por el Comandante	3 meses
Informes de excesos en los periodos de trabajo y descanso	3 meses

3. ORO.MLR.115

Tabla 2

Documentación para preparación y ejecución de los vuelos	
Plan operativo de vuelo	3 meses
Registro técnico del avión	36 meses a partir de la última anotación, de conformidad con la parte M M.A, 306 c
Documentación de información NOTAMS (AIS) específica de la ruta si fue editada por el operador	3 meses
Documentación de masa y centrado	3 meses
Notificación de carga especial que incluya información escrita para el Comandante sobre mercancías peligrosas	3 meses
Diario de a bordo o registro equivalente	3 meses
Informes de incidencias de vuelo o acontecimientos que el Piloto al Mando considere que hay que registrar o comunicar	3 meses

Tabla 3

Archivos de la tripulación de vuelo	
Tiempos de vuelo, periodos de actividad y de actividad de vuelo, periodos de descanso y días libres de toda actividad	24 meses (Modificaciones introducidas por la Parte ORO. FTL.245)
Licencias de tripulación de vuelo	El tiempo que esté con el operador
Entrenamiento de conversión y verificación	3 años
Entrenamiento y verificaciones periódicas	3 años
Entrenamiento y verificación para operar en ambos puestos de pilotaje	3 años
Experiencia reciente (ver Parte FCL.060) *(Cuando un piloto tiene la facultad de operar más de un tipo de avión o helicóptero con características de manejo y operación similares)*	15 meses

Archivos de la tripulación de vuelo	
Competencia en ruta y aeródromo (AMC1 ORO.FC.105(b)(2);(c))	3 años
Entrenamiento y cualificación para una operación específica requerida en OPS (ej. ETOPS/CAT II/III)	3 años
Entrenamiento en mercancías peligrosas	3 años

Tabla 4

Registros de mantenimiento	
Libro técnico	2 años
Todos los registros detallados de mantenimiento de cualquier aeronave o de sus componentes	Hasta 12 meses después de que la aeronave dejara el servicio
Tiempo y ciclos de vuelo de cada aeronave y límite de vida de cada componente	Hasta 12 meses después de que la aeronave dejara el servicio
Tiempo y ciclos de vuelo desde el último overhaul	Hasta superar el siguiente overhaul o trabajo equivalente
Estado de inspección de la aeronave, según el programa de inspecciones	Hasta superar la siguiente inspección o trabajo equivalente
Estado de las directivas de aeronavegabilidad de la aeronave y sus componentes	Hasta 12 meses después de que la aeronave dejara el servicio
Detalle de las últimas modificaciones y reparaciones de la aeronave, motores, hélices y de otros componentes vitales para la seguridad de vuelo	Hasta 12 meses después de que la aeronave dejara el servicio
Documentación de masa y centrado	3 mese
Registros de consumo de combustible y aceite de cada aeronave	3 meses

Tabla 5

Archivos del otro personal de operaciones	
Entrenamiento y cualificaciones que requieran un programa aprobado según Reg. (UE) 965/2012	Los 2 últimos archivos de entrenamiento

Tabla 6

Otros registros	
Registros del sistema de calidad	5 años
Copia de la declaración del operador/datos de registros relacionados con evaluación de riesgo	
Autorizaciones SPO, registros de evaluación de riesgos y procedimientos operativos estándar	
Grabaciones de los registradores de vuelo, tras accidente o incidente grave	60 días a menos que la autoridad investigadora disponga otra cosa

2.6 Requisitos específicos para ciertos tipos de operaciones comerciales especializadas

(a) HESLO. Helicópteros con carga externa con eslinga

(1) Las SOP deben especificar:

(i) El equipo que debe transportarse, incluidas sus limitaciones operativas y las entradas apropiadas en la lista de equipo mínimo (MEL), según proceda;

(ii) Los requisitos de composición de la tripulación y la experiencia de los miembros de la tripulación y los especialistas de tarea;

(iii) La formación pertinente para que los miembros de la tripulación y los especialistas de tarea lleven a cabo sus tareas y la cualificación y designación de las personas que impartirán dicha formación a los miembros de la tripulación y a los especialistas de tarea;

(iv) Las responsabilidades y funciones de los miembros de la tripulación y los especialistas;

(v) Los criterios de performance que deben cumplirse para llevar a cabo operaciones HESLO;

(vi) Los procedimientos normales, anormales y de emergencia.

(2) Equipos específicos para HESLO:
El helicóptero deberá estar equipado con al menos:

(i) Un retrovisor de seguridad de la carga o medios alternativos para visualizar los ganchos y la carga, y

(ii) Un medidor de carga, a menos que exista otro método para determinar el peso de la carga.

(3) Transporte de mercancías peligrosas
El operador que transporte mercancías peligrosas hacia o desde lugares deshabitados o ubicaciones remotas deberá solicitar a la autoridad competente una exención respecto a las disposiciones contempladas en las Instrucciones Técnicas si tiene la intención de no cumplir los requisitos enunciados en dichas Instrucciones.

(b) Operaciones de transporte externo de personas con helicópteros (HEC)

(1) Procedimientos operativos estándar
Los procedimientos operativos estándar para las HEC deberán especificar:

(i) El equipo que debe transportarse, incluidas sus limitaciones operativas y las entradas apropiadas en la lista de equipo mínimo (MEL), según proceda;

(ii) Los requisitos de composición de la tripulación y la experiencia de los miembros de la tripulación y los especialistas de tarea;

(iii) La formación pertinente para que los miembros de la tripulación y los especialistas de tarea lleven a cabo sus tareas y la cualificación y designación de las personas que impartirán dicha formación a los miembros de la tripulación y a los especialistas;

(iv) Las responsabilidades y funciones de los miembros de la tripulación y los especialistas;

(v) Los criterios de performance que deben cumplirse para llevar a cabo operaciones HEC;

(vi) Los procedimientos normales, anormales y de emergencia.

(2) Equipos específicos para HEC
Los helicópteros deberán estar equipados con:

(i) Equipos para operaciones de traslado con grúa o ganchos de carga;

(ii) Un retrovisor de seguridad de la carga o medios alternativos para ver el gancho, y

(iii) Un medidor de carga, a menos que exista otro método para determinar el peso de la carga.

(3) La instalación de todos los equipos para operaciones de traslado con grúa y ganchos de carga, y cualquier modificación posterior, deberá disponer de una aprobación de aeronavegabilidad apropiada para la función prevista.

(c) **Operaciones de paracaidismo (PAR)**

(1) Procedimientos operativos estándar

Los procedimientos operativos estándar para las PAR deberán especificar:

(i) El equipo que debe transportarse, incluidas sus limitaciones operativas y las entradas apropiadas en la lista de equipo mínimo (MEL), según proceda;

(ii) Los requisitos de composición de la tripulación y la experiencia de los miembros de la tripulación y los especialistas de tarea;

(iii) La formación pertinente para que los miembros de la tripulación y los especialistas de tarea lleven a cabo sus tareas y la cualificación y designación de las personas que impartirán dicha formación a los miembros de la tripulación y a los especialistas;

(iv) Las responsabilidades y funciones de los miembros de la tripulación y los especialistas;

(v) Los criterios de performance que deben cumplirse para llevar a cabo operaciones de paracaidismo;

(vi) Los procedimientos normales, anormales y de emergencia.

(2) Transporte de miembros de la tripulación y especialistas de tarea

El requisito establecido respecto a las responsabilidades de los especialistas de tarea, que figura en SPO.GEN.106, letra c), no será aplicable a los especialistas que efectúen saltos de paracaidismo.

(3) Asientos

No obstante lo dispuesto en SPO.IDE.A.160, letra a), y en SPO. IDE.H.160, letra a), punto 1, el suelo de la aeronave podrá usarse como asiento, siempre que se disponga de medios para que el especialista de tarea pueda sujetarse o amarrarse.

(4) Oxígeno suplementario

No obstante lo dispuesto en SPO.OP.195, letra a), el requisito de utilización de oxígeno suplementario no será aplicable a los miembros de la tripulación distintos del piloto al mando ni a los especialistas que lleven a cabo funciones esenciales para la tarea especializada cuando la altitud en cabina:

(i) Supere los 13 000 pies, durante un período no superior a 6 minutos;

(ii) Supere los 15 000 pies, durante un período no superior a 3 minutos.

(5) Vuelo sobre agua

Cuando se transporte a más de seis personas, el piloto al mando de un globo que opere sobre una superficie acuática deberá determinar los riesgos para la supervivencia de los ocupantes del globo en caso de amerizaje forzoso, y en función de ello decidirá el transporte de un transmisor de localización de emergencia (ELT) capaz de transmitir simultáneamente en las frecuencias 121,5 MHz y 406 MHz.

(6) Liberación de mercancías peligrosas

No obstante lo dispuesto en SPO.GEN.155, los paracaidistas podrán salir de la aeronave con el propósito de efectuar una exhibición paracaidista sobre zonas habitadas de ciudades, pueblos o asentamientos o sobre reuniones de personas al aire libre portando dispositivos fumígenos, siempre que estén fabricados para tal fin.

(d) **Vuelos acrobáticos (ABF)**

(1) Procedimientos operativos estándar

(2) Los procedimientos operativos estándar para los ABF deberán especificar:

(i) El equipo que debe transportarse, incluidas sus limitaciones operativas y las entradas apropiadas en la lista de equipo mínimo (MEL), según proceda;

(ii) Los requisitos de composición de la tripulación y la experiencia de los miembros de la tripulación y los especialistas de tarea;

(iii) La formación pertinente para que los miembros de la tripulación y los especialistas de tarea lleven a cabo sus tareas, y la cualificación y designación de las personas que impartirán dicha formación a los miembros de la tripulación y a los especialistas;

(iv) Las responsabilidades y funciones de los miembros de la tripulación y los especialistas de tarea;

(v) Los criterios de performance que deben cumplirse para llevar a cabo vuelos acrobáticos;

(vi) Los procedimientos normales, anormales y de emergencia.

(3) Documentos, manuales e información a bordo

(i) En los vuelos acrobáticos no será necesario llevar a bordo los documentos siguientes, enumerados en SPO.GEN.140, letra a):

(ii) Información detallada del plan de vuelo ATS presentado, si procede;

(iii) Cartas aeronáuticas actualizadas y adecuadas para la ruta/área de vuelo propuesta y todas las rutas por las que razonablemente cabría pensar que el vuelo pudiera desviarse;

(iv) Información sobre procedimientos y señales visuales empleadas por aeronaves interceptoras y por aeronaves interceptadas, e

(v) Información relativa a servicios de búsqueda y rescate en la zona prevista para el vuelo.

(4) Equipos

Los requisitos sobre equipos que figuran a continuación no necesitarán aplicarse a los vuelos acrobáticos:

(i) Botiquín de primeros auxilios, tal como se establece en SPO.IDE.A.165 y SPO.IDE.H.165;

(ii) Extintores portátiles, tal como se establece en SPO.IDE.A.180 y SPO.IDE.H.180, y

(iii) Transmisores de localización de emergencia o radiobalizas de localización personal, tal como se establece en SPO.IDE.A.190 y SPO.IDE.H.190.».

CAPÍTULO 3

EL PILOTO AL MANDO

3.1 Definición y Funciones

"Es el piloto designado para estar al mando y encargarse de la realización segura del vuelo". O bien, *"Piloto responsable de la operación y seguridad de la aeronave durante el tiempo de vuelo"* (RCA)

Sólo a los efectos de las operaciones de transporte aéreo comercial, el Piloto al Mando será denominado Comandante (Reglamento (UE) 965/2012, de 26 de octubre).

Los pilotos pueden volar por remuneración si la normativa sobre licencias lo contempla, en ciertos casos aunque posean la licencia PPL. No existen pilotos de Operaciones Comerciales Especializadas, sino pilotos que vuelan aeronaves de Operaciones Comerciales Especializadas. En este libro nos vamos a referir a todos los pilotos que ejercen sus funciones por remuneración, en aeronaves diferentes de las de transporte aéreo comercial, dado que su regulación es diferente.

En las aeronaves comerciales, es decir, las que desarrollan sus trabajos a cambio de remuneración, el operador ha de nombrar a un piloto que ostente el mando, que la Ley denomina Piloto al Mando o PIC (Pilot in Command) que ha de estar cualificado como Piloto al Mando conforme al Anexo I (Parte FCL) de Reglamento (UE) nº 1178/2011 (AIR CREW)

El puesto de Piloto al Mando en el ejercicio de sus funciones a bordo de aeronave se regula desde tres vertientes:

1. La Autoridad Aeronáutica, por medio de las normas vigentes;
2. Las Compañías aéreas donde prestan sus servicios, a través de los Manuales de Operaciones correspondientes y las circulares internas.
3. El Colegio Profesional, al regular las funciones del Piloto al Mando como piloto titulado, a través de las normas deontológicas. El Colegio, en puridad, no tiene competencias reguladoras sobre las funciones del Piloto al Mando más que en sus atribuciones como piloto titulado.

Del cumplimiento o incumplimiento del primer grupo de normas, el Piloto al Mando debe responder ante las autoridades, pues así lo establece la LPPNA, la LNA (art. 60), la LSA y el RCA (cap. 2.40.2.2.3 y 6.1.2).

Del cumplimiento del segundo grupo de normas responde el Piloto al Mando ante su compañía.

Del cumplimiento del tercer grupo de normas, responderá como piloto colegiado ante la Junta de Gobierno del Colegio.

Sólo en el caso de que no se cumplan las normas, las compañías podrían exigir responsabilidades al Piloto al Mando, en quién han depositado su confianza, pues el incumplimiento suele acarrear incidentes, accidentes, multas, sanciones y desprestigio para aquellas.

3.2 Requisitos del Piloto al Mando según su licencia

Vamos a realizar una evaluación somera de las licencias de piloto que permiten realizar trabajos por remuneración:

1. Licencia de Piloto Privado de Avión - PPL(A)
    - Edad mínima: 17 años
    - Atribuciones:
        - Volar sin remuneración como Piloto al Mando o copiloto en aviones (A) o motoveleros (TMG) en operaciones no comerciales.
        - Si tiene atribuciones de instructor o examinador, podrá recibir remuneración:
            a. Como instructor de vuelo para LAPL (A) y PPL (A);
            b. Por la realización de pruebas de pericia y verificación de competencia de dichas licencias;
            c. Por las habilitaciones y certificados relacionados con dichas licencias.
2. Licencia de Piloto Privado de helicóptero - PPL (H)
    - Edad mínima: 17 años
    - Atribuciones:
        - Volar sin remuneración como Piloto al Mando o copiloto en helicópteros que participen en operaciones no comerciales.
        - Si tiene atribuciones de instructor o examinador, podrá recibir remuneración:
            a. Como instructor de vuelo para LAPL (H) y PPL (H);
            b. Por la realización de pruebas de pericia y verificación de competencia de dichas licencias;
            c. Por las habilitaciones y certificados relacionados con dichas licencias.
3. Licencia de Piloto Privado de dirigibles - PPL (As)
    - Edad mínima: 17 años

- Atribuciones:
  - Volar sin remuneración como Piloto al Mando o copiloto en dirigibles que participen en operaciones no comerciales.
  - Si tiene atribuciones de instructor o examinador, podrá recibir remuneración:
    a. Como instructor de vuelo para PPL (As);
    b. Por la realización de pruebas de pericia y verificación de competencia de dichas licencias;
    c. Por las habilitaciones y certificados relacionados con dichas licencias.

4. <u>Licencia de Piloto de planeador - (SPL)</u>
   - Edad mínima: 17 años
   - Atribuciones:
     - Volar como Piloto al Mando o copiloto en planeadores o motoveleros. Para TMG (motovelero de turismo) se requiere cumplir los requisitos de FCL 135 S.
       a. Solo transportarán pasajeros cuando hayan completado 10 horas de vuelo o 30 lanzamientos como PIC en planeadores o motoveleros, después de la emisión de la licencia;
       b. Actuarán sin remuneración en operaciones no comerciales hasta que:
          * Cumplan 18 años;
          * Completen 75 horas de vuelo o 200 lanzamientos como PIC en planeadores o motoveleros después de la emisión de la licencia;
          * Hayan superado una verificación de competencia con un examinador.
     - Si tiene atribuciones de instructor o examinador, podrá recibir remuneración:
       a. Como instructor de vuelo para LAPL(S) o la SPL;
       b. Por la realización de pruebas de pericia y verificación de competencia de dichas licencias;
       c. Por las habilitaciones y certificados relacionados con dichas licencias.

5. <u>Licencia de Piloto de globo - (BPL)</u>
   - Edad mínima: 17 años
   - Atribuciones:
     - Volar como Piloto al Mando o copiloto en globos o dirigibles de aire caliente.
       a. Actuarán sin remuneración en operaciones no comerciales hasta que:
          * Cumplan 18 años;

* Completen 50 horas de vuelo o 50 despegues como PIC en globos;
* Hayan superado una verificación de competencia con un examinador.

b. Si tiene atribuciones de instructor o examinador, podrá recibir remuneración:

* Como instructor de vuelo para LAPL(B) o la BPL;
* Por la realización de pruebas de pericia y verificación de competencia de dichas licencias;
* Por las habilitaciones y certificados relacionados con dichas licencias.

6. Licencia de Piloto Comercial (CPL)
   - Al menos tendrán 18 años de edad.
   - Atribuciones:

   Dentro de la categoría de aeronave apropiada, son:

   a. Ejercer todas las atribuciones del titular de una LAPL y una PPL;
   b. Actuar como PIC o copiloto de cualquier aeronave que participe en operaciones que no sean de transporte aéreo comercial.
   c. Volar como Piloto al Mando en cualquier aeronave de un solo piloto sujeto a las restricciones especificadas en FCL 060 (experiencia reciente) y en la Subparte D de las FCL.
   d. Actuar como copiloto en transporte aéreo comercial sujeto a las restricciones de las FCL 060 (experiencia reciente)

7. Licencia de Piloto de Transporte de Línea Aérea (ATPL)
   - Al menos tendrán 21 años de edad.
   - Atribuciones:

   Dentro de la categoría de aeronave apropiada, son:

   a. Ejercer todas las atribuciones del titular de una LAPL, una PPL o una CPL;
   b. Actuar como Comandante en aeronaves transporte aéreo comercial, a partir de los 25 años.

3.3 Responsabilidades y autoridad del Piloto al Mando

El Piloto al Mando será responsable ante la Autoridad y, en su caso, ante la Compañía, de cualquier infracción de las normas que cometa, pudiendo ser expedientado tanto por la Autoridad, como por la compañía donde ejerza sus funciones, como por el Colegio de Pilotos.

De acuerdo con la LNA, el Piloto al Mando, es el responsable (es decir, tiene a su cargo la dirección y vigilancia y por tanto, responderá) de la aeronave, de la tripulación y demás ocupantes, en todo momento, desde que se haga cargo de los mismos con el propósito de iniciar un vuelo, hasta su entrega a la Autoridad o a un representante de su Compañía al finalizar el mismo. Por tanto, es el responsable de la seguridad de la operación de la aeronave y de la seguridad de sus ocupantes durante el tiempo que permanezcan a bordo.

El concepto que la Ley recoge, no aclara cada una de estas responsabilidades, por lo que conviene delimitarlas en el tiempo:

(1) **Responsabilidad sobre la tripulación**. El Piloto al Mando es responsable de la tripulación mientras dura la unidad funcional (ver cap. 4.3). Como mando de la Compañía, representa al Operador ante la tripulación durante toda la serie de servicios programados, hasta volver a la base al final de la misma.

(2) **Responsabilidad sobre la aeronave**. El Piloto al Mando se hace cargo de la misma, y comienza su responsabilidad cuando, por sí o por delegación a algún miembro de la tripulación de vuelo, acepta la que le ha sido asignada[1] para el vuelo dando el visto bueno al parte de mantenimiento. Desde entonces es responsable de lo que ocurra a bordo. Deja de tener responsabilidad sobre la misma cuando, por sí o por delegación, la entrega al personal de la Compañía (Mantenimiento, handling, etc). Si no hay personal de la Compañía se entregará a la Autoridad aeroportuaria (art. 60 de la LNA)[2].

(3) **Responsabilidad sobre especialista y carga o enseres**. Comienza su responsabilidad cuando, habiéndose hecho cargo de la aeronave, estos están a bordo[3]. La responsabilidad acaba cuando desembarcan y sobre el resto que aun permanezca en la aeronave, al entregarla.

(4) **Asunción de toda la responsabilidad**

El Piloto al Mando es el responsable de la seguridad operacional de la aeronave, desde el momento en que esté por primera vez listo para moverse con el propósito de hacer el vuelo, hasta el momento en que queda completamente pardo al final del vuelo y se apaguen los motores utilizados como fuente primera de propulsión.

1. Cuando ha sido situada en rampa y programada para un servicio
2. NOTA DEL AUTOR: En el caso de que al llegar no haya nadie de la Compañía, la aeronave ha de cerrarse y quedaría bajo la responsabilidad de las autoridades del aeropuerto, pues las tasas aeroportuarias cubren el aparcamiento y la seguridad.
3. No parece lógico pensar, aplicando al pie de la letra el art. 60 LNA, al hacerse cargo del avión se haga cargo también del pasaje, mercancía o correo, pues aun no están a bordo

Es el Piloto al Mando y no la compañía quien asume la responsabilidad, aunque ésta tenga la obligación de resarcir los daños ocasionados en caso de accidente, como manda el art. 121 de la LNA. La función del Piloto al Mando es dirigir, mandar y decidir en base a las normas que tiene la responsabilidad y la obligación ética y profesional de conocer.

El Reglamento de Circulación Aérea (2.2.3.1 y 6.1.2) nos recuerda que "*el Piloto al Mando de una aeronave será responsable de que la operación de ésta se realice de acuerdo con la Reglamentación del Aire*", pero añade "*podrá dejar de seguirlo en circunstancias que hagan su incumplimiento absolutamente necesario por medidas de seguridad*".

El Piloto al Mando designado, tiene la obligación ineludible de conocer y aplicar las normas tanto de compañía como las del Estado. Una compañía podrá exigir responsabilidades al Piloto al Mando por no cumplir tanto unas como otras, por los perjuicios que pudiera acarrearle, pero "nunca podrá exigirle, sugerirle o presionarle, con amenazas veladas o no, para que no cumpla con las obligaciones legales que sólo competen jurídicamente al Piloto al Mando de aeronave como autoridad en el ejercicio de su mando", pues esta compañía o el representante de la misma implicado, podría incurrir en un delito de coacciones previsto en el Código Penal o un delito contra la autoridad del art. 46 de la Ley Penal de la Navegación Aérea.

El Piloto al Mando debe mantener absoluta libertad e independencia para aplicar las normas que sólo a él competen, y debe saber conjugar esta responsabilidad con la que tiene como representante de la Empresa que le ha nombrado, para sacar adelante los vuelos favoreciendo los intereses comerciales de la misma. Para ello, es claro que debe tener una mente ágil y abierta, debe saber aplicar las normas para perjudicar lo menos posible a los intereses comerciales; debe, en definitiva, ejercer como Piloto al Mando en todo momento.

(5) Enumeración de sus responsabilidades legales

Para determinar las responsabilidades del Piloto al Mando, nos remitimos al Reglamento 965/2012 (AIR OPERATIONS), Parte SPO.GEN.107:

- (i) Será responsabilidad del Piloto al Mando:
  - (A) Garantizar la seguridad de la aeronave y de todos los miembros de la tripulación, los especialistas y la carga que se hallen a bordo durante las operaciones de

la aeronave;

(B) Iniciar, continuar, concluir o desviar un vuelo por razones de seguridad;

(C) Garantizar que se cumplen todos los procedimientos operativos y todas las listas de verificación de acuerdo con el manual correspondiente;

(D) Iniciar un vuelo únicamente cuando esté convencido de que se cumplen todas las limitaciones operativas indicadas en el anexo V, punto 2, del Reglamento (UE) 2018/1139, a saber:

- Que la aeronave reúne las condiciones de aeronavegabilidad,
- Que la aeronave se encuentra debidamente matriculada,
- Que los instrumentos y equipos necesarios para la ejecución del vuelo se encuentran instalados en la aeronave y están operativos, salvo que se permita la operación con equipos no operativos conforme a la lista de equipo mínimo (MEL) o un documento equivalente, si procede, como se estipula en SPO.IDE.A.105, SPO.IDE.H.105, SPO.IDE.S.105 o SPO.IDE.B.105,
- Que la masa de la aeronave y, a excepción de los globos, la ubicación de su centro de gravedad permiten efectuar el vuelo dentro de los límites fijados en la documentación de aeronavegabilidad,
- Que todos los equipos y equipajes se encuentran correctamente cargados y asegurados, y
- Que durante el vuelo no se excederán en ningún momento las limitaciones operativas de la aeronave especificadas en el manual de vuelo de la aeronave (AFM);

(E) No iniciar un vuelo si el Piloto al Mando o cualquier miembro de la tripulación de vuelo o especialista se encuentra incapacitado para ejercer sus funciones por cualquier causa, como lesiones, enfermedad, fatiga o los efectos de cualquier sustancia psicoactiva;

(F) No continuar con un vuelo más allá del aeródromo o lugar de operaciones con meteorología favorable más cercano, cuando su capacidad o la de cualquier otro miembro de la tripulación de vuelo o especialista para ejercer sus funciones se vea reducida significativamente debido a causas como fatiga, enfermedad o falta de oxígeno;

(G) Tomar una decisión sobre la aceptación de una aeronave que presente elementos fuera de servicio conforme a la lista de desviaciones de la configuración (CDL) o la lista de equipo mínimo (MEL), si procede;

(H) Al terminar el vuelo o la serie de vuelos, registrar en el registro técnico o el diario de a bordo de la aeronave los datos de utilización y todos los defectos conocidos o sospechados de la aeronave, y

(I) Garantizar que los registradores de vuelo, en caso de estar instalados:
- No estén desactivados o desconectados durante el vuelo, y
- En caso de accidente o de incidente que deba notificarse obligatoriamente:
  - No se eliminan intencionadamente;
  - Se desactivan inmediatamente después de terminado el vuelo, y
  - Se reactivan únicamente previo acuerdo de la autoridad encargada de la investigación.

(ii) El Piloto al Mando tendrá la autoridad para denegar el transporte o desembarcar a cualquier persona o carga que pueda representar un peligro potencial para la seguridad de la aeronave o sus ocupantes.

(iii) El Piloto al Mando, tan pronto como sea posible, deberá informar a la correspondiente unidad de servicios de tránsito aéreo (ATS) de cualquier situación meteorológica o condición de vuelo peligrosa que pueda afectar a la seguridad de otras aeronaves.

(iv) No obstante lo dispuesto en la letra a), punto 6, en una operación con tripulación de vuelo múltiple, el Piloto al Mando podrá continuar un vuelo más allá del aeródromo con meteorología favorable más cercano cuando se establezcan procedimientos de mitigación adecuados.

(v) En una situación de emergencia que exija una decisión y acción inmediatas, el Piloto al Mando tomará cualquier medida que considere necesaria de acuerdo con las circunstancias, de conformidad con el anexo V, punto 7.3, del Reglamento (CE) nº 2018/1139. En tales casos podrá desviarse de las reglas, procedimientos y métodos operativos en interés de la seguridad. Deberá notificarlo a la autoridad.

(vi) El Piloto al Mando deberá presentar sin demora un informe de cualquier acto de interferencia ilícita a la autoridad competente, y deberá informar a la autoridad local designada.

(vii) El Piloto al Mando deberá informar a la autoridad correspondiente más próxima y por el medio más rápido disponible de cualquier accidente en el que se vea implicada la aeronave y que provoque lesiones graves o la muerte de alguna persona, o daños considerables a la aeronave o a propiedades.

(6) Responsabilidades ante la Administración y ante la Compañía:

(i) Será responsable de la aeronave y sus elementos y repuestos a bordo, de los especialistas y ocupantes, de los pertrechos de los mismos, en todo momento, desde que se haga cargo de los mismos con el propósito de iniciar un vuelo, hasta su entrega a la autoridad o a un representante autorizado de la Compañía.

(ii) Será responsable de la seguridad de la operación de la aeronave y de la seguridad de sus ocupantes mientras esté a cargo de los mismos, pudiendo impartir las órdenes necesarias para ello;

(iii) Será responsable del cumplimiento de la legalidad a bordo, pudiendo ser sancionado gubernativa y penalmente de acuerdo con la Ley de Seguridad Aérea, la Ley Penal y Procesal de la Navegación Aérea y las demás leyes del Estado, y de los estados que sobrevuele.

(iv) Si por razones de fuerza mayor, el Piloto al Mando tiene que contravenir su plan de vuelo o las normas reglamentarias, deberá notificarlo inmediatamente a la AESA, al Colegio de Pilotos y a su Compañía.

(7) Responsabilidades durante la operación de vuelo

(i) Antes del vuelo:

(A) Entes de iniciar un vuelo, deberá cerciorarse, por todos los medios razonables a su alcance, de que las instalaciones de tierra o agua, si fuera el caso, incluidas las instalaciones de comunicaciones y las ayudas a la navegación disponibles y directamente requeridas para dicho vuelo, con vistas a la operación segura de la aeronave, resultan adecuadas para el tipo de operación en la que se lleva a cabo el vuelo;

(B) Obtendrá las últimas previsiones meteorológicas

para la ruta de vuelo, destino y aeropuertos alternativos.

(C) Comprobará los últimos NOTAMS para la ruta de vuelo prevista y asistirá a las necesarias reuniones, donde se definirán las zonas que entrañen peligros, aeródromos, helipuertos y ayudas a la navegación.

(D) Comprobará el plan operativo de vuelo y se convencerá de que el vuelo, tal y como ha sido planeado, puede realizarse sin riesgos y de acuerdo con la normativa vigente.

(E) Determinará y ordenará la cantidad de combustible y aceite a cargar en la aeronave.

(F) Comprobará todo el equipo de radio y verificará que todos los instrumentos y equipos, incluido el equipo de emergencia y seguridad requeridos para el vuelo, se encuentran instalados y operativos.

(G) Tomará una decisión sobre la aceptación de una aeronave que presente elementos fuera de servicio conforme a la lista de desviaciones de la configuración (CDL) o la lista de equipos mínimos (MEL), según corresponda;

(H) Firmará todos los documentos relativos a la aeronave.

(I) Efectuará todas las comprobaciones externas e internas y comprobará que todo está en regla y de acuerdo con el MVA.

(J) Comprobará el informe técnico de Mantenimiento.

(K) No iniciar un vuelo si algún miembro de la tripulación de vuelo se encuentra incapacitado para prestar servicio por el motivo que fuera, como lesiones, enfermedad, fatiga o los efectos de alcohol o de cualquier sustancia psicoactiva;

(ii) <u>Rodaje</u>

(A) Se aplicarán los procedimientos de cabina estéril (si fuera aplicable)

(B) Su usará la fraseología estándar de radiotelefonía (RTF)

(C) Se usarán las luces requeridas por el RCA.

(D) Para favorecer la conciencia situacional del Piloto al Mando:

- Deberá contar con las cartas del aeródromo;
- Si hubiera un piloto en supervisión, el Piloto al

Mando deberá anunciar que va realizar el rodaje;
- Los permisos de rodaje deben ser escuchados por el Piloto al Mando, versificándose con la carta del aeródromo correspondiente, si fuera necesario;
- Se deben cumplir todos las paradas frente a barras iluminadas, atendiendo al resto de la señales e indicadores de aeródromo y cuando la torre lo ordene, continuando cuando la torre lo autorice o las luces se apaguen;
- Si no está seguro de su posición, debe detener el avión y conectar con la torre;
- Debe evitarse cualquier acción que pueda distraer el piloto en el rodaje, pues el rodaje en una parte del vuelo que requiere toda la atención del Piloto al Mando, dada la elevada carga de trabajo

(iii) Durante el vuelo

(A) Será responsable de la navegación, comunicación por radio y de un completo seguimiento del vuelo, de acuerdo con el plan de vuelo actualizado.

(B) Obtendrá la información meteorológica para el aeropuerto de destino y alternativos, con tanta frecuencia como sea necesario.

(C) Mantendrá la vigilancia durante las condiciones meteorológicas visuales (VMC).

(D) Se asegurará de que el vuelo se realiza por encima de las mínimas alturas de vuelo que no entrañen peligros.

(E) No continuará con un vuelo más allá del aeródromo o lugar de operaciones con meteorología favorable más cercano, cuando la capacidad de algún miembro de la tripulación de vuelo para ejercer sus funciones se reduzca significativamente por motivos tales como fatiga, enfermedad o falta de oxígeno;

(iv) Después del vuelo

(A) Firmará la documentación y se cerciorará de que está completa.

(B) Al terminar el vuelo o la serie de vuelos, registrar en el registro técnico o el diario de a bordo de la aeronave los datos de utilización y todos los defectos conocidos o sospechados de la aeronave.

(C) Recogerá la aeronave, cerrándola y anclándola.

Cuando un servicio se halla constituido por dos o más vuelos , la actividad de mando del Piloto al Mando durará tanto como el servicio.

3.4 Atribuciones del Piloto al Mando

El Piloto al Mando posee legalmente una serie de atribuciones que hacen de él el eje de la toma de decisiones para el desarrollo de la operación de vuelo. De sus decisiones depende que la legalidad, la seguridad, la eficiencia y la economía del vuelo transcurran por los cauces necesarios. Estas atribuciones derivas de sus obligaciones (ver 3.5):

(1) El Reglamento 965/2012, SPO.GEN.107:

El Piloto al mando tendrá autoridad para:

(i) Garantizar la seguridad de la aeronave, tripulantes, especialistas y carga;

(ii) Continuar, concluir o derivar el vuelo, por razones de seguridad;

(iii) Garantizar que se cumplen los procedimientos operativos y todas las listas de verificación de acuerdo con el M.O;

(iv) Iniciar un vuelo únicamente cuando esté convencido de que se cumplen todas las limitaciones operativas indicadas en el Anexo V, punto 2. y 3, del Reglamento (CE) nº 2018/1139 del Parlamento Europeo y del Consejo (ver 3.5, (a) (4)

(v) Decidirá si acepta o rechaza una aeronave con elementos que no funcionen, aunque ello esté permitido por la lista de desviación de configuración (CDL) o la lista de equipo mínimo (MEL).

(2) El Reglamento (UE) nº 2018/1139:

(i) Siempre que el Piloto al Mando lo considere necesario en interés de la seguridad, y cuando lo requiera el tipo de aeronave, durante el despegue y el aterrizaje, cada miembro de la tripulación permanecerá sentado en su puesto y utilizará los sistemas de sujeción existentes, teniendo en cuenta el tipo de aeronave (Anexo V, 3,a))

(ii) El Piloto al Mando tendrá autoridad para impartir todas las órdenes y llevar a cabo todas las acciones apropiadas a efectos de garantizar la seguridad de la operación, de la aeronave y de las personas o de los bienes transportados (Anexo V, 7.6).

(3) El Reglamento de la Circulación Aérea:

(i) El Piloto al Mando tendrá autoridad decisiva en todo lo relacionado con la aeronave, mientras esté al mando de la misma, y será responsable de su tripulación, de los viajeros y equipajes, de la carga y del correo, aunque no asume su pilotaje material.

(ii) En función de la información recibida, el Piloto al Mando decidirá si el vuelo ha de efectuarse de acuerdo con las VFR o con las IFR.

(iii) Podrá delegar todas las funciones en el Copiloto excepto en caso de riesgo o cuando tenga que actuar sin ajustarse el RCA.

3.5 Obligaciones del Piloto al Mando

El Piloto al Mando de Operaciones Comerciales especializadas tiene las siguientes obligaciones, según las normas:

(a) <u>Según SPO.GEN.107</u>

(1) Garantizar la seguridad de la aeronave, de los especialistas, ocupantes y la carga que se hallen a bordo durante las operaciones de la aeronave;

(2) Iniciar, continuar, concluir o desviar un vuelo por razones de seguridad;

(3) Garantizar que se cumplen todos los procedimientos operativos y todas las listas de verificación de acuerdo con el manual correspondiente;

(4) Iniciar un vuelo únicamente cuando esté convencido de que se cumplen todas las limitaciones operativas indicadas en el anexo V, punto 2. y 3, del Reglamento (CE) nº 2018/1139 del Parlamento Europeo y del Consejo., a saber:

(i) Que la aeronave reúne las condiciones de aeronavegabilidad,

(ii) Que la aeronave se encuentra debidamente matriculada,

(iii) Que los instrumentos y equipos necesarios para la ejecución del vuelo se encuentran instalados en la aeronave y están operativos.

(iv) Que la masa de la aeronave y la ubicación de su centro de gravedad permiten efectuar el vuelo dentro de los límites fijados en la documentación de aeronavegabilidad,

(v) Que todos los equipos y enseres se encuentran correctamente cargados y asegurados, y

(vi) Que durante el vuelo no se excederán en ningún momento las limitaciones operativas de la aeronave especificadas en el manual de vuelo de la aeronave (AFM);

(5) No iniciar un vuelo si el Piloto al Mando, el copiloto (si fuera requerido), o especialista se encuentran incapacitados para ejercer sus funciones por cualquier causa, como lesiones, enfermedad, fatiga o los efectos de cualquier sustancia psicoactiva;

(6) No continuar con un vuelo más allá del aeródromo o lugar de operaciones con meteorología favorable más cercano, cuando su capacidad o la de cualquier especialista para ejercer sus funciones se vea reducida significativamente debido a causas como fatiga, enfermedad o falta de oxígeno;

(7) Tomar una decisión sobre la aceptación de una aeronave que presente elementos fuera de servicio;

(8) Al terminar el vuelo o la serie de vuelos, registrar en el registro técnico o el diario de a bordo de la aeronave los datos de utilización y todos los defectos conocidos o sospechados de la aeronave, y

(9) El Piloto al Mando, tan pronto como sea posible, deberá informar a la correspondiente unidad de servicios de tránsito aéreo (ATS) de cualquier situación meteorológica o condición de vuelo peligrosa que pueda afectar a la seguridad de otras aeronaves.

(10) Garantizará que se cumplen todas las instrucciones, procedimientos operativos y listas de verificación de acuerdo con el manual de operaciones;

(11) Mantendrá la seguridad de la aeronave y de todos los miembros de la tripulación, de los pasajeros y de la carga embarcada a bordo durante las operaciones de la aeronave;

(12) Deberá presentar sin demora un informe de cualquier acto de interferencia ilícita a la autoridad competente, y deberá informar a la autoridad local designada.

(13) Deberá informar a la autoridad correspondiente más próxima y por el medio más rápido disponible de cualquier accidente en el que se vea implicada la aeronave y que provoque lesiones graves o la muerte de alguna persona, o daños conside-

rables a la aeronave o a propiedades.

(14) Garantizar que los registradores de vuelo, si los hubiera:

(i) No estén desactivados o desconectados durante el vuelo, y

(ii) En caso de accidente o incidente que deba notificarse obligatoriamente:

(A) No se eliminen deliberadamente los datos registrados;

(B) Se desactiven inmediatamente después de terminado el vuelo, y

(C) Se reactiven únicamente previo acuerdo de la autoridad encargada de la investigación.

(b) Según REGLAMENTO (UE) nº 2018/1139, del Parlamento Europeo y del Consejo:

(1) Cuando lo requiera el tipo de aeronave y el tipo de operación, antes del despegue o del aterrizaje, y siempre que lo considere necesario en interés de la seguridad, el Comandante debe cerciorarse de que cada ocupante o especialista esté debidamente sentado y abrochado (excepción de os paracaidistas);

(2) En una situación de emergencia que ponga en peligro la operación o la seguridad de la aeronave o de las personas a bordo, el piloto al mando deberá tomar las medidas que considere necesarias en interés de la seguridad. Si estas medidas implican una violación de los reglamentos o procedimientos locales, el Piloto al Mando deberá encargarse de notificarlo sin demora a la autoridad local competente.

(3) El Comandante adoptará todas las medidas necesarias con el fin de minimizar las consecuencias para el vuelo de un comportamiento inadecuado de los ocupantes o especialistas.

(4) El Comandante sólo iniciará un vuelo cuando esté convencido de que:

(i) La aeronave es aeronavegable,

(ii) En su caso, la aeronave está debidamente registrada y los certificados correspondientes se hallan a bordo de la aeronave,

(iii) Los instrumentos y equipos especificados en la normativa, necesarios para la ejecución del vuelo, se encuentran instalados en la aeronave y funcionan, salvo dispensa por la lista de equipo mínimo aplicable (MEL) o en un documento equivalente,

(iv) La masa de la aeronave y la ubicación de su centro de gravedad sea tal que permitan que el vuelo pueda realizarse dentro de los límites establecidos en la documentación de aeronavegabilidad,

(v) Todo el equipaje de la cabina, el equipaje del compartimiento de carga y la carga se encuentra debidamente estibado y asegurado, y

(vi) No se excederán en ningún momento durante el vuelo las limitaciones operativas de la aeronave especificadas en el punto (iv);

(vii) El Piloto al Mando debe cerciorarse de que cada pasajero esté debidamente sentado y abrochado, cuando lo requiera el tipo de aeronave y el tipo de operación, antes del despegue o del aterrizaje, durante el rodaje y siempre que lo consideren necesario en interés de la seguridad.

(c) Obligaciones con la empresa.

(1) Secreto profesional

(2) Puntualidad

(3) Honestidad

(4) Seguridad

(5) Lealtad

(6) Cumplir con buena fe y diligencia.

(7) Observar las medidas de seguridad e higiene que se adopten.

(8) Cumplir las órdenes e instrucciones del empresario en el ejercicio regular de sus facultades directivas.

(9) No concurrir con la actividad de la empresa, en los términos fijados en esta Ley (no competencia desleal)

(10) Contribuir a la mejora de la productividad.

(11) Cuantos se deriven, en su caso, de los respectivos contratos de trabajo o convenio colectivo.

Además, el Piloto al Mando tomará cualquier acción que considere necesaria en situación de emergencia que requiera la toma de decisión y acción inmediata. En este caso puede desviarse de las normas, procedimientos operativos y métodos, en interés de la seguridad.

3.6 La designación de Piloto al Mando

Las compañías de Operaciones Comerciales Especializadas nombran a sus Pilotos al Mando de acuerdo con lo establecido en sus Manuales de Operaciones, pero siguiendo unas pautas mínimas:
De acuerdo con ORO.FC.105:

(a) De conformidad con lo establecido en el punto 8.6 del Anexo V del Reglamento (UE) 2018/1139, un piloto de entre los miembros de la tripulación de vuelo, cualificado como Piloto al Mando conforme al anexo I (parte FCL) del Reglamento (UE) nº 1178/2011, será designado por el operador Piloto al Mando o, en las operaciones de transporte aéreo comercial, Comandante.

(b) El operador únicamente designará a un miembro de la tripulación de vuelo para que actúe como piloto al mando/comandante si se cumplen todas las condiciones siguientes:

  (1) El miembro de la tripulación de vuelo posee el nivel mínimo de experiencia especificado en el manual de operaciones;

  (2) El miembro de la tripulación de vuelo posee un conocimiento adecuado de la ruta o zona que haya de sobrevolarse y de los aeródromos, incluidos los aeródromos de alternativa, las instalaciones y los procedimientos que deben utilizarse;

  (3) En el caso de las operaciones con tripulación múltiple, el miembro de la tripulación de vuelo ha realizado el curso de mando del operador si asciende del grado de copiloto al de piloto al mando/comandante.

(c) En el caso de las operaciones comerciales de aviones y helicópteros, el Piloto al Mando/Comandante o el piloto en quien pueda delegarse el desarrollo del vuelo habrá realizado un entrenamiento inicial de familiarización con la ruta o la zona que vaya a sobrevolarse y con los aeródromos, las instalaciones y los procedimientos que vayan a utilizarse, y mantendrá este conocimiento de la manera siguiente:

  (1) La validez del conocimiento del aeródromo se mantendrá gracias a la operación en ese aeródromo al menos una vez en un período de 12 meses naturales;

  (2) El conocimiento de la ruta o la zona se mantendrá gracias a la operación con dirección a esa ruta o zona al menos una vez en un período de treinta y seis meses. Además, se requiere un entrenamiento de refresco sobre el conocimiento de la ruta

o la zona si no se opera en una ruta o zona durante 12 meses dentro de ese período de treinta y seis meses.

(d) No obstante lo dispuesto en la letra c), en el caso de operaciones VFR diurnas con aviones y helicópteros de performance clase B y C, el entrenamiento de familiarización con la ruta y con los aeródromos podrá sustituirse por un entrenamiento de familiarización con la zona.»;

(e) Requisitos de experiencia del Piloto al Mando en operaciones de lucha contra incendios (LCI):

(1) Para poder actuar como Piloto al Mando en los distintos tipos de operación, será necesario disponer de una experiencia previa en horas de vuelo como PIC, horas de vuelo en actividades relevantes (ACT), así como horas de vuelo en aeronaves de similares características (ASC), y horas de vuelo en IFR, de acuerdo a lo establecido en la tabla "Requisitos experiencia LCI".

(2) Dicha experiencia previa podrá reducirse si se dispone de experiencia en aeronaves de similares características y/o experiencia en actividades relevantes, de acuerdo a lo que establezca la AESA. En ningún caso se podrá actuar como Piloto al Mando, si no se dispone de la experiencia previa mínima en horas de vuelo como Piloto al Mando (PICmin) reflejada en la tabla "Requisitos experiencia LCI":

Tabla «Requisitos experiencia LCI»

	PIC	ACT	ASC	PICmin
Helicóptero				
Observación y patrullaje	200	–	–	–
Coordinación	300	30	–	200
Lanzamiento de agua y Traslado de personal adicional especializado	500	50	100	400
Avión				
Observación y patrullaje	200	–	–	–
Coordinación	300	10	–	200
Lanzamiento de agua con avión de habilitación clase	500	50	50	300
Lanzamiento de agua con avión de habilitación tipo o HPA	800	50	50	500

(f) <u>Requisitos de experiencia para operaciones de búsqueda y salvamento (SAR)</u>

(1) Para poder actuar como Piloto al Mando, en los distintos tipos de operación será necesario disponer de una experiencia

previa en horas de vuelo como Piloto al Mando (PIC), horas de vuelo en actividades relevantes (ACT), así como horas de vuelo en aeronaves de similares características (ASC), y horas de vuelo en IFR (IFR), de acuerdo a lo establecido en la tabla «Requisitos experiencia SAR».

(2) Dicha experiencia previa podrá reducirse si se dispone de experiencia en aeronaves de similares características y/o experiencia en actividades relevantes de acuerdo a lo que establezca AESA. En ningún caso se podrá actuar como Piloto al Mando si no se dispone de la experiencia previa mínima en horas de vuelo como Piloto al Mando (PICmin) reflejada en la tabla «Requisitos experiencia SAR»:

Tabla «Requisitos experiencia SAR»

	PIC	ACT	ASC	IFR	PICmin
Helicóptero					
Lanzamiento de objetos y búsqueda de personas, animales o cosas en tierra.	300	50	50	–	200
Lanzamiento de objetos y búsqueda de personas, animales o cosas en el mar.	300	50	50	40	200
Rescate de personas, animales o cosas en tierra	700	50	200	–	400
Rescate de personas, animales o cosas en el mar	1000	100	100	100	600
Avión					
Búsqueda y salvamento en aviones certificados para un piloto.	400	10	10	100	200
Búsqueda y salvamento en aviones certificados para más de un piloto.	1000	100	100	100	300

(3) Para ejercer de copiloto en operaciones de rescate de personas, animales o cosas con helicóptero en el mar, será necesario disponer de 500 horas de vuelo como Piloto al Mando y 50 horas de vuelo en IFR, pidiéndose reducir las horas de Piloto al Mando de acuerdo a lo que establezca AESA, hasta un mínimo de 350 horas de vuelo como Piloto al Mando.

(4) Para ejercer de copiloto en operaciones de búsqueda y salvamento en avión certificado para más de un piloto, será necesario disponer de 200 horas de vuelo como Piloto al Mando y 50 horas de vuelo en IFR, pudiéndose reducir las horas de Piloto al Mando de acuerdo a lo que establezca AESA.

3.7 Normas de actuación del Piloto al Mando

La Compañía se asegurará de que todas las personas transportadas en la aeronave obedecen las órdenes del Piloto al Mando, que deberá atenerse a las siguientes normas de actuación:

(a) Conducirá la aeronave mediante la reglamentaria operación de la misma, teniendo en cuenta los Principios Generales de Aviación Civil: Velará en todo momento por la Seguridad como máxima premisa, mantendrá la Legalidad de la operación en todo momento, trabajará con Eficiencia y cuidará la Economía de la operación.

(b) Protegerá a las personas y bienes confiados a su custodia y utilización.

(c) Tendrá el mando sobre la tripulación de la aeronave.

(d) Tendrá potestad (limitada) sobre la aeronave.

(e) Mantendrá el orden, la disciplina, el buen orden y la higiene a bordo.

(f) Resolverá los problemas que pudieran plantearse a bordo de la aeronave.

(g) Inscribirá en los libros de a bordo y comunicará a quien corresponda los actos jurídicos ocurridos a bordo de la aeronave, en los casos y en la forma previstos por la Ley.

(h) Representará al Operador en los casos y en la forma previstos en la leyes y los reglamentos.

(i) Sin perjuicio de lo previsto en la Ley, el Piloto al Mando ejercerá el mando jerárquico sobre la tripulación asignada para el servicio, desde el momento de su presentación en el aeropuerto para hacerse cargo del avión, hasta el momento en que éste sea entregado a la Autoridad o a un representante del Operador, en el último vuelo.

(j) El Piloto al Mando coordinará todas aquellas actividades que constituyen el despacho final para la operación de la aeronave, adoptando las decisiones necesarias para la ejecución del servicio encomendado. Con respecto a la aeronave, este párrafo solo tendrá efectividad cuando ésta se halle asignada para el servicio. Se entiende por despacho final la preparación y formalización de documentos y el cumplimiento de los requisitos que puedan determinar la asunción de las responsabilidades expresadas en la Ley.

(k) Si, fuera de la base de operaciones, se produjera una avería durante el servicio, el Piloto al Mando coordinará con los equipos de mantenimiento de ese aeropuerto y decidirá, bajo su responsabilidad, el retraso o cancelación del vuelo, teniendo siempre en cuenta la seguridad del mismo, los límites de actividad aérea de la tripulación, el perjuicio que pudiera ocasionar a los pasajeros y los intereses de su compañía.

(l) El Piloto al Mando, mostrará siempre, en el ejercicio de su mando o dirección, el respeto debido hacia todas aquellas personas que colaboran con él en la realización del servicio encomendado.

(m) El Piloto al Mando deberá cerciorarse de que la preparación del vuelo se realiza de conformidad con la Leyes, Reglamentos, Manual de Operaciones de su compañía y con arreglo a las normas deontológicas derivadas del Estatuto del Colegio Oficial de Pilotos de la Aviación Comercial.

(n) El Piloto al Mando notificará a la Autoridad competente y, en su caso, al Colegio de Pilotos, los accidentes, incidentes o acontecimientos relevantes que hayan ocasionado riesgos para la seguridad de la operación o hayan perturbado el buen orden o la disciplina a bordo o hayan causado violación de las normas, coacción en el desarrollo de sus funciones o indignidad para la profesión.

(o) El Piloto al Mando deberá exigir medidas específicas de seguridad, previas a la iniciación de un vuelo cuando, a su juicio, aquella no esté garantizada.

(p) El Piloto al Mando, deberá adoptar todas aquellas decisiones que tiendan a salvaguardar la seguridad, incluso contra lo establecido en las leyes, o en cualquier otra norma, si ello fuera absolutamente necesario.

(q) El Piloto al Mando será responsable de cualquier infracción que cometa de las normas. Asimismo dará cuenta al Operador, al Colegio y a las Autoridades, si ello fuera necesario, de la falta de cooperación o negligencia de terceros que de alguna manera repercuta en la eficacia del servicio.

(r) Los Pilotos al Mandos, durante el desarrollo de la operación de vuelo, cumplirán las normas deontológicas del Colegio de Pilotos.

3.8 Admisión al compartimiento de la tripulación de vuelo para operaciones de un solo piloto en VFR de día

Cuando una aeronave se utiliza en una operación de un solo piloto con arreglo a las reglas de vuelo visual (VFR) durante el día, pero tiene más de una estación de pilotaje, las instrucciones del operador pueden permitir que los pasajeros sean transportados en los asientos vacíos, siempre que el Piloto al Mando esté convencido de que:

(a) No causará distracción o interferencia con el funcionamiento del vuelo; y
(b) El pasajero que ocupa un puesto de piloto está familiarizado con las restricciones y procedimientos de seguridad pertinentes.

3.9 Piloto al Mando y el conocimiento de las normas

"La responsabilidad del conocimiento y aplicación de las normas aeronáuticas que afectan a la operación de vuelo, corresponde al Piloto al Mando", por lo que tiene la obligación de conocer las normas que afectan tanto a la operación de vuelo como las que regulan lo concerniente a la aeronave, las personas y bienes que le han sido entregados para su transporte.[4]
Por otro lado, el Piloto al Mando es un representante de su Compañía, nombrado por la dirección, por lo que tiene también la obligación de conocer las normas internas que regulan los aspectos comerciales y la interpretación y el modo de aplicación de las normas oficiales recogidos en los manuales de operaciones. Para ello, el Piloto al Mando tiene que interpretar las normas con sabiduría para poder conjugarlas eficazmente, por lo que deberá tener muy claros los conceptos para flexibilizar las normas sin transgredirlas a fin de buscar la máxima rentabilidad de la operación sin provocar inseguridad o responsabilidad jurídica.

El Piloto al Mando de una aeronave de SPO ha de conocer no solo las normas directas sobre la aeronave, las tripulaciones, y su propia función en el trabajo a ejecutar - Leyes, Reglamentos, Convenios Internacionales, Manual de Operaciones, etc, sino también las de otros organismos que tienen incidencia en el trabajo aéreo: Sanidad, Trabajo, Hacienda, Registro Civil, etc. Ha de conocer además las normas internas de su compañía. Esa es su responsabilidad.

El Estado y las normas internacionales dejan en las manos del Piloto al Mando la operación de vuelo, otorgándole un poder de decisión muy importante, dándole capacidad, incluso, para no aplicar las leyes y reglamentos en ciertas circunstancias. Es, por tanto, como ya lo he definido en algunas de mis publicaciones, un operador jurídico, es decir, una persona que, para ejercer sus funciones, interpreta las normas para poder aplicarlas, adaptándolas a cada caso determinado, y se obliga a exigir su cumplimiento a las personas de su entorno.

Pero sólo tiene a mano el conocimiento de las normas a través de los Manuales de Operaciones. Hay que tener en cuenta que no son expertos en Derecho, lo que hace muy difícil la interpretación justa

4. Art. 65 de la LPPNA. La ignorancia es impericia.

de la normativa aplicable. Tampoco reciben formación jurídica, y sin embargo, legalmente, se hacen responsables de la aeronave, de la tripulación, si la hubiera, de los especialistas y demás ocupantes, y de todos lo que haya bordo. También de los daños que pudieran ocasionar a terceros en tierra. Este conocimiento, y el saber discernir en lo que afecta a la seguridad desde el punto de vista legal, que ya es árido para los juristas, es casi imposible para personas no versadas en Derecho.

Hay decenas de normas, diseminadas por la legislación nacional e internacional, que debería conocer el Piloto al Mando o el Copiloto, pues estas mismas normas así lo exigen.

Pero el Derecho Aeronáutico no solo comprende el conjunto de leyes referidas a la aviación, sino también a las relaciones jurídicas que nacen de su aplicación. Y esas relaciones jurídicas, afectan directamente a los Pilotos al Mando (SPO). Lo que deben aprender en sus estudios, antes de asumir las responsabilidades de su función, es cómo manejar este conjunto de normas; cómo le afecta la errónea aplicación, o la no aplicación de las mismas; cuáles son las «armas» jurídicas que le ofrece la Ley para poder desarrollar el cúmulo de funciones, obligaciones, atribuciones y responsabilidades que aparecen en la normativa oficial.

***

CAPÍTULO 4

LA TRIPULACIÓN

4.1 Concepto y obligaciones generales

En Operaciones Comerciales Especializadas, la tripulación suele ser de un sólo piloto acompañado, a veces, de un especialista o un operador (fotógrafo, observador, etc) Cuando la tripulación de vuelo sea de más de un piloto, estará constituida por el personal de vuelo destinado al mando, pilotaje y ayuda técnica, como tripulación operativa o de vuelo. Todos estarán en posesión de las licencias, certificados, calificaciones y/o habilitaciones que le facultan para ejercer su cometido[1] .

Además de los cursos y entrenamiento que proporcione la compañía, todo piloto adquirirá y mantendrá un nivel de conocimientos apropiado para las funciones desempeñadas en la aeronave, y proporcional a los riesgos asociados al tipo de actividad. De acuerdo con el Anexo IV del Reglamento (UE) 2018/1139 sobre Normas Comunes de Aviación Civil, estos conocimientos deben incluir:

- Derecho aeronáutico,
- Conocimiento general de las aeronaves,
- Materias técnicas relacionadas con la categoría de la aeronave,
- Actuaciones y planificación de vuelo,
- Factores humanos y sus limitaciones,
- Meteorología,
- Navegación,
- Procedimientos operativos, incluida la gestión de recursos,
- Principios de vuelo,
- Comunicaciones, y
- Aptitudes no técnicas, entre ellas el reconocimiento y gestión de peligros y errores.

4.2 Responsabilidades de la tripulación

Todos los tripulantes tienen la obligación de salvaguardar los intereses de su compañía como propios, actuando dentro de la LEGALIDAD y velando por la SEGURIDAD, la REGULARIDAD, la EFICIENCIA y la

1. El Piloto al Mando puede ser sancionado con multa de 60 € a 45.000 € (art. 55, LSA) si tripula una aeronave sin llevar las licencias del personal de forma reglamentaria. También puede sufrir una pena de arresto de treinta días por lo mismo (art. 68 de la LPPNA).

ECONOMÍA de la operación de vuelo.

4.2.1 Las responsabilidades operativas:

(1) El miembro de la tripulación será responsable de la correcta ejecución de las funciones. Las funciones de la tripulación se especificarán en los Procedimientos Operativos Estándar (SOP) y, cuando corresponda, en el Manual de Operaciones.

(2) Con excepción de los globos, durante las fases críticas del vuelo o cuando el Piloto al Mando lo considere necesario en interés de la seguridad, un elemento de sujeción deberá sujetar al tripulante en el puesto que tenga asignado, salvo que los SOP establezcan otra cosa.

(3) Durante el vuelo, cada miembro de la tripulación de vuelo mantendrá abrochado su cinturón de seguridad mientras ocupe su puesto.

(4) Durante el vuelo, al menos un miembro cualificado de la tripulación de vuelo deberá permanecer a los mandos de la aeronave en todo momento.

(5) Ningún miembro de la tripulación prestará servicio a bordo de una aeronave en los siguientes casos:

(i) Si sabe o sospecha que padece fatiga durante el desempeño de sus funciones hasta el extremo de que se ponga en peligro la seguridad del vuelo a los efectos de fatiga, teniendo en cuenta , entre otras cosas, la acumulación de fatiga, la privación de suelo, el número de sectores sobrevolados, los servicios nocturnos o los cambios de usos horarios, (apartado 7, 5, del anexo V al Reglamento (UE) nº 2018/1139) Los periodos de descanso serán lo bastante prolongados como para permitir a los miembros de la tripulación reponerse de los efectos del periodo de actividad de vuelo precedente y estar descansados al comienzo del siguiente.

(ii) En ningún caso ningún miembro de la tripulación desempeñará las tareas que tenga asignadas a bordo de una aeronave cuando se encuentre bajo los efectos de sustancias psicoactivas o del alcohol, o cuando se encuentre incapacitado debido a lesiones, fatiga, medicación o cualquier otra causa similar (punto 7, 6 del anexo V al Reglamento (UE) nº 2018/1139).

(6) El miembro de la tripulación que preste servicio para varios

operadores:

(i) Mantendrá actualizado su registro individual de horas de vuelo y de servicio, así como los períodos de descanso, y

(ii) Proporcionará a cada operador los datos necesarios para planificar las actividades conforme a los requisitos FTL aplicables.

(7) El miembro de la tripulación deberá notificar al Piloto al Mando:

(i) Cualquier avería, fallo, deficiencia o defecto que, a su juicio, pueda afectar a la aeronavegabilidad o al funcionamiento seguro de la aeronave, incluidos los sistemas de emergencia, y

(ii) Cualquier incidente que ponga o pudiera poner en peligro la seguridad de la operación.

(8) Respetará todas las limitaciones de los tiempos de vuelo y de servicio (FTL), así como los requisitos en materia de descanso aplicables a sus actividades;

(9) El miembro de la tripulación no ejercerá ninguna función a bordo:

(i) Mientras no haya transcurrido un plazo razonable tras haber efectuado una inmersión submarina o una donación de sangre;

(ii) Si no cumple los requisitos médicos aplicables;

(iii) Si duda de su capacidad para realizar las tareas asignadas, o

(iv) Si sabe que padece o puede padecer fatiga, tal como se indica en el puntos 7.5, 7 7.6 del anexo V del Reglamento (UE) nº 2018/1139, o se siente incapacitado, hasta el extremo de que se ponga en peligro el vuelo.

4.2.2 Responsabilidades jurídicas de los tripulantes

(1) Responsabilidad legal:

La responsabilidad jurídica sobre la tripulación, el avión, los viajeros, y enseres recae exclusivamente en el Piloto al Mando desde que se hace cargo de la aeronave[2] para emprender el vuelo hasta que hace entrega de la misma a cualquier autoridad competen-

2. Ha sido situado en rampa y la compañía la ha programado para un servicio específico

te o al representante de la empresa[3]. No obstante, toda la tripulación responderá legalmente ante el Piloto al Mando del desarrollo de sus cometidos a bordo, pudiendo tener responsabilidades propias en el caso de que estos cometidos no se desarrollen con la diligencia y competencia requeridas.

(2) **Responsabilidad Administrativa**.

La que se deriva del incumplimiento de la LNA, LSA, Reglamentos, Leyes del Estado en que se opera y Convenios Internacionales y que deriva de un procedimiento sancionador.

(3) **Responsabilidad Civil**.

La que se derive del daño ocasionado a los intereses ajenos, por dolo o negligencia[4] , en el normal desarrollo de sus funciones como tripulantes.

(4) **Responsabilidad Penal.**

La que se deriva de las infracciones sancionadas en el Código Penal y la Ley Penal de la Navegación Aérea, o las leyes penales del País en que se está operando.

(5) **Responsabilidad Laboral.**

La que se deriva de la contravención de las normas laborales y de los convenios colectivos.

(6) **Responsabilidad Disciplinaria.**

La derivada de infracciones a las normas estatutarias o deontológicas colegiales.

4.3 Obligaciones de la tripulación, incluido el Piloto al Mando, según la Ley de Seguridad Aérea

(a) Cumplirá con la diligencia debida las normas, reglas, medidas y con-

3. Algunos Manuales de Operaciones dicen que el avión, la tripulación, el correo y la mercancía permanecerán a cargo del Piloto al Mando, lo que parece separarse de lo que dice la Ley

4. Algunos convenios colectivos establecen que la Compañía se subrogará en la responsabilidad del Piloto al Mando que se derive de actos u omisiones en que intervenga culpa o negligencia "no penadas por la Ley", no pudiendo reclamarle el pago de indemnizaciones. No se subrogará cuando la responsabilidad nazca de la comisión de un delito o falta tipificados en las Leyes penales comunes (eso contraviene la LNA artículos 120 y 121 que hacen responsable, en todo caso, al Operador). La tripulación y el avión están sometidos a las leyes y reglamentos de navegación, circulación aérea, aduanas, policía, inmigración y sanidad de los países en los que operan, si difieren de las españolas (art. 6 LNA)

diciones de seguridad requeridas en cada actividad u operación aeronáutica;

(b) Atenderá las órdenes, instrucciones y directrices adoptadas por las autoridades aeronáuticas en el ejercicio de sus funciones;

(c) Colaborará y facilitará el buen fin de las actuaciones de investigación e inspección aeronáutica;

(d) Dará adecuado cumplimiento a los deberes legales de información a las autoridades aeronáuticas y a los órganos competentes en materia de aviación civil;

(e) Impartirá a los pasajeros y demás usuarios de los servicios aeronáuticos, las instrucciones y directrices sobre seguridad de las actividades y operaciones de aviación civil;

(f) Mantendrá adecuadamente los libros, cuadernos, manuales, certificados, registros y cualquier otra documentación legalmente exigida;

(g) Cumplirá los deberes de comunicación a los órganos competentes en materia de aviación civil;

(h) Realizará exclusivamente las actividades de aviación civil para las que esté autorizado y designado, y cumplirá las condiciones establecidas en las normas que las regulen y las limitaciones y obligaciones que se determinen en el título que habilite su desarrollo;

(i) Mantendrá las aeronaves, instalaciones, sistemas y equipos utilizados en las actividades de aviación civil, de acuerdo con lo establecido en la normativa de aplicación y se abstendrá de realizar actos que obstaculicen o alteren su normal funcionamiento;

(j) Asegurará la continuidad en la prestación de servicios que tengan la consideración de esenciales;

(k) Ejercerá las funciones y realizará las actividades propias de cada clase de personal aeronáutico sólo cuando esté en posesión de un título habilitante para ello, válido y eficaz, y cumplirá las condiciones, limitaciones y obligaciones establecidas en el propio título o en la normativa que lo regule;

(l) Exhibirá su título habilitante siempre que le sea requerido por las autoridades aeronáuticas y sus agentes, promoverá su renovación cuando vaya a expirar su vigencia y lo reintegrará a la Administración siempre que sea legalmente procedente;

(m) Atenderá en todo momento y con la debida diligencia, las responsabilidades derivadas del ejercicio de las funciones atribuidas o la realización de las actividades para las que esté autorizado y designado;

(n) Se abstendrá de ejercer tales actividades en caso de disminución de la capacidad física o psíquica requerida).

(o) Los pilotos que hayan de realizar actividades de trabajos aéreos o agroforestales, en el momento de iniciar cada una de las operaciones, estarán en perfecto estado de salud, no habrán consumido alcohol en las 12 horas inmediatamente anteriores al vuelo y no serán consumidores de drogas de abuso (Res. de 5 de julio de 2002 de la DGAC)

4.4 Especialistas de tarea

A los efectos de este Manual, las personas que desarrollan su trabajo en una operación especializada, aparte de los pilotos, por ejemplo, en un vuelo de paracaidistas, o como fotógrafos o filmadores, en su vuelo sensacionalista o de investigación científica, se consideran especialistas de tarea.

Responsabilidades:

(a) Los especialistas serán responsables de la correcta ejecución de sus funciones. Las funciones de los especialistas se especifican en los SOP, y el entrenamiento requerido en la Parte D de los Manuales de Operaciones.

(b) Con la excepción de los globos, durante las fases críticas del vuelo o cuando el Piloto al Mando lo considere necesario en interés de la seguridad, un elemento de sujeción deberá sujetar al especialista en el puesto que tenga asignado. En el caso de los paracaidista, el suelo de la aeronave podrá usarse como asiento, siempre que se disponga de medios para que el especialista de tarea pueda sujetarse o atarse (SPO.SPEC.PAR.110). El especialista deberá verificar que, tanto él como los paracaidistas, están correctamente sujetos cuando efectúe tareas especializadas con las puertas externas abiertas o retiradas.

(c) El especialista deberá notificar al Piloto al Mando:

    (i) Cualquier avería, fallo, deficiencia o defecto que, a su juicio, pueda afectar a la aeronavegabilidad o al funcionamiento seguro de la aeronave, incluidos los sistemas de emergencia, y

    (ii) Cualquier incidente que ponga o pudiera poner en peligro la seguridad de la operación.

4.5 Entrenamientos y verificaciones[5]

(a) Los cursos y entrenamientos para mantener las cualificaciones exigidas a cada piloto, vienen reguladas en la Parte D de los Manuales de Operaciones, y están basados en lo establecido en la parte ORO.FC.

(b) Los entrenamientos y verificaciones han de proporcionarse por personal debidamente cualificado de conformidad con el Anexo I (Parte FCL del Reglamento (UE) 1178/2011.

(c) No obstante, la AESA ha publicado la Resolución de 28 de abril de 2017, por la que se concede exención en aplicación de lo anterior. Esta Resolución viene a aliviar bastante a las compañías de trabajos aéreos, entre otras, con aviones con performances clase B (hélice, MOPSC igual o inferior a 9 plazas o una masa máxima al despegue igual o inferior a 5.700 kg)

(d) Se establece en la resolución una exención por tres años, del requerimiento de personal debidamente cualificado conforme a las FLC (CRE/TRE), conforme establece ORO.FC 145.a, 2) siendo suficiente que las verificaciones en vuelo de entrenamiento de conversión, de diferencias y familiarización, verificaciones periódicas, cualificación en ambos puestos de pilotaje y operaciones en más de un tipo o variante, sea realizadas por un Comandante (Piloto al Mando) debidamente cualificado nombrado por el operador y formado en CRM y la evaluación de las capacidades CRM, con las siguientes condiciones:

- Incluir en el Manual de Operaciones los requisitos de experiencia y formación para los comandantes/pilotos al mando nombrados para las verificaciones;
- Experiencia mínima no inferior a 750 h;
- Experiencia mínima como Piloto al Mando en el operador, no inferior a 50 h en el tipo, clase o variante de la aeronave;
- Experiencia mínima en la tarea especializada no inferior a 500 H.
- Recibir formación específica en la realización de verificaciones de competencia cubriendo: Técnicas de instrucción

5. Parte FCL.060

aplicadas a la verificación de vuelo, Técnicas de briefing/de-briefing y evaluación de capacidades CRM.

4.5.1 Entrenamiento de Gestión de Recursos de Tripulación (CRM)

(1) Antes de la operación, el tripulante de vuelo recibirá entrenamiento en CRM adecuado a su puesto, de acuerdo con lo especificado en el manual de operaciones.

(2) Tanto en el entrenamiento sobre el tipo o clase de aeronave como en el entrenamiento recurrente y en el curso de mando se incluirán elementos de entrenamiento en CRM.

4.5.2 Experiencia reciente.

De acuerdo con la Parte FCL.60 la experiencia reciente se exige sólo para vuelos de transporte aéreo comercial. No obstante, cuando un piloto tiene la facultad de operar más de un tipo de avión con características de manejo y operación similares, como piloto al mando o copiloto, ha de llevar a cabo, en los 90 días anteriores, al menos 3 despegues, aproximaciones y aterrizajes en una aeronave del mismo tipo o clase o un FFS que represente dicho tipo o clase. Los Manuales de Operaciones pueden exigir una determinada práctica previa antes de iniciar o continuar los vuelos.

4.5.3 Entrenamiento de diferencias y familiarización

(ORO.FC.125)

(1) Los miembros de la tripulación de vuelo realizarán entrenamientos de diferencias y de familiarización cuando así lo exija el anexo I (parte FCL) del Reglamento (UE) nº 1178/2011 y cuando un cambio de equipos o procedimientos requiera conocimientos adicionales sobre los tipos o variantes utilizados.

(2) El operador garantizará que los miembros de la tripulación de vuelo que operen aeronaves de distintos tipos o clases, reciban conocimientos teóricos y entrenamiento adicional d diferencias de cada una de las aeronaves que ha de pilotar.

(3) El M.O especifica cuándo es necesario dicho entrenamiento de diferencias y familiarización.

4.5.4 Entrenamiento y verificaciones periódicas

(ORO.FC.130 y 230)

El operador garantizará que:

(1) Cada miembro de la tripulación de vuelo completará un entrenamiento periódico anual en vuelo y en tierra (como mínimo cada 12 meses) adecuado al tipo o la variante de aeronave en la que opere, que incluirá entrenamiento sobre la ubicación y el uso de todos los equipos de emergencias y de seguridad transportados a bordo.

(2) Cada miembro de la tripulación de vuelo se someterá periódicamente a un examen a fin de demostrar su competencia en la realización de los procedimientos normales, anormales y de emergencia.

(3) Cada miembro de la tripulación de vuelo completará periódicamente (cada 12 meses) un período de entrenamiento y de verificación adecuados al tipo o variante de aeronave en la que operan.

(4) Este entrenamiento será obligatorio también para los pilotos titulares de licencias emitidas por otros Estados, que operen en el espacio aéreo español.

(5) Este curso podrá ser dirigido por personal capacitado de acuerdo con el punto 45. (c) y (d) de este capitulo.

(6) Los entrenamientos y verificaciones requeridos son:

(i) <u>Verificación de la competencia del operador</u>

(A) Cada miembro de la tripulación de vuelo completará las verificaciones de competencia del operador como parte del complemento normal de la tripulación, con objeto de demostrar la competencia en el desarrollo de procedimientos normales, anómalos y de emergencia.

(B) Cuando se requiera al miembro de la tripulación de vuelo que opere en IFR, la verificación de competencia del operador se llevará a cabo sin referencias visuales externas, según proceda.

(C) El período de validez de la verificación de competencia del operador será de 6 meses naturales. Para operaciones en VFR diurno de aviones de performance clase B realizadas durante sesiones no superiores a 8 meses consecutivos, será suficiente una verificación de competencia del operador. La verificación de competencia se realizará antes del comienzo de las operaciones comerciales de transporte aéreo.

(D) El miembro de la tripulación de vuelo que participe en operaciones diurnas y sobre rutas navegadas mediante referencias visuales en el terreno con helicópteros no motopropulsados complejos puede realizar la verificación de competencia del operador en solo uno de los tipos adecuados. La verificación de competencia del operador se llevará a cabo cada vez en el tipo menos recientemente utilizado para la verificación de competencia. Los tipos de helicóptero adecuados que pueden agruparse a efectos de la verificación de competencia del operador deben incluirse en el manual de operaciones.

(E) No obstante lo dispuesto en ORO.FC.145 a) 2), para operaciones diurnas de helicópteros diferentes a los motopropulsados complejos y sobre rutas navegadas mediante referencias visuales en el terreno y con aviones de performance clase B, la verificación puede llevarse a cabo por un Piloto al Mando debidamente cualificado nombrado por el operador, formado en los conceptos de CRM y la evaluación de las capacidades de CRM. El operador informará a la autoridad competente sobre las personas designadas.

(ii) Verificación en línea

(A) Cada miembro de la tripulación de vuelo realizará una verificación en línea en el avión a fin de demostrar su competencia para realizar las operaciones normales en línea descritas en el manual de operaciones. El período de validez de la verificación en línea será de 12 meses naturales.

(B) No obstante lo dispuesto en ORO.FC.145 a) 2), puede llevar a cabo las verificaciones en línea un Piloto al Mando debidamente cualificado designado por el operador, formado en los conceptos de CRM y la evaluación de las capacidades de CRM.

(iii) Entrenamiento y verificación de equipos de emergencia y seguridad

Cada miembro de la tripulación de vuelo realizará entrenamiento y verificación en relación con la ubicación y el uso de todos los equipos de emergencia y seguridad de a bordo. El período de validez de la verificación de los equipos de emergencia y seguridad será de 12 meses naturales.

(iv) Entrenamiento CRM

(A) En todas las fases adecuadas del entrenamiento periódico deberán integrarse elementos de CRM.

(B) Cada miembro de la tripulación de vuelo realizará un entrenamiento modular CRM específico. Todos los temas principales del entrenamiento CRM se tratarán mediante sesiones de entrenamiento modular distribuidas con la mayor homogeneidad posible en cada período de tres años.

(v) Entrenamiento en mercancías peligrosas, incluso en compañías que no las transportan, de acuerdo con ORO.GEN.110 (k): *"El operador de vuelos que despeguen y aterricen en el mismo aeródromo o lugar de operación, en operaciones VFR diurnas con aviones de hélice con una masa máxima certificada de despegue de 5.700 Kg. o menos, garantizará que los miembros de la tripulación de vuelo, han recibido formación o instrucciones previas adecuadas que les permita reconocer mercancías peligrosas no declaradas introducidas a bordos por los pasajeros"* .

(vi) Los períodos de validez indicados deben contarse desde el final del mes en el que se llevó a cabo la verificación.

(vii) Cuando el entrenamiento o las verificaciones requeridas anteriormente se lleven a cabo dentro de los 3 últimos meses del período de validez, el nuevo período de validez se contará desde la fecha de caducidad original.

4.5.5 Entrenamiento de conversión y verificación del operador

(ORO.FC.120 y 220)

(7) En el caso de las operaciones de aviones o helicópteros, el miembro de la tripulación de vuelo completará el curso de entrenamiento de conversión del operador antes de iniciar un vuelo de línea sin supervisión:

(i) Cuando pase a una aeronave para la que se requiera a una nueva habilitación de tipo o clase, o

(ii) Cuando se incorpore a la flota de un operador.

(8) El curso de entrenamiento de conversión del operador incluirá entrenamiento en los equipos instalados a bordo de la aeronave, según resulte apropiado para el puesto de los miembros de la tripulación de vuelo.

(9) El entrenamiento en CRM estará integrado dentro del curso de entrenamiento de conversión del operador.

(10) Una vez iniciado un curso de conversión del operador, el miembro de la tripulación de vuelo no será asignado a funciones de

vuelo en otro tipo o clase de aeronave hasta que se haya completado o finalizado el curso. Los miembros de la tripulación que operen únicamente aviones de performance clase B podrán ser asignados a vuelos en otros tipos de aviones de performance clase B durante los cursos de conversión en la medida en que sea necesario para mantener la operación.

(11) El miembro de la tripulación de vuelo completará:

(i) La verificación de competencia del operador y el entrenamiento y la verificación de equipos de emergencia y seguridad antes de iniciar vuelos en línea bajo supervisión (LIFUS), y

(ii) La verificación en línea tras la finalización del vuelo en línea bajo supervisión. Para los aviones de performance clase B, el LIFUS puede llevarse a cabo en cualquier avión dentro de la clase aplicable.

(12) En el caso de los aviones, los pilotos a los que se haya expedido una habilitación de tipo basada en un curso de entrenamiento con tiempo de vuelo cero (ZFTT):

(i) Comenzarán el vuelo en línea bajo supervisión a más tardar 21 días después de superar la prueba de pericia o tras un entrenamiento apropiado impartido por el operador; el contenido de dicho entrenamiento deberá estar descrito en el manual de operaciones;

(ii) Realizarán seis despegues y aterrizajes en un FSTD a más tardar 21 días después de superar la prueba de pericia bajo la supervisión de un instructor de habilitación de tipo para aviones [TRI(A)] que ocupe el asiento del otro piloto; el número de despegues y aterrizajes puede reducirse si se definen créditos en la parte obligatoria de los datos de idoneidad operativa establecidos de conformidad con el Reglamento (UE) nº 748/2012; si estos despegues y aterrizajes no se hubieran realizado en el plazo de 21 días, el operador llevará a cabo un curso de refresco cuyo contenido deberá estar descrito en el manual de operaciones;

(iii) Realizarán los cuatro primeros despegues y aterrizajes del LIFUS en el avión bajo supervisión de un TRI(A) que ocupe el asiento del otro piloto; el número de despegues y aterrizajes puede reducirse si se definen créditos en la parte obligatoria de los datos de idoneidad operativa establecidos de conformidad con el Reglamento (UE) nº 748/2012

4.5.6 Cualificación del piloto en ambos puestos de pilotaje.

(ORO.FC.135 y 235)

Los tripulantes de vuelo que puedan ser asignados para operar en ambos puestos de pilotaje realizarán los entrenamientos y verificaciones apropiados, de acuerdo con lo especificado en el manual de operaciones.

(1) Los Pilotos al Mando cuyas funciones les exijan operar en cualquiera de los puestos de pilotaje y llevar a cabo las funciones de un copiloto, o los Pilotos al Mando que deban llevar a cabo funciones de entrenamiento o verificación, realizarán entrenamiento y verificación adicionales según lo especificado en el manual de operaciones. La verificación puede llevarse a cabo junto con la verificación de competencia del operador establecida en ORO.FC.230 b).

(2) El entrenamiento y la verificación adicionales deberán incluir, como mínimo, lo siguiente:

(i) Un fallo de motor durante el despegue;

(ii) Aproximación y maniobra de motor con un motor fuera de servicio, y

3) aterrizaje con un motor fuera de servicio.

(3) En el caso de los helicópteros, los Piloto al Mandos realizarán también sus verificaciones de competencia desde los puestos izquierdo y derecho, en verificaciones de competencia alternativas, siempre que cuando la verificación de competencia de la habilitación de tipo se combine con la verificación de competencia del operador el Piloto al Mando realice su entrenamiento o verificación desde el puesto de pilotaje ocupado normalmente.

(4) Cuando se ejerzan funciones en el puesto del copiloto, las verificaciones requeridas en ORO.FC.230 (ver 4.5.5) para actuar en el puesto del Piloto al Mando serán, además, válidas y actualizadas.

(5) El piloto que releve al Piloto al Mando deberá haber demostrado, coincidiendo con la verificación de competencia del operador establecida en ORO.FC.230 b) (ver 4.5.5. B), destreza y práctica en los procedimientos que normalmente no serían su responsabilidad. Cuando las diferencias entre los puestos de pilotaje izquierdo y derecho no sean importantes, la práctica puede llevarse a cabo en cualquiera de los dos puestos.

(6) El piloto que no sea el Piloto al Mando y que ocupe el puesto del Piloto al Mando deberá demostrar, coincidiendo con la ve-

rificación de competencia del operador establecida en el ORO. FC.230 b) (Ver 4.5.5. B), destreza y práctica en los procedimientos que serían responsabilidad del Piloto al Mando cuando actúa como piloto supervisor. Cuando las diferencias entre los puestos de pilotaje izquierdo y derecho no sean importantes, la práctica puede llevarse a cabo en cualquiera de los dos puestos.

NOTA 1: Cuando se efectúen maniobras con fallo de motor en un avión, el fallo de motor deberá estar simulado.

NOTA 2: Cuando las diferencias entre ambos puestos no sea significativas (ejm. prácticas con piloto automático), las prácticas se pueden realizar desde cualquier puesto.

NOTA 3: Un piloto no Piloto al Mando que ocupe el puesto de la izquierda habrá demostrado, junto a la verificación de competencia del operador, destreza y práctica en los procedimientos que, normalmente, hubieran sido responsabilidad del Piloto al Mando actuando como piloto no a los mandos.

4.5.7 Operación en más de un tipo o variante

(ORO.FC. 140 y 240)

(1) Los miembros de la tripulación de vuelo que operen más de un tipo o variante de aeronave deberán cumplir los requisitos establecidos en la subparte ORO.FC para cada tipo o variante, a menos que se definan créditos relacionados con los requisitos de entrenamiento, verificación y experiencia reciente en los datos establecidos de conformidad con el Reglamento (CE) nº 1702/2003 para los tipos o variantes apropiados.

(2) En el manual de operaciones se especificarán los procedimientos apropiados y/o restricciones operativas para cualquier operación en más de un tipo o variante.

(3) Las restricciones de procedimientos u operativas para la operación de más de un tipo o variante, establecidas en el manual de operaciones y aprobadas por la autoridad competente, incluirán:

(i) El nivel mínimo de experiencia de los miembros de la tripulación de vuelo;

(ii) El nivel mínimo de experiencia en un tipo o variante antes del inicio del entrenamiento y la operación de otro tipo o variante;

(iii) El proceso que seguirá un miembro de la tripulación de vuelo cualificado en un tipo o variante para su entrenamiento y cualificación en otro tipo o variante, y

(iv) Todos los requisitos aplicables de experiencia reciente para cada tipo o variante.

(4) Cuando un miembro de la tripulación de vuelo opere tanto helicópteros como aviones, dicho miembro de la tripulación de vuelo estará limitado a operaciones en un solo tipo de avión y un solo tipo de helicóptero.

(5) Lo establecido en el punto (3) no se aplicará a operaciones de aviones de performance clase B si están limitados a clases con piloto único de aviones con motor alternativo en VFR diurno. El punto (4) no se aplicará a las operaciones de aviones de performance clase B si están limitados a clases con piloto único de aviones con motor alternativo.

4.6 Duración de la validez de entrenamientos y verificaciones

El operador ha de garantizar que los tripulantes reciban una serie de cursos y verificaciones periódicas.

(ORO.FC.230):

(1) Verificación de competencia del operador: Cada 6 meses naturales contados a partir del último día del mes en que se realizó. Para operaciones en VFR diurno de aviones de performance clase B realizadas durante sesiones no superiores a 8 meses consecutivos, será suficiente una verificación de competencia del operador. La verificación de competencia se realizará antes del comienzo de las operaciones comerciales de transporte aéreo.

(2) Verificación en línea: Cada 12 meses naturales contados a partir del último día del mes en que se realizó.

(3) Entrenamiento y verificación de equipos de emergencia y seguridad: Cada 12 meses naturales contados a partir del último día del mes en que se realizó.

(4) Entrenamiento en tierra y refresco CRM:

(i) Cada miembro de la tripulación de vuelo realizará un entrenamiento modular CRM específico. Todos los temas principales del entrenamiento CRM se tratarán mediante sesiones de entrenamiento modular distribuidas con la mayor homogeneidad posible en cada período de tres años.

(ii) Un entrenamiento CRM tierra y refresco cada 12 meses naturales.

(iii) Si el entrenamiento se realiza durante los tres últimos meses naturales antes de que expire el periodo de 12 meses naturales, el siguiente entrenamiento en tierra y de refresco deberá realizarse durante los 12 meses siguientes a la fecha de expiración del anterior entrenamiento en tierra y refresco.

(5) Entrenamiento en avión/STD: Cada 12 meses naturales. Si el entrenamiento se realiza durante los tres últimos meses naturales antes de que expire el periodo de 12 meses naturales, el siguiente entrenamiento avión/STD deberá realizarse durante los 12 meses siguientes a la fecha de expiración del anterior entrenamiento avión/STD.

(6) Cualificación de competencia en ruta y aeródromo: Cada 12 meses naturales partir del último día del mes de calificación o del mes de la última operación en la ruta o en el aeródromo.

(7) Mercancías peligrosas: Cada 2 años como máximo.

4.7 Equipo de la tripulación de vuelo.

Todo miembro de la tripulación de vuelo debería llevar consigo lentes correctoras de repuesto, si su licencia establece que fue considerado apto a condición de que usara dichas lentes.

4.8 Incapacitación de los tripulantes

La incapacitación “es la pérdida o disminución de la aptitud necesaria para realizar con seguridad las funciones asignadas a bordo”.

4.8.1 Clases de incapacitación.

(1) Evidente. Se muestra por:
- (i) Inhibición frente a procedimientos.
- (ii) Contestaciones inapropiadas.
- (iii) Desvanecimientos.
- (iv) Trastornos fisiológicos graves.
- (v) Colapso total.

(2) Velada. Se muestra por:
- (i) Desviaciones evidentes en los procedimientos.
- (ii) Errores técnicos que afecten a la seguridad.
- (iii) Intentos de incumplimiento de las normas con riesgo para la seguridad.
- (iv) Conductas no habituales.
- (v) Desorientación.

(vi) Errores de valoración.
(vii) Inhibición.
(viii) Temeridad.
(ix) Imprudencia.

En cualquiera de estos casos, si el copiloto comprueba que en efecto el Comandante está incapacitado, se hará cargo de los controles del avión.

4.8.2 Incapacitación del Piloto al Mando.

En caso de incapacidad en vuelo de alguno de los tripulantes técnicos de la tripulación mínima requerida , sin posibilidad de sustitución, se deberá declarar emergencia.

Si es el Piloto al Mando el que queda incapacitado, asumirá el mando [6]:

(1) El Copiloto en todos los casos. Si hubiera dos copilotos miembros de la tripulación del vuelo, el que tenga asignadas normalmente funciones de Comandante dentro de la Compañía.

(2) Si hay otro piloto a bordo, debería pedírsele que pasara a ejercer la función del copiloto vacante.

(3) Como, en las SPO la tripulación suele ser de un solo piloto, se aconseja que en el caso de que el piloto considere que, debido a una posible incapacitación, pudiera estar afectada la seguridad del vuelo, tomará tierra en el aeródromo conveniente más cercano, advirtiendo de ello al ATC. De no haber un aeródromo adecuado y si las circunstancias lo hicieran necesario, hará un aterrizaje de emergencia en el lugar que considere más apropiado a la seguridad propia y de terceros.

4.8.3 Incapacitación del Copiloto.

(1) Si hubiera otro Copiloto nombrado para el vuelo, lo sustituirá.

(2) Si hubiera un inspector de la flota, podría hacer las veces de Copiloto, si así lo establece el MO.

4.9 Relevo en vuelo de los miembros de la tripulación de vuelo

ORO.FC.A.201

(a) El Piloto al Mando podrá delegar la realización del vuelo en:

(1) Otro Piloto al Mando cualificado, o

(2) Para operaciones exclusivamente por encima del nivel de vuelo (FL) 200, un piloto que reúna las siguientes cualificaciones mínimas:

6. No es necesario ocupar el puesto de la izquierda.

(i) ATPL;

(ii) Entrenamiento de conversión y verificación, incluida la formación en habilitación de tipo, de conformidad con ORO. FC.220;

(iii) Todos los entrenamientos y verificaciones periódicos de conformidad con ORO.FC.230 y ORO.FC.240;

(iv) Competencia de ruta/zona y aeródromo de conformidad con ORO.FC.105.

(b) El copiloto podrá ser relevado por:

(1) Otro piloto adecuadamente cualificado;

(2) Para operaciones solo por encima de FL 200, un copiloto de relevo en crucero que cumpla con las siguientes cualificaciones mínimas:

(i) Licencia de piloto comercial (CPL) válida con habilitación de vuelo por instrumentos;

(ii) Entrenamiento y verificaciones de conversión, incluido el entrenamiento de habilitación de tipo, de conformidad con ORO.FC.220, excepto el requisito de entrenamiento en despegue y aterrizaje;

(iii) Entrenamiento y verificaciones periódicos de conformidad con ORO.FC.230, excepto el requisito de formación en despegue y aterrizaje.

(3) Un ingeniero de vuelo podrá ser relevado por un miembro de la tripulación debidamente cualificado de conformidad con la normativa nacional aplicable.

4.10 Documentación de la tripulación.

Los tripulantes de vuelo han de llevar en cada vuelo la siguiente documentación:

A. Obligatoria:

- La licencia de vuelo válida[7] con la anotación de las habilitaciones necesarias para cada tipo de vuelo;
- DNI y/o pasaporte, más visado correspondiente, dependiendo del país a donde vuelen. Es importante prever la posibilidad de alternativos en países distintos de donde se pretenda volar;
- Certificados de vacunación requeridos en los países donde vayan a volar.

7. La LNA, exige que se lleven a bordo. Para el extranjero no valen las fotocopias compulsadas, pues requerirían una Apostilla de La Haya. Los pilotos tiene derecho a obtener copias selladas de todos los documentos presentados a la Administración.

- Tarjeta válida de identificación de tripulante comunitario para el acceso a zonas restringidas de operaciones y de seguridad de los aeropuertos comunitarios.

B. Aconsejable:

- Tarjeta de la Seguridad Social o tarjetas de seguros médicos.

C. Pérdida de la documentación:

En caso de pérdida o robo de la licencia de vuelo durante la operación, se permitirá continuar al tripulante, hasta que el vuelo llegue a la base o a un lugar en el que pueda obtenerse duplicados de los documentos.

NOTA: *En la SPO.GEN.140, (d) se regula la pérdida de documentación: "En caso de pérdida o robo de los documentos especificados en los puntos 2 a 8 del Punto B [esta lista de documentos no incluye las licencias de vuelo] se puede continuar hasta la base o donde se puedan obtener duplicados"*

Al no haber sido traspuesta esta opción para la pérdida de la licencia, tal y como aparecía en el Apéndice 1 de la EU OPS 1.125, considero que debería quedar vigente para las licencias, lo establecido en este Apéndice, de acuerdo con el Considerando nº 6 del Reglamento (UE) 965/2012 de la Comisión, de 5 de octubre, que declara derogado el Anexo III de la UE OPS 1 al establecer que "... sin embargo, el Anexo III debe mantenerse con carácter temporal ... para los ámbitos en los que no se hayan adoptado aun medidas de aplicación".

4.11 Derechos de los tripulantes ante a la Administración

Por su interés se reproduce aquí el artículo 13 de la Ley 39/2015, de 1 de octubre, del Procedimiento Administrativo Común de las administraciones Públicas (LPACPA):

Quienes de conformidad con el artículo 3, tienen capacidad de obrar ante las Administraciones Públicas, son titulares, en sus relaciones con ellas, de los siguientes derechos:

(a) A comunicarse con las Administraciones Públicas a través de un Punto de Acceso General electrónico de la Administración.

(b) A ser asistidos en el uso de medios electrónicos en sus relaciones con las Administraciones Públicas. A formular alegaciones y a aportar documentos en cualquier fase del procedimiento anterior al trámite de audiencia, que deberán ser tenidos en cuenta por el órgano competente al redactar la propuesta de resolución.

(c) A utilizar las lenguas oficiales en el territorio de su Comunidad Autónoma, de acuerdo con lo previsto en esta Ley y en el resto del ordenamiento jurídico.

(d) Al acceso a la información pública, archivos y registros, de acuerdo con lo previsto en la Ley 19/2013, de 9 de diciembre, de transparencia, acceso a la información pública y buen gobierno y el resto del Ordenamiento Jurídico.

(e) A ser tratados con respeto y deferencia por las autoridades y empleados públicos, que habrán de facilitarles el ejercicio de sus derechos y el cumplimiento de sus obligaciones.

(f) A exigir las responsabilidades de las Administraciones Públicas y autoridades, cuando así corresponda legalmente.

(g) A la obtención y utilización de los medios de identificación y firma electrónica contemplados en esta Ley.

(h) A la protección de datos de carácter personal, y en particular a la seguridad y confidencialidad de los datos que figuren en los ficheros, sistemas y aplicaciones de las Administraciones Públicas.

(i) Cualesquiera otros que les reconozcan la Constitución y las leyes.

Estos derechos se entienden sin perjuicio de los reconocidos en el artículo 53 referidos a los interesados en el procedimiento administrativo".

4.12 Seguridad aeroportuaria para tripulaciones en aeropuertos del Estado

(a) Control de tripulantes y de los objetos que transporten.

(1) Se emplearán los mismos procedimientos que los empleados con los pasajeros y su equipaje de mano:

(2) Antes de pasar el control deberán quitarse abrigos y chaquetas que pasarán por los escáneres con el equipaje de mano;

(3) Antes de pasar el control habrán de extraerse los ordenadores portátiles o cualquier otro dispositivo electrónico de grandes dimensiones para pasar un control individual;

(4) Se les hará un registro manual o haciéndoles pasar por un arco detector de metales (WTMD)

(5) En caso de que el agente no pueda determinar si el tripulante transporta o no artículos prohibidos, se le denegará el paso o se le controlará de nuevo hasta que el agente esté conforme.

(6) Los detectores portátiles se utilizarán sólo como un método

complementario y no sustituirán a un registro manual.

(7) Deberán extraer los LAG (líquidos, aerosoles y geles) para controlarlos por separado, que se deberán presentar en envases individuales de capacidad no superior a 100 mililitros en una bolsa de plástico recerrable de capacidad no superior a 1 litro en la que quepan con holgura estando la bolsa cerrada. Y cualquier LAG por separado.

(8) El equipaje de mano será controlado mediante registro manual, equipo de rayos X o equipo de detección de explosivos.

(9) No obstante, podrán introducirse líquidos, aerosoles y geles en las zonas restringidas de seguridad, siempre y cuando sean sometidos a control o estén exentos del mismo conforme a las exigencias de las normas de desarrollo adoptadas con arreglo al art. 4, apdo. 3 del Reglamento (CE) 300/2008 (Reglamento (UE) 245/2013, de 19 de marzo de 2013)

(b) Tarjetas de identificación de tripulantes comunitarios:

(1) Tan sólo se pueden expedir a tripulantes de una compañía aérea comunitaria;

(2) Tendrán una validez no superior a 5 años;

(3) Se le retirará dicha tarjeta a todo tripulante que no supere el control de antecedentes personales;

(4) Deberá exhibirse en un lugar visible, al menos si se halla en una zona restringida de seguridad.

(5) Toda persona que no exhiba pertinentemente su tarjeta en las zonas restringidas de seguridad distintas de aquellas en las que se encuentran los pasajeros, será detenida por los responsables de la aplicación de medidas de vigilancia, patrulla y control aeroportuarios.

(6) La tarjeta de identificación será devuelta de inmediato a la entidad gestora:

(i) A instancias de la propia entidad gestora;

(ii) Por extinción del contrato;

(iii) Ante un cambio de empleador;

(iv) Ante un cambio en la necesidad de acceder a zonas para las que se ha concedido la autorización;

(v) Por expiración de la tarjeta;

(vi) Por suspensión de la misma.

(7) La tarjeta será desactivada inmediatamente tras su devolución;

(8) En caso de pérdida se ha de informar de inmediato a la entidad gestora.

(9) La Comisión puede publicar normas adicionales sobre estas tarjetas.

(10) La tarjeta de identificación de los tripulantes comunitarios deberá mostrar:

(i) Nombre y fotografía del titular;

(ii) Nombre de la compañía aérea;

(iii) El término CREW (deberá estar incluido en un pazo de 5 años desde la entrada en vigor del Reglamento, es decir hasta el 29 de abril de 2015);

(iv) La fecha de caducidad (deberá estar incluido en un pazo de 5 años desde la entrada en vigor del Reglamento, es decir hasta el 29 de abril de 2015)

(v) Excepcionalmente podrá eximirse de estos requisitos y de los controles de antecedentes personales a toda persona constantemente escoltada y acompañada mientras se halle en zonas restringidas de seguridad.

(c) Acceso escoltado:

Los miembros de la tripulación que carezcan de tarjeta de identificación aeroportuaria válida estarán constantemente escoltados en las zonas restringidas de seguridad que no sean:

(1) Zonas en las que puedan encontrarse pasajeros;

(2) Las inmediaciones de las aeronaves en las que hayan llegado o vayan a salir, y

(3) Zonas restringidas para uso de tripulantes.

***

CAPÍTULO 5

LA AERONAVE

5.1 Concepto y regulación

Según el Reglamento de Circulación Aérea, aeronave es *"toda máquina que puede sustentarse en la atmósfera por reacciones del aire que no sean las reacciones del mismo contra la superficie de la tierra"*. Según la LNA, "*es toda construcción apta para el transporte de personas o cosas, capaz de moverse en la atmósfera merced a las reacciones del aire, sea o no más ligera que éste y tenga o no órganos motopropulsores"*.

Las aeronaves, así como los derechos que se constituyan sobre ellos, quedarán sometidos a la ley del lugar de su abanderamiento, matrícula o registro (Código Civil, art. 10.2).

Las aeronaves que la UE regula para la realización de operaciones comerciales especializadas son:

(a) Aviones;

(b) Helicópteros;

(c) Planeadores

(d) Globos

(e) RPAs (drones)

(f) Por el momento, no se contemplan las aeronaves ultraligeras para la realización de operaciones comerciales especializadas.

En este libro estudiaremos lo relacionado con aviones (A) y helicópteros (H) nada más.

5.2 Instrumentos y equipos del avión (A)[1]

5.2.1 Generalidades (A)

(1) Los instrumentos y equipos exigidos en la Parte SPO deberán ser aprobados de conformidad con los requisitos de

1. Reglamento Air Operations (Parte SPO.IDE.A).

aeronavegabilidad pertinentes en los casos siguientes:

(i) Si son utilizados por la tripulación de vuelo para controlar la trayectoria de vuelo;

(ii) Si son utilizados para cumplir lo dispuesto en SPO. IDE.A.215;

(iii) Si son utilizados para cumplir lo dispuesto en SPO.IDE.A.220, o

(iv) Si están instalados en el avión.

(2) Los siguientes elementos, cuando se requieran en virtud de esta subparte, no necesitarán aprobación de equipo:

(i) Fusibles de repuesto;

(ii) Luces portátiles independientes;

(iii) Reloj de precisión;

(iv) Soporte para cartas de navegación;

(v) Botiquines de primeros auxilios;

(vi) Equipos de supervivencia y señalización, y

(vii) Anclas de mar y equipos de amarre.

(3) Los instrumentos y equipos no requeridos en virtud de esta subparte, así como cualquier otro equipo no requerido en virtud de otros anexos aplicables, pero transportado en un vuelo, deberán cumplir los siguientes requisitos:

(i) La información suministrada por dichos instrumentos, equipos o accesorios no deberá ser utilizada por la tripulación de vuelo para cumplir los requisitos del anexo I del Reglamento (CE) no 216/2008 o de SPO.IDE.A.215 y SPO.IDE.A.220;

(ii) Los instrumentos y equipos no deberán afectar a la aeronavegabilidad del avión, incluso en caso de fallos o averías.

(4) Los instrumentos y equipos deberán ser fácilmente utilizables o accesibles desde el puesto donde esté sentado el miembro de la tripulación de vuelo que necesite usarlos.

(5) Aquellos instrumentos que sean utilizados por un miembro de la tripulación de vuelo deberán disponerse de tal forma que sus indicaciones sean fácilmente visibles por el miembro de la

tripulación desde su puesto, con la mínima desviación posible desde la posición y línea de visión que normalmente se adopta cuando se mira hacia delante siguiendo la trayectoria de vuelo.

(6) Todos los equipos de emergencia requeridos deberán ser fácilmente accesibles para su uso inmediato.

5.2.2 Equipos mínimos para el vuelo (A)

Un vuelo no comenzará si falta o se encuentra inoperativo alguno de los instrumentos, equipos o funciones del avión requeridos para el vuelo previsto, a menos que:

(1) El avión opere de conformidad con la lista de equipo mínimo (MEL), si se ha establecido;

(2) En el caso de los aviones motopropulsados complejos y de cualquier avión utilizado en operaciones comerciales, el operador esté autorizado por la autoridad competente para operar el avión dentro de las limitaciones de la lista maestra de equipo mínimo (MMEL), o

(3) El avión esté sujeto a una autorización de vuelo expedida de conformidad con los requisitos de aeronavegabilidad aplicables.

5.2.3 Fusibles eléctricos de repuesto (A)

Los aviones deberán estar equipados con fusibles eléctricos de repuesto, de las características nominales necesarias para la protección completa del circuito, para la sustitución de aquellos fusibles cuya sustitución en vuelo esté permitida.

5.2.4 Luces de operación (A)

Los aviones que operen en condiciones nocturnas deberán estar equipados con:

(1) Un sistema de luces anticolisión;

(2) Luces de navegación/posición;

(3) Una luz de aterrizaje;

(4) Luces alimentadas por el sistema eléctrico del avión que iluminen adecuadamente todos los instrumentos y equipos esenciales para la operación segura del avión;

(5) Luces alimentadas por el sistema eléctrico del avión que iluminen todos los compartimentos de la cabina;

(6) Una luz portátil independiente para cada puesto de miembro de la tripulación, y

(7) Luces para cumplir el Reglamento Internacional para Prevenir Abordajes en la mar, si el avión opera como hidroavión.

5.2.5 Operaciones VFR — Instrumentos de vuelo y de navegación y equipos asociados (A)

(1) Los aviones empleados en operaciones VFR diurnas deberán estar equipados con medios para medir y mostrar los siguientes parámetros:

(i) El rumbo magnético;

(ii) La hora en horas, minutos y segundos;

(iii) La altitud de presión;

(iv) La velocidad aerodinámica indicada;

(v) El número de Mach, siempre que las limitaciones de velocidad se expresen en términos de número de Mach, y

(vi) El resbalamiento, en el caso de los aviones motopropulsados complejos.

(2) Los aviones empleados en operaciones VMC en condiciones nocturnas deberán contar con los siguientes equipos, además de los indicados en la letra a):

(i) Un medio para medir y mostrar los siguientes parámetros:
(A) Viraje y resbalamiento,
(B) Actitud,
(C) Velocidad vertical, y
(D) Rumbo estabilizado;
(E) Un medio para indicar cuándo el suministro de alimentación a los instrumentos giroscópicos no es el adecuado.

(3) Los aviones motopropulsados complejos que operen en VMC sobre el agua y sin tierra a la vista deberán estar equipados, además de los dispositivos indicados en los puntos (1) y (2), de un dispositivo para impedir la avería del sistema indicador de la velocidad aerodinámica debido a condensación o formación de hielo.

(4) Los aviones operados en condiciones que no permitan mantener la trayectoria de vuelo deseada sin referirse a uno o más instrumentos adicionales deberán estar equipados,

además de los dispositivos indicados en las letras a) y b), de un dispositivo para impedir la avería del sistema indicador de la velocidad aerodinámica requerido el punto (1) (iv), debido a condensación o formación de hielo

(5) e) Siempre que se requieran dos pilotos para la operación, los aviones deberán estar equipados con un medio adicional e independiente para mostrar los siguientes parámetros:

(i) La altitud de presión;

(ii) La velocidad aerodinámica indicada;

(iii) El resbalamiento, o el viraje y resbalamiento, si procede;

(iv) La actitud, si procede;

(v) La velocidad vertical, si procede;

(vi) El rumbo estabilizado, si procede, y

(vii) El número de Mach, siempre que las limitaciones de velocidad se expresen en términos de número de Mach, si procede.

5.2.6 Operaciones IFR — Instrumentos de vuelo y de navegación y equipos asociados (A)

Los aviones empleados en operaciones IFR deberán estar equipados con:

(1) Un medio para medir y mostrar los siguientes parámetros:

(i) Rumbo magnético;

(ii) Hora en horas, minutos y segundos;

(iii) Altitud de presión;

(iv) Velocidad aerodinámica indicada;

(v) Velocidad vertical;

(vi) Viraje y resbalamiento;

(vii) Actitud;

(viii) Rumbo estabilizado;

(ix) Temperatura exterior del aire, y

(x) Número de Mach, siempre que las limitaciones de velocidad se expresen en términos de número de Mach;

(2) Un medio para indicar cuándo el suministro de alimentación a los instrumentos giroscópicos no es el adecuado;

(3) Siempre que se requieran dos pilotos para la operación,

estará disponible para el segundo piloto un medio adicional e independiente para mostrar los siguientes parámetros:

(i) Altitud de presión;

(ii) Velocidad aerodinámica indicada;

(iii) Velocidad vertical;

(iv) Viraje y resbalamiento;

(v) Actitud;

(vi) Rumbo estabilizado, y

(vii) Número de Mach, siempre que las limitaciones de velocidad se expresen en términos de número de Mach, si procede;

(4) Un medio para impedir la avería del sistema indicador de velocidad aerodinámica requerido en el punto (1) (iv), y en el punto (3) (ii), debido a condensación o formación de hielo, y

(5) Los aviones motopropulsados complejos empleados en operaciones IFR deberán estar equipados, además de los dispositivos indicados en los puntos (1), (2) y (3), con los siguientes equipos:

(i) Una fuente alternativa de presión estática;

(ii) Un soporte para cartas de navegación en una posición de fácil lectura que pueda iluminarse para operaciones nocturnas;

(iii) Un segundo medio independiente para medir y mostrar la altitud, salvo que ya se haya instalado para cumplir lo dispuesto en el punto (5) (i), y

(iv) Una fuente de alimentación de emergencia, independiente del sistema principal de generación de energía eléctrica, con el fin de alimentar e iluminar un sistema indicador de la actitud durante un mínimo de 30 minutos; la fuente de alimentación de emergencia deberá accionarse automáticamente tras un fallo total del sistema principal de generación de energía eléctrica, y deberá indicarse de forma clara en el instrumento que el indicador de actitud está siendo alimentado por el sistema de emergencia.

5.2.7 Equipos adicionales para operaciones con un solo piloto en IFR (A)

Los aviones motopropulsados complejos empleados en operaciones IFR con un solo piloto deberán estar equipados con un piloto automático que incorpore al menos un modo de mantenimiento de la altitud y el rumbo.

5.2.8 Sistema de advertencia y alarma de impacto (TAWS) (A) [2]

Los aviones de turbina con una masa máxima de despegue certificada (MCTOM) de más de 5 700 Kg. o una MOPSC de más de 9 estarán equipados con un TAWS que cumpla los requisitos para:

(1) Equipos de clase A, como se especifique en una norma aceptable, en el caso de los aviones cuyo certificado de aeronavegabilidad (CofA) se haya expedido después del 1 de enero de 2011, o

(2) Equipos de clase B, como se especifique en una norma aceptable, en el caso de los aviones cuyo certificado de aeronavegabilidad (CofA) se haya expedido el 1 de enero de 2011 o en fecha anterior.

5.2.9 Sistema anticolisión de a bordo (ACAS II) (A)

Salvo indicación en contrario en el Reglamento (UE) no 1332/2011, los aviones de turbina con una MCTOM de más de 5 700 kg deberán estar equipados con ACAS II. (Ver Nota al pié 2)

5.2.10 Equipos de radar meteorológico de a bordo — Aviones motopropulsados complejos (A)

Los siguientes aviones deberán estar equipados con equipo de radar meteorológico de a bordo cuando operen en operaciones nocturnas o en IMC en zonas en las que puedan esperarse, a lo largo de la ruta, tormentas u otras condiciones meteorológicas potencialmente peligrosas que puedan detectarse con equipos de radar meteorológico de a bordo:

(1) Aviones presurizados;

(2) Aviones no presurizados con una MCTOM de más de 5 700 kg.

2. Resolución de 16 de junio de 2017, de la Dirección de la Agencia Estatal de Seguridad Aérea referida a las operaciones NCC, a las ATO y a las SPO con aviones Air Tractor AT 802 y AT 802 A. En lo que se refiere a las compañías SPO, esta norma se refiere a una exención de dos años (hasta el 9 de agosto de 2019), sobre el cumplimiento de los requisitos SPO.IDE.A.130 (Sistema de advertencia y alarma de impacto, TAWS), SPO.IDE.A.131 (Sistema anticolisión de a bordo, ACAS II) y SPO.IDE.A.145 (Registrador de datos de vuelo, FDR) del Anexo VIII (Parte SPO) del Reglamento (UE) n.º 965/2012.

5.2.11 Equipos adicionales para operaciones nocturnas en condiciones de formación de hielo - Aviones motopropulsados complejos (A)

(1) Los aviones que operen en condiciones nocturnas de formación de hielo prevista o real deberán estar equipados con medios para iluminar o detectar la formación de hielo.

(2) Los medios para iluminar la formación de hielo no provocarán brillos o reflejos que pudieran entorpecer a los miembros de la tripulación de vuelo en la ejecución de sus funciones.

5.2.12 Sistema de interfono para la tripulación de vuelo (A)

Los aviones operados por más de un miembro de tripulación de vuelo deberán estar equipados con un sistema de interfono para la tripulación de vuelo, dotado de auriculares y micrófonos para su uso por todos los miembros de la tripulación de vuelo.

5.2.13 Registrador de voz de la cabina de vuelo (A)

(1) Los siguientes aviones deberán estar equipados con un registrador de voz de la cabina de vuelo (CVR):

(i) Aviones con una MCTOM de más de 27.000 kg y cuyo CofA se haya expedido por primera vez el 1 de enero de 2016 o en fecha posterior, y

(ii) Aviones con una MCTOM de más de 2.250 kg:
(A) Certificados para operar con una tripulación mínima de dos pilotos,
(B) Equipados con uno o más motores turborreactores o con más de un motor turbohélice, y
(C) Cuyo certificado de tipo se haya expedido por primera vez el 1 de enero de 2016 o en fecha posterior.

(2) El CVR deberá ser capaz de conservar los datos grabados durante al menos las dos horas precedentes.

(3) El CVR deberá grabar con referencia a una escala temporal:

(i) Las comunicaciones vocales transmitidas o recibidas por radio en el compartimento de la tripulación de vuelo;

(ii) Las comunicaciones vocales de los miembros de la tripulación de vuelo mediante el sistema de interfono y el sistema de megafonía, si estuvieran instalados;

(iii) El sonido ambiente del compartimento de la tripulación de vuelo, incluidas, ininterrumpidamente, las señales de audio recibidas desde cada micrófono de brazo y máscara que se utilice, y

(iv) Las señales vocales o de audio que identifiquen las ayudas a la navegación o aproximación recibidas a través de un auricular o altavoz.

(4) El CVR deberá iniciar automáticamente la grabación antes de que el avión se desplace por sus propios medios y deberá seguir grabando hasta la conclusión del vuelo cuando el avión ya no pueda moverse por sus propios medios.

(5) Además de lo indicado en la letra d), dependiendo de la energía eléctrica disponible, el CVR comenzará a grabar tan pronto como sea posible durante las comprobaciones de cabina de vuelo, antes del arranque de los motores en el inicio del vuelo y hasta las comprobaciones de cabina de vuelo inmediatamente posteriores al apagado de los motores al final del vuelo.

(6) Si el CVR no es de desprendimiento automático, deberá tener un dispositivo para facilitar su localización submarina. A más tardar el 1 de enero de 2020, este dispositivo tendrá un tiempo mínimo de transmisión submarina de 90 días. Si el CVR es de desprendimiento automático, deberá tener un transmisor localizador de emergencia automático. El CVR deberá disponer de un dispositivo para facilitar su localización en el agua.

5.2.14 Registrador de datos de vuelo (A)

(Ver Nota al pié 2)

(1) Los aviones con una MCTOM superior a 5.700 kg y cuyo CofA se haya expedido por primera vez el 1 de enero de 2016 o en fecha posterior deberán estar equipados con un registrador de datos de vuelo (FDR) que utilice un método digital de registro y almacenamiento de datos y para el que se disponga de un método rápido de lectura de los datos del medio de almacenamiento.

(2) El FDR deberá registrar los parámetros necesarios para determinar exactamente la trayectoria de vuelo, velocidad, actitud, potencia de los motores, configuración y operación, y ser capaz de conservar los datos grabados durante al menos las 25 horas anteriores.

(3) Los datos deberán obtenerse a partir de fuentes del avión que permitan su correlación precisa con la información presentada a la tripulación de vuelo.

(4) El FDR deberá iniciar automáticamente la grabación de los datos antes de que el avión se desplace por sus propios medios y deberá detenerse automáticamente después de que el avión ya no pueda moverse por sus propios medios.

(5) Si el registrador de datos de vuelo (FDR) no es de desprendimiento automático, deberá tener un dispositivo para facilitar su localización submarina. A más tardar el 1 de enero de 2020, este dispositivo tendrá un tiempo mínimo de transmisión submarina de 90 días. Si el FDR es de desprendimiento automático, deberá tener un transmisor localizador de emergencia automático.

(6) El FDR deberá disponer de un dispositivo para facilitar su localización en el agua.

5.2.15 Grabación del enlace de datos (A)

(1) Los aviones con un CofA individual expedido por primera vez el 1 de enero de 2016 o en fecha posterior, que tengan capacidad para usar comunicaciones por enlace de datos y se requiera que estén equipados con un CVR, deberán grabar en un registrador, cuando proceda:

(i) Los mensajes de las comunicaciones por enlace de datos relacionadas con las comunicaciones ATS hacia y desde el avión, incluidos los mensajes relacionados con las siguientes aplicaciones:
(A) Iniciación del enlace de datos,
(B) Comunicación controlador-piloto,
(C) Vigilancia dirigida,
(D) Información de vuelo,
(E) Cuando sea posible dada la arquitectura del sistema, la vigilancia de radiodifusión de la aeronave,
(F) Cuando sea posible dada la arquitectura del sistema, los datos de control operativo de la aeronave, y
(G) Cuando sea posible dada la arquitectura del sistema, gráficos;

(ii) La información que permita la correlación con cualquier registro asociado relacionado con las comunicaciones por enlace de datos y que se almacene por separado del avión, y

(iii) La información sobre la hora y prioridad de los mensajes de comunicaciones por enlace de datos, teniendo en cuenta la arquitectura del sistema.

(2) El registrador deberá utilizar un método digital de registro y almacenamiento de datos e información y un método para recuperar fácilmente los datos. El método de registro deberá permitir la correlación de los datos con los datos grabados en tierra.

(3) El registrador deberá ser capaz de conservar los datos grabados durante al menos el mismo tiempo que el establecido para los CVR en SPO.IDE.A.140.

(4) El registrador deberá disponer de un dispositivo para facilitar su localización en el agua.

(5) Los requisitos aplicables a la lógica de inicio y parada del registrador son los mismos que los aplicables a la lógica de inicio y parada del CVR incluidos en SPO.IDE.A.160, letras d) y e).

5.2.16 Registrador combinado de datos de vuelo y voz de la cabina de vuelo (A)

El cumplimiento de los requisitos relativos al CVR y el FDR podrá alcanzarse mediante:

(1) Un registrador combinado de datos de vuelo y voz de la cabina de vuelo en el caso de los aviones que deban estar equipados con un CVR o un FDR, o

(2) Dos registradores combinados de datos de vuelo y voz de la cabina de vuelo en el caso de los aviones que deban estar equipados con un CVR y un FDR.

(3) Si el registrador no es de desprendimiento automático, deberá tener un dispositivo para facilitar su localización submarina. A más tardar el 1 de enero de 2020, este dispositivo tendrá un tiempo mínimo de transmisión submarina de 90 días. Si el registrador es de desprendimiento automático, deberá tener un transmisor localizador de emergencia automático.

5.2.17 Asientos, cinturones de seguridad y sistemas de sujeción (A)

Los aviones deberán estar equipados con:

(1) Un asiento o puesto para cada miembro de la tripulación o especialista que haya a bordo;

(2) Un cinturón de seguridad en cada asiento, y sistemas de sujeción en cada puesto;

(3) En el caso de los aviones distintos de los motopropulsados complejos, un cinturón de seguridad con sistema de sujeción del torso superior en cada asiento de la tripulación de vuelo, con un punto de desenganche único;

(4) En el caso de los aviones motopropulsados complejos, un cinturón de seguridad con sistema de sujeción del torso superior, con un punto de desenganche único y que incorpore un dispositivo que sujete automáticamente el torso del ocupante en caso de desaceleración rápida:

(i) En cada asiento de la tripulación de vuelo y en cualquier asiento junto al de un piloto, y

(ii) En cada asiento de observador situado en el compartimento de la tripulación de vuelo.

(5) En las operaciones de paracaidismo, la SPO.SPEC.110 establece que el suelo de la aeronave podrá usarse como asiento, siembro que se disponga de medios para que el especialista de tarea pueda sujetarse o amarrarse.

5.2.18 Botiquín de primeros auxilios (A) FAK

Los aviones deberán estar equipados con un botiquín de primeros auxilios. El botiquín de primeros auxilios deberá:

(i) Ser de fácil acceso para su uso, y

(ii) Mantenerse en condiciones de uso.

(1) Contenido en aviones distintos de los propulsados complejos:

(i) Vendajes tamaño variado;

(ii) Apósitos para quemaduras (grandes y pequeños);

(iii) Apósitos para heridas (grandes y pequeños);

(iv) Apósitos adhesivos (tamaños variados);

(v) Limpiador de heridas antiséptico;

(vi) Tijeras de seguridad; y

(vii) Guantes desechables.

(2) Contenido en aviones propulsados complejos.

(i) Los botiquines de primeros auxilios deben estar equipados con medicamentos e instrumentos adecuados y suficientes. Sin embargo, estos kits deben ser modificados por el operador de acuerdo con las características de la operación (alcance de la operación, duración del vuelo, número y datos demográficos de las personas a bordo, etc.).

(ii) Lo siguiente debe incluirse en las FAK:

(A) Equipo:

- Vendajes (tamaños variados);
- Apósitos para quemaduras (sin especificar);
- Apósitos para heridas (grandes y pequeños);
- Apósitos adhesivos (tamaños variados);
- Cinta adhesiva;
- Cierres adhesivos de heridas;
- Imperdibles de seguridad;
- Tijeras de seguridad;
- Limpiador antiséptico de heridas;
- Ayuda a la reanimación desechable;
- Guantes desechables;
- Pinzas: esquirla; y
- Termómetros (sin mercurio).

(B) Medicamentos:

- Analgésico simple (puede incluir forma líquida);
- Antiemético;
- Descongestivo nasal;
- Antiácidos gastrointestinales, en el caso de aviones que transporten a más de nueve personas;
- Medicación antidiarreica, en el caso de aviones que transporten a más de nueve personas; y
- Antihistamínico.

(C) Otros:

- Una lista de contenidos en al menos dos idiomas

(inglés y otro). Esto debe incluir información sobre los efectos y efectos secundarios de los medicamentos transportados;

- Manual de primeros auxilios, edición actualizada;
- Formulario de informe de incidente médico; y
- Bolsas de eliminación de riesgo biológico.

(D) Un irrigador ocular, aunque no se requiere que se lleve en el FAK, siempre que sea posible, debería estar disponible para su uso en tierra.

5.2.19 Oxígeno suplementario — Aviones presurizados (A)

(1) Los aviones presurizados que operen a altitudes de vuelo en las que se requiera el suministro de oxígeno de acuerdo con la letra b) deberán estar equipados con aparatos de almacenamiento y suministro de oxígeno capaces de almacenar y suministrar el oxígeno requerido.

(2) Los aviones presurizados que vuelen por encima de altitudes de vuelo en las que la altitud de presión en los compartimentos de la cabina esté por encima de 10.000 pies deberán llevar oxígeno suficiente para el suministro a todos los miembros de la tripulación y especialistas durante los siguientes períodos mínimos:

(i) Durante cualquier período en que la altitud de presión de la cabina de pasajeros supere los 15 000 pies, pero en ningún caso durante un período inferior a 10 minutos;

(ii) Durante cualquier período en el que, en caso de pérdida de presurización y teniendo en cuenta las circunstancias del vuelo, la altitud de presión en el compartimento de la tripulación de vuelo y en el compartimento de la cabina esté entre 14.000 y 15.000 pies;

(iii) Durante cualquier período de más de 30 minutos en el que la altitud de presión en el compartimento de la tripulación de vuelo y la cabina esté entre 10.000 y 14.000 pies, y

(iv) Durante al menos 10 minutos, en el caso de los aviones que operen a altitudes de presión superiores a 25.000 pies, o por debajo de esa altitud, pero en condiciones que no les permitan descender con seguridad a una altitud de presión de 13.000 pies en 4 minutos.

(3) Los aviones presurizados que operen a altitudes de vuelo superiores a 25.000 pies, deberán además estar equipados con:

(i) Un dispositivo para proporcionar aviso de alerta a la tripulación de vuelo sobre cualquier pérdida de presurización, y

(ii) En el caso de los aviones motopropulsados complejos, máscaras de colocación rápida para los miembros de la tripulación de vuelo.

5.2.20 Oxígeno suplementario — Aviones no presurizados (A)

(1) Los aviones no presurizados que operen a altitudes de vuelo en las que se requiera el suministro de oxígeno de acuerdo con la letra b) deberán estar equipados con aparatos de almacenamiento y suministro de oxígeno capaces de almacenar y suministrar el oxígeno requerido.

(2) Los aviones no presurizados que vuelen por encima de altitudes de vuelo en las que la altitud de presión en el compartimento de la cabina esté por encima de 10.000 pies deberán llevar oxígeno suficiente para el suministro:

(i) A todos los miembros de la tripulación durante cualquier período de más de 30 minutos en el que la altitud de presión en el compartimento de la cabina esté entre 10.000 y 13.000 pies, y

(ii) A todas las personas que haya a bordo durante cualquier período en que la altitud de presión en el compartimento de la cabina esté por encima de 13.000 pies.

(3) No obstante lo dispuesto en la letra b), podrán efectuarse excursiones de duración determinada a una altitud entre 13.000 pies y 16.000 pies sin suministro de oxígeno, de conformidad con SPO.OP.195, letra b).

5.2.21 Extintores portátiles (A)

(1) Los aviones, salvo los motoveleros de turismo (TMG) y los aviones ELA 1, deberán estar equipados con al menos un extintor portátil:

(i) En el compartimento de la tripulación de vuelo, y

(ii) En cada compartimento de la cabina que esté separado del compartimento de la tripulación de vuelo, salvo si el compartimento es fácilmente accesible para la tripulación de vuelo.

(2) El tipo y cantidad de agente extintor para los extintores requeridos será adecuado al tipo de incendio probable en el compartimento en el que se tenga previsto utilizar el extintor y para reducir al mínimo los riesgos de una concentración de gas tóxico en los compartimentos ocupados por personas.

5.2.22 Hacha de emergencia y palanca (A)

Los aviones con una MCTOM de más de 5 700 kg deberán estar equipados con al menos un hacha de emergencia o palanca situada en el compartimento de la tripulación de vuelo.

5.2.23 Marcas de puntos de rotura (A)

Cuando existan en un avión áreas designadas del fuselaje para su perforación por parte de los equipos de rescate en caso de emergencia, dichas áreas deberán estar marcadas como se ilustra en la figura siguiente:

Figura 1

Marcas de puntos de rotura

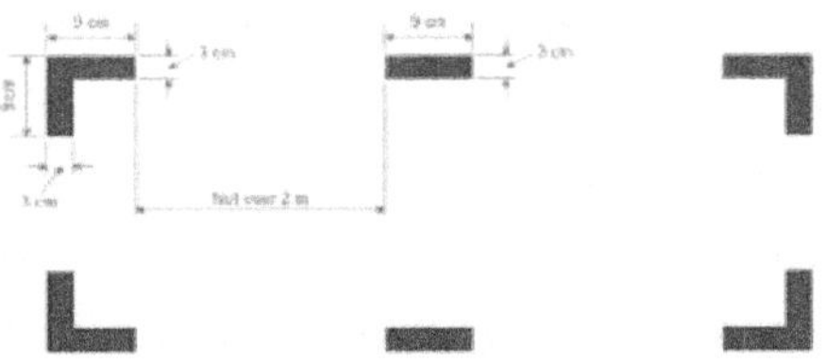

5.2.24 Transmisor de localización de emergencia (ELT) (A)

(1) Los aviones deberán estar equipados con:

(i) Un ELT de cualquier tipo en el caso de los aviones cuyo primer CofA haya sido expedido el 1 de julio de 2008 o en una fecha anterior;

(ii) Un ELT automático en el caso de los aviones cuyo primer CofA haya sido expedido después del 1 de julio de 2008, o

(iii) Un ELT de supervivencia [ELT(S)] o una radiobaliza de localización personal (PLB), llevados por un miembro de la tripulación o un especialista, si los aviones están certificados para una configuración máxima de seis asientos.

(2) Un ELT de cualquier tipo y un PLB deberán poder transmitir simultáneamente en las frecuencias de 121,5 MHz y 406 MHz.

5.2.25 Vuelo sobre agua (A)

(1) Los siguientes aviones deberán estar equipados con un chaleco salvavidas para cada persona a bordo, que deberá llevarse puesto o estar almacenado en una posición fácilmente accesible desde el asiento o puesto de la persona a quien vaya destinado:

- (i) Aviones terrestres monomotores:
  - (A) Que efectúen vuelos sobre agua a una distancia de tierra superior a la distancia máxima de planeo, o
  - (B) Que despeguen o aterricen en un aeródromo o lugar de operación cuya trayectoria de despegue o aproximación esté dispuesta sobre el agua de tal forma que, en opinión del piloto al mando, cabría la posibilidad de un amerizaje forzoso;
- (ii) Aviones que operen a una distancia de tierra donde sea posible un aterrizaje forzoso superior a la distancia correspondiente a 30 minutos a velocidad normal de crucero o a 50 NM, la que sea menor.

(2) El chaleco salvavidas deberá estar dotado de un medio de iluminación eléctrico con objeto de facilitar la localización de las personas.

(3) Los hidroaviones que operen sobre agua deberán estar equipados con:

- (i) Un ancla de mar y otros equipos necesarios que faciliten el amarre, anclaje o maniobras del hidroavión en el agua, adecuados para sus dimensiones, peso y características de manejo, y
- (ii) Equipos para efectuar las señales acústicas prescritas en el Reglamento Internacional para Prevenir Abordajes en la mar, cuando proceda.

(4) El piloto al mando de un avión que opere a una distancia de tierra en la que pueda efectuarse un aterrizaje de emergencia superior a la distancia correspondiente a 30 minutos a velocidad normal de crucero, o a 50 NM, la que sea menor, deberá determinar los riesgos para la supervivencia de los ocupantes del avión en caso

de amerizaje forzoso y, sobre esa base, determinará el transporte de:

(i) Equipos para emitir señales de socorro;

(ii) Balsas salvavidas en número suficiente para alojar a todas las personas a bordo, almacenadas para facilitar su utilización inmediata en caso de emergencia, y

(iii) Equipos salvavidas que proporcionen medios de soporte vital adecuados para el vuelo que se vaya a emprender.

5.2.26 Equipos de supervivencia (A)

(1) Los aviones que operen sobre áreas en las que las labores de búsqueda y rescate serían especialmente difíciles estarán equipados con:

(i) Equipos de señalización para emitir señales de socorro;

(ii) Al menos un ELT de supervivencia [ELT(S)], y

(iii) Equipos adicionales de supervivencia para la ruta que deba recorrerse, teniendo en cuenta el número de personas a bordo.

(2) No será necesario llevar a bordo los equipos de supervivencia adicionales especificados en la letra a), punto 3, cuando el avión:

(i) Permanezca a una distancia de un área donde la búsqueda y salvamento no sea especialmente difícil, correspondiente a:

(A) 120 minutos a la velocidad de crucero con un motor inoperativo (OEI), en el caso de los aviones capaces de continuar el vuelo hasta un aeródromo con los motores críticos inoperativos en cualquier punto a lo largo de la ruta o las desviaciones previstas, o

(B) 30 minutos a la velocidad de crucero en el caso de todos los demás aviones, o

(ii) Permanezca a una distancia no mayor a la correspondiente a 90 minutos de vuelo a velocidad de crucero a un área adecuada para realizar un aterrizaje de emergencia, para aviones certificados de acuerdo con la norma de aeronavegabilidad aplicable.

5.2.27 Equipos de protección personal (A)

Todas las personas a bordo deberán llevar un equipo de protección personal adecuado para el tipo de operación que se lleve a cabo.

5.2.28 Auriculares (A)

(1) Los aviones deberán estar equipados con auriculares con micrófono de brazo o equivalente para cada miembro de la tripulación de vuelo en su puesto asignado dentro del compartimento de la tripulación de vuelo.

(2) Los aviones empleados en operaciones IFR o en operaciones nocturnas deberán estar equipados con un botón de transmisión en el control manual de cabeceo y alabeo para cada miembro de la tripulación de vuelo.

5.2.29 Equipos de comunicación por radio (A)

(1) Los aviones empleados en operaciones IFR o en operaciones nocturnas, o cuando lo estipulen los requisitos del espacio aéreo aplicables, deberán estar equipados con equipos de comunicación por radio que, en condiciones normales de propagación de las ondas de radio, sean capaces de:

(i) Mantener una comunicación bidireccional con fines de control de aeródromo;

(ii) Recibir información meteorológica en cualquier momento durante el vuelo;

(iii) Mantener una comunicación bidireccional en cualquier momento durante el vuelo con las estaciones aeronáuticas y en las frecuencias que prescriba la autoridad competente, y

(iv) Permitir la comunicación en la frecuencia aeronáutica de emergencia de 121,5 MHz.

(2) Cuando se requiera más de un equipo de comunicaciones, cada uno deberá ser independiente, de modo que un fallo en uno no provoque el fallo de otro equipo.

5.2.30 Equipos de navegación (A)

(1) Los aviones deberán estar equipados con un equipo de navegación que les permita operar conforme a:

(i) El plan de vuelo ATS, si procede, y

(ii) Los requisitos del espacio aéreo aplicables.

(2) Los aviones deberán disponer de equipos de navegación suficientes para garantizar que, en caso de fallo de un equipo en cualquier fase del vuelo, el equipo remanente permitirá la

navegación segura de acuerdo con la letra a) o la ejecución segura de la acción de contingencia pertinente.

(3) Los aviones que operen en vuelos en los que se prevea aterrizar en IMC deberán estar equipados con un equipo adecuado capaz de proporcionar guía hasta un punto desde el cual se pueda realizar un aterrizaje visual. Este equipo deberá ser capaz de proporcionar dicha guía para cada aeródromo en el que se pretenda aterrizar en IMC y para los aeródromos alternativos designados.

5.2.31 Transpondedor (A)

Cuando lo exija la normativa del espacio aéreo en el que vuelen, los aviones deberán estar equipados con un transpondedor de radar de vigilancia secundario (SSR) con todas las capacidades necesarias.

5.3 Instrumentos y equipos del helicóptero[3] (H)

5.3.1 Generalidades (H)

(1) Los instrumentos y equipos exigidos por p Parte SPO.H deberán ser aprobados de conformidad con los requisitos de aeronavegabilidad pertinentes en los casos siguientes:

(i) Si son utilizados por la tripulación de vuelo para controlar la trayectoria de vuelo;

(ii) Si son utilizados para cumplir lo dispuesto en SPO. IDE.H.215;

(iii) Si son utilizados para cumplir lo dispuesto en SPO. IDE.H.220, o

(iv) Si están instalados en el helicóptero.

(2) Los siguientes elementos, cuando se requieran en virtud de esta subparte, no necesitarán aprobación de equipo:

(i) Luz portátil independiente;

(ii) Reloj de precisión;

(iii) Soporte para cartas de navegación;

(iv) Botiquín de primeros auxilios;

(v) Equipos de supervivencia y señalización, y

(vi) Anclas de mar y equipos de amarre.

3 Reglamento Air Operations (Parte SPO.IDE.H.

(3) Los instrumentos y equipos no requeridos en virtud de esta subparte, así como cualquier otro equipo no requerido en virtud de otros anexos aplicables, pero transportado en un vuelo, deberán cumplir los siguientes requisitos:

(i) La información suministrada por dichos instrumentos, equipos o accesorios no deberá ser utilizada por la tripulación de vuelo para cumplir los requisitos del anexo I del Reglamento (CE) no 216/2008 o de SPO.IDE.H.215 y SPO.IDE.H.220, y

(ii) Los instrumentos y equipos no deberán afectar a la aeronavegabilidad del helicóptero, incluso en caso de fallos o averías.

(4) Los instrumentos y equipos deberán ser fácilmente utilizables o accesibles desde el puesto donde esté sentado el miembro de la tripulación de vuelo que necesite usarlos.

(5) Aquellos instrumentos que sean utilizados por un miembro de la tripulación de vuelo deberán disponerse de tal forma que sus indicaciones sean fácilmente visibles por el miembro de la tripulación desde su puesto, con la mínima desviación posible desde la posición y línea de visión que normalmente se adopta cuando se mira hacia delante siguiendo la trayectoria de vuelo.

(6) Todos los equipos de emergencia requeridos deberán ser fácilmente accesibles para su uso inmediato.

5.3.2 Equipos mínimos para el vuelo (H)

Un vuelo no comenzará si falta o se encuentra inoperativo alguno de los instrumentos, equipos o funciones del helicóptero requeridos para el vuelo previsto, a menos que:

(1) El helicóptero opere de conformidad con la lista de equipo mínimo (MEL), si se ha establecido;

(2) En el caso de los helicópteros motopropulsados complejos y de cualquier helicóptero utilizado en operaciones comerciales, el operador esté autorizado por la autoridad competente para operar el helicóptero dentro de las limitaciones de la lista maestra de equipo mínimo (MMEL), o

(3) El helicóptero esté sujeto a una autorización de vuelo expedida de conformidad con los requisitos de aeronavegabilidad aplicables.

5.3.3 Luces de operación(H)

Los helicópteros que operen en condiciones nocturnas deberán estar equipados con:

(1) Un sistema de luces anticolisión;

(2) Luces de navegación/posición;

(3) Una luz de aterrizaje;

(4) Luces alimentadas por el sistema eléctrico del helicóptero que iluminen adecuadamente todos los instrumentos y equipos esenciales para la operación segura del helicóptero;

(5) Luces alimentadas por el sistema eléctrico del helicóptero que iluminen todos los compartimentos de la cabina;

(6) Una luz portátil independiente para cada puesto de miembro de la tripulación, y

(7) Luces para cumplir el Reglamento Internacional para Prevenir Abordajes en la mar, si el helicóptero es anfibio.

5.3.4 Operaciones VFR — Instrumentos de vuelo y de navegación y equipos asociados

(1) Los helicópteros empleados en operaciones VFR diurnas deberán estar equipados con medios para medir y mostrar los siguientes parámetros:

(i) Rumbo magnético;

(ii) Hora en horas, minutos y segundos;

(iii) Altitud de presión;

(iv) Velocidad aerodinámica indicada, y

(v) Resbalamiento.

(2) Los helicópteros empleados en operaciones VMC sobre el agua y sin tierra a la vista, o en operaciones VMC en condiciones nocturnas, deberán contar con los siguientes equipos, además de los indicados en la letra a):

(i) Un medio para medir y mostrar los siguientes parámetros:
(A) Actitud,
(B) Velocidad vertical, y
(C) Rumbo estabilizado;

(ii) Un medio para indicar cuándo el suministro de alimentación a los instrumentos giroscópicos no es el adecuado, y

(iii) En el caso de los helicópteros motopropulsados complejos, un dispositivo para impedir la avería del sistema indicador de la velocidad aerodinámica requerido en la letra a), punto 4, debido a condensación o formación de hielo.

(3) Los helicópteros operados en condiciones de visibilidad inferior a 1 500 m, o que no permitan mantener la trayectoria de vuelo deseada sin referirse a uno o más instrumentos adicionales deberán estar equipados, además de los dispositivos indicados en las letras a) y b), de un dispositivo para impedir la avería del sistema indicador de la velocidad aerodinámica requerido en la letra a), punto 4, debido a condensación o formación de hielo.

(4) Siempre que se requieran dos pilotos para la operación, los helicópteros deberán estar equipados con un medio adicional e independiente para mostrar los siguientes parámetros:

(i) Altitud de presión;

(ii) Velocidad aerodinámica indicada;

(iii) Resbalamiento;

(iv) Actitud, si procede;

(v) Velocidad vertical, si procede, y

(vi) Rumbo estabilizado, si procede.

5.3.5 Operaciones IFR — Instrumentos de vuelo y de navegación y equipos asociados

Los helicópteros empleados en operaciones IFR deberán estar equipados con:

(1) Un medio para medir y mostrar los siguientes parámetros:

(i) Rumbo magnético;

(ii) Hora en horas, minutos y segundos;

(iii) Altitud de presión;

(iv) Velocidad aerodinámica indicada;

(v) Velocidad vertical;

(vi) Resbalamiento;

(vii) Actitud;

(viii) Rumbo estabilizado, y

(ix) Temperatura exterior del aire;

(2) Un medio para indicar cuándo el suministro de alimentación a los instrumentos giroscópicos no es el adecuado;

(3) Siempre que se requieran dos pilotos para la operación, un medio adicional e independiente para mostrar los siguientes parámetros:

(i) Altitud de presión;

(ii) Velocidad aerodinámica indicada;

(iii) Velocidad vertical;

(iv) Resbalamiento;

(v) Actitud, y

(vi) Rumbo estabilizado;

(4) Un dispositivo para impedir la avería del sistema indicador de velocidad aerodinámica requerido en la letra a), punto 4, y en la letra c), punto 2, debido a condensación o formación de hielo;

(5) Un medio adicional para medir y mostrar la actitud, que funcione como instrumento de reserva, y

(6) Los siguientes equipos en el caso de los helicópteros motopropulsados complejos:

(i) Una fuente alternativa de presión estática, y

(ii) Un soporte para cartas de navegación en una posición de fácil lectura que pueda iluminarse para operaciones nocturnas.

5.3.6 Equipos adicionales para operaciones con un solo piloto en IFR (H)

Los helicópteros empleados en operaciones IFR con un solo piloto deberán estar equipados con un piloto automático que incorpore al menos un modo de mantenimiento de la altitud y el rumbo.

5.3.7 Equipos de radar meteorológico de a bordo — Helicópteros motopropulsados complejos (H)

Los helicópteros empleados en operaciones IFR o en operaciones nocturnas deberán estar equipados con equipos de radar meteorológico de a bordo cuando los informes meteorológicos actuales indiquen que pueden esperarse, a lo largo de la ruta, tormentas u otros fenómenos meteorológicos potencialmente peligrosos que puedan detectarse con equipos de radar meteorológico de a bordo.

5.3.8 Equipos adicionales para operaciones nocturnas en condiciones de formación de hielo - Helicópteros motopropulsados complejos (H)

(1) Los helicópteros que operen en condiciones nocturnas de formación de hielo prevista o real deberán estar equipados con medios para iluminar o detectar la formación de hielo.

(2) Los medios para iluminar la formación de hielo no provocarán brillos o reflejos que pudieran entorpecer a los miembros de la tripulación de vuelo en la ejecución de sus funciones.

5.3.9 Sistema de interfono para la tripulación de vuelo (H)

Los helicópteros operados por más de un miembro de la tripulación de vuelo estarán equipados con un sistema de interfono para la tripulación de vuelo, incluidos auriculares y micrófonos para su uso por todos los miembros de la tripulación de vuelo.

5.3.10 Registrador de voz de la cabina de vuelo (H)

Los helicópteros con una MCTOM de más de 7.000 kg y cuyo CofA se haya expedido por primera vez el 1 de enero de 2016 o en fecha posterior deberán estar equipados con un registrador de voz de la cabina de vuelo (CVR).

(3) El CVR deberá ser capaz de conservar los datos grabados durante al menos las dos horas precedentes.

(4) El CVR deberá grabar con referencia a una escala temporal:

- (i) Las comunicaciones vocales transmitidas o recibidas por radio en el compartimento de la tripulación de vuelo;
- (ii) Las comunicaciones vocales de los miembros de la tripulación de vuelo mediante el sistema de interfono y el sistema de megafonía, si estuvieran instalados;
- (iii) El sonido ambiente de la cabina de vuelo, incluidas, ininterrumpidamente, las señales de audio recibidas desde cada micrófono de la tripulación, y
- (iv) Las señales vocales o de audio que identifiquen las ayudas a la navegación o aproximación recibidas a través de un auricular o altavoz.

(5) El CVR deberá iniciar automáticamente la grabación antes de que el helicóptero se desplace por sus propios medios y deberá seguir grabando hasta la conclusión del vuelo cuando

el helicóptero ya no pueda moverse por sus propios medios.

(6) Además de lo indicado en la letra d), dependiendo de la energía eléctrica disponible, el CVR comenzará a grabar tan pronto como sea posible durante las comprobaciones de cabina de vuelo, antes del arranque de los motores en el inicio del vuelo y hasta las comprobaciones de cabina de vuelo inmediatamente posteriores al apagado de los motores al final del vuelo.

(7) Si el CVR no es de desprendimiento automático, deberá tener un dispositivo para facilitar su localización submarina. A más tardar el 1 de enero de 2020, este dispositivo tendrá un tiempo mínimo de transmisión submarina de 90 días. Si el CVR es de desprendimiento automático, deberá tener un transmisor localizador de emergencia automático

(8) El CVR deberá disponer de un dispositivo para facilitar su localización en el agua.

5.3.11 Registrador de datos de vuelo (H)

(1) Los helicópteros con una MCTOM de más de 3 175 kg y cuyo CofA individual se haya expedido por primera vez el 1 de enero de 2016 o en fecha posterior deberán estar equipados con un registrador de datos de vuelo (FDR) que utilice un método digital de registro y almacenamiento de datos y para el que se disponga de un método rápido de lectura de los datos del medio de almacenamiento.

(2) El FDR deberá registrar los parámetros necesarios para determinar con precisión la trayectoria de vuelo, velocidad, actitud, potencia de los motores, configuración y operación del helicóptero, y ser capaz de conservar los datos registrados durante al menos las 10 horas anteriores.

(3) c) Los datos deberán obtenerse a partir de fuentes del helicóptero que permitan su correlación precisa con la información presentada a la tripulación de vuelo.

(4) El FDR deberá iniciar automáticamente la grabación de los datos antes de que el helicóptero se desplace por sus propios medios y deberá detenerse automáticamente después de que el helicóptero sea incapaz de desplazarse por sus propios medios.

(5) Si el registrador de datos de vuelo (FDR) no es de desprendimiento automático, deberá tener un dispositivo para facilitar su localización submarina. A más tardar el 1 de enero de 2020, este dispositivo tendrá un tiempo mínimo de transmisión

submarina de 90 días. Si el FDR es de desprendimiento automático, deberá tener un transmisor localizador de emergencia automático.

(6) El FDR deberá disponer de un dispositivo para facilitar su localización en el agua.

5.3.12 Grabación del enlace de datos (H)

(1) Los helicópteros con un CofA individual expedido por primera vez el 1 de enero de 2016 o en fecha posterior, que tengan capacidad para usar comunicaciones por enlace de datos y a los que se exija estar equipados con un CVR, deberán grabar en un registrador, cuando proceda:

(i) Los mensajes de las comunicaciones por enlace de datos relacionadas con las comunicaciones ATS hacia y desde el helicóptero, incluidos los mensajes relacionados con las siguientes aplicaciones:
  (A) Iniciación del enlace de datos,
  (B) Comunicación controlador-piloto,
  (C) Vigilancia dirigida,
  (D) Información de vuelo,
  (E) En la medida de lo posible, atendiendo a la arquitectura del sistema, la vigilancia de radiodifusión de la aeronave,
  (F) En la medida de lo posible, atendiendo a la arquitectura del sistema, los datos de control operativo de la aeronave, y
  (G) En la medida de lo posible, atendiendo a la arquitectura del sistema, gráficos;

(ii) 2) la información que habilite la correlación con cualquier registro asociado relacionado con las comunicaciones por enlace de datos y que se guarde por separado del helicóptero, y

(iii) 3) la información sobre la hora y prioridad de los mensajes de comunicaciones por enlace de datos, teniendo en cuenta la arquitectura del sistema.

(2) El registrador deberá utilizar un método digital de registro y almacenamiento de datos e información y un método para recuperar fácilmente los datos. El método de registro deberá permitir la correlación de los datos con los datos grabados en

tierra.

(3) El registrador deberá ser capaz de conservar los datos grabados durante al menos el mismo tiempo que el establecido para los CVR en SPO.IDE.H.140.

(4) Si el registrador no es de desprendimiento automático, deberá tener un dispositivo para facilitar su localización submarina. A más tardar el 1 de enero de 2020, este dispositivo tendrá un tiempo mínimo de transmisión submarina de 90 días. Si el registrador es de desprendimiento automático, deberá tener un transmisor localizador de emergencia automático.

(5) El registrador deberá disponer de un dispositivo para facilitar su localización en el agua.

(6) Los requisitos aplicables a la lógica de inicio y parada del registrador son los mismos que los aplicables a la lógica de inicio y parada del CVR incluidos en SPO.IDE.H.140, letras d) y e).

5.3.13 Registrador combinado de datos de vuelo y voz de la cabina de vuelo (H)

El cumplimiento de los requisitos relativos al CVR y el FDR podrá alcanzarse mediante un registrador combinado de los datos de vuelo y voz de la cabina de vuelo.

5.3.14 Asientos, cinturones de seguridad y sistemas de sujeción (H)

(1) Los helicópteros deberán estar equipados con:

(i) Un asiento o puesto para cada miembro de la tripulación o especialista que haya a bordo;

(ii) Un cinturón de seguridad en cada asiento, y sistemas de sujeción en cada puesto;

(iii) Para helicópteros cuyo CofA individual se haya expedido por primera vez después de 31 de diciembre de 2012, un cinturón de seguridad con sistema de sujeción del torso superior para cada asiento, y

(iv) Un cinturón de seguridad con sistema de sujeción para el torso superior que incorpore un dispositivo que sujete automáticamente el torso del ocupante en caso de desaceleración rápida en cada asiento de la tripulación de vuelo.

(2) En las operaciones de paracaidismo, la SPO.SPEC.110 establece que el suelo de la aeronave podrá usarse como asiento, siembro que se disponga de medios para que el especialista de tarea pueda sujetarse o amarrarse.

(3) Los cinturones de seguridad con sistema de sujeción para el torso superior deberán disponer de un punto de desenganche único.

5.3.15 Botiquín de primeros auxilios (H)

(1) Los helicópteros deberán estar equipados con un botiquín de primeros auxilios.

(2) El botiquín de primeros auxilios deberá:

(i) Ser de fácil acceso para su uso, y

(ii) Mantenerse en condiciones de uso.

(3) Ver 5.2.18.

5.3.16 Oxígeno suplementario — Helicópteros no presurizados (H)

(1) Los helicópteros no presurizados que operen a altitudes de vuelo en las que se requiera el suministro de oxígeno de acuerdo con la letra b) deberán estar equipados con aparatos de almacenamiento y suministro de oxígeno capaces de almacenar y suministrar el oxígeno requerido.

(2) Los helicópteros no presurizados que vuelen por encima de altitudes de vuelo en las que la altitud de presión en los compartimentos de cabina esté por encima de 10.000 pies deberán llevar oxígeno suficiente para el suministro:

(i) A todos los miembros de la tripulación durante cualquier período de más de 30 minutos en el que la altitud de presión en el compartimento de la cabina esté entre 10.000 y 13.000 pies, y

(ii) A todos los miembros de la tripulación y los especialistas durante cualquier período en que la altitud de presión en el compartimento de cabina esté por encima de 13.000 pies.

(3) No obstante lo dispuesto en la letra b), podrán efectuarse excursiones de duración determinada a una altitud de entre 13.000 pies y 16.000 pies sin suministro de oxígeno, de conformidad con SPO.OP.195, letra b).

5.3.17 Extintores portátiles (H)

(1) Los helicópteros, salvo los helicópteros ELA2, deberán estar equipados al menos con un extintor portátil:

(i) En el compartimento de la tripulación de vuelo, y

(ii) En cada compartimento de la cabina que esté separado del compartimento de la tripulación de vuelo, salvo si el compartimento es fácilmente accesible para la tripulación de vuelo.

(2) El tipo y cantidad de agente extintor para los extintores requeridos será adecuado al tipo de incendio probable en el compartimento en el que se tiene previsto utilizar el extintor y para reducir al mínimo los riesgos de una concentración de gas tóxico en los compartimentos ocupados por personas.

5.3.18 Marcas de puntos de rotura (H)

Cuando existan en el helicóptero áreas designadas del fuselaje para su perforación por parte de los equipos de rescate en caso de emergencia, dichas áreas deberán estar marcadas como se ilustra en la figura siguiente:

Figura 1

Marcas de puntos de rotura

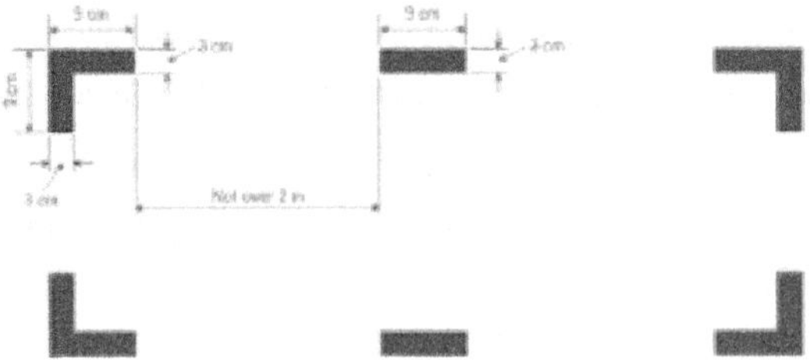

5.3.19 Transmisor de localización de emergencia (ELT) (H)

(1) Los helicópteros certificados para una configuración máxima de más de seis plazas deberán estar equipados con:

(i) Un ELT automático, y

(ii) Un ELT de supervivencia [ELT(S)] en una balsa salvavidas o chaleco salvavidas cuando el helicóptero opere a una distancia de tierra correspondiente a más de 3 minutos de vuelo a velocidad normal de crucero.

(2) Los helicópteros certificados para una configuración máxima de seis plazas o menos deberán estar equipados con un ELT(S) o una radiobaliza de localización personal (PLB), llevados por un miembro de la tripulación o un especialista de tarea.

(3) Los ELT de cualquier tipo y las PLB deberán poder transmitir simultáneamente en las frecuencias de 121,5 MHz y 406 MHz.

5.3.20 Vuelo sobre el agua — Helicópteros motopropulsados no complejos (H)

(1) Los helicópteros deberán estar equipados con un chaleco salvavidas para cada persona a bordo, que deberá llevarse puesto o estar almacenado en un lugar fácilmente accesible desde el asiento o puesto de la persona para cuyo uso esté previsto, cuando:

(i) Operen en un vuelo sobre agua a una distancia de tierra superior al alcance en autorrotación, cuando en caso de fallo del motor crítico el helicóptero no sea capaz de mantener un vuelo nivelado, o

(ii) En un vuelo sobre agua a una distancia de tierra correspondiente a más de 10 minutos de tiempo de vuelo a velocidad normal de crucero, cuando en caso de fallo del motor crítico el helicóptero sea capaz de mantener un vuelo nivelado, o

(iii) Despeguen o aterricen en un aeródromo o lugar de operación cuando la trayectoria de despegue o aproximación se sitúe sobre el agua.

(2) Cada chaleco salvavidas deberá estar dotado de un medio de iluminación eléctrico con objeto de facilitar la localización de las personas.

(3) El piloto al mando de un helicóptero que opere en un vuelo sobre agua a una distancia de tierra superior a la correspondiente a 30 minutos de vuelo a velocidad normal de crucero, o a 50 NM, la que sea menor, deberá calcular los riesgos para la supervivencia de los ocupantes del helicóptero en caso de amerizaje forzoso y, en función de ello decidirá el transporte de:

(4) Equipos para emitir señales de socorro;

(5) Balsas salvavidas en número suficiente para alojar a todas las personas a bordo, almacenadas para facilitar su utilización inmediata en caso de emergencia, y

(6) Equipos salvavidas que proporcionen medios de supervivencia adecuados para el vuelo que se vaya a emprender.

(7) El piloto al mando deberá calcular los riesgos para la supervivencia de los ocupantes del helicóptero en caso de amerizaje forzoso a la hora de decidir si los chalecos salvavidas previstos en la letra a) deberán ser llevados por todos los ocupantes.

5.3.21 Chalecos salvavidas — Helicópteros motopropulsados complejos (H)

(1) Los helicópteros deberán estar equipados con un chaleco salvavidas para cada persona a bordo, que deberá llevarse puesto o estar almacenado en un lugar fácilmente accesible desde el asiento o puesto de la persona para cuyo uso esté previsto, cuando:

(i) Operen en un vuelo sobre agua a una distancia de tierra correspondiente a más de 10 minutos de tiempo de vuelo a velocidad de crucero normal, cuando en caso de fallo del motor crítico el helicóptero sea capaz de mantener un vuelo nivelado;

(ii) Operen en un vuelo sobre agua a una distancia de tierra superior al alcance en autorrotación, cuando en caso de fallo del motor crítico el helicóptero no sea capaz de mantener un vuelo nivelado, o

(iii) Despeguen o aterricen en un aeródromo o lugar de operación en el que la trayectoria de despegue o aproximación transcurra sobre el agua de forma que en caso de complicaciones cabría la posibilidad de un amerizaje forzoso.

(2) Cada chaleco salvavidas deberá estar dotado de un medio de iluminación eléctrico con objeto de facilitar la localización de las personas.

5.3.22 Monos de supervivencia — Helicópteros motopropulsados complejos (H)

Cada persona a bordo deberá llevar puesto un mono de supervivencia cuando se opere:

(1) En un vuelo sobre agua prestando apoyo a operaciones en alta mar y a una distancia de tierra correspondiente a más de 10 minutos de tiempo de vuelo a velocidad de crucero normal, cuando en caso de fallo del motor crítico el helicóptero sea capaz de mantener un vuelo nivelado y cuando:

(i) Los informes o pronósticos meteorológicos a disposición del piloto al mando indiquen que la temperatura del mar será inferior a 10 °C durante el vuelo, o

(ii) El tiempo de rescate estimado exceda el tiempo de supervivencia estimado, o

(2) Cuando así lo determine el piloto al mando basándose en una evaluación del riesgo teniendo en cuenta las siguientes condiciones:

(i) Se opere en un vuelo sobre agua a una distancia de tierra superior al alcance en autorrotación o la distancia de aterrizaje forzoso seguro, cuando en caso de fallo del motor crítico el helicóptero no sea capaz de mantener un vuelo nivelado, y

(ii) El informe o pronósticos meteorológicos a disposición del piloto al mando indiquen que la temperatura del mar será inferior a 10 °C durante el vuelo.

5.3.23 Balsas salvavidas, ELT de supervivencia y equipos de supervivencia para vuelos prolongados sobre el agua — Helicópteros motopropulsados complejos (H)

Los helicópteros que operen:

(1) En un vuelo sobre agua a una distancia de tierra correspondiente a más de 10 minutos de tiempo de vuelo a velocidad de crucero normal, cuando en caso de fallo del motor crítico el helicóptero sea capaz de mantener un vuelo nivelado, o

(2) En un vuelo sobre agua a una distancia de tierra correspondiente a más de 3 minutos de tiempo de vuelo a velocidad de crucero normal, cuando en caso de fallo del motor crítico el helicóptero no sea capaz de mantener un vuelo nivelado, y cuando así lo determine el piloto al mando mediante una evaluación del riesgo, deberán estar equipados con:

   (i) Al menos una balsa salvavidas con una capacidad nominal no inferior al número máximo de personas a bordo, almacenada para facilitar su utilización inmediata en caso de emergencia;

   (ii) Al menos un ELT de supervivencia (ELT(S)) para cada balsa salvavidas requerida, y

   (iii) Equipos salvavidas, incluidos medios de supervivencia adecuados para el vuelo que se vaya a emprender.

5.3.24 Equipos de supervivencia (H)

Los helicópteros que operen sobre áreas en las que las labores de búsqueda y salvamento puedan ser especialmente difíciles deberán estar equipados con:

(3) Equipos de señalización para emitir señales de socorro;

(4) Al menos un ELT de supervivencia [ELT(S)], y

(5) Equipos adicionales de supervivencia para la ruta que deba recorrerse, teniendo en cuenta el número de personas a bordo

5.3.25 Requisitos adicionales para helicópteros que lleven a cabo operaciones en alta mar en un área marítima hostil — Helicópteros motopropulsados complejos (H)

Los helicópteros que participen en operaciones en alta mar en un área marítima hostil, a una distancia de tierra correspondiente a más de 10 minutos de tiempo de vuelo a velocidad de crucero normal, deberán cumplir los siguientes requisitos:

(1) Cuando el informe o pronósticos meteorológicos a disposición del piloto al mando indiquen que la temperatura del mar será inferior a 10 °C durante el vuelo, o cuando el tiempo de rescate previsto supere el tiempo de supervivencia estimado, o se prevea efectuar el vuelo de noche, todos los miembros de la tripulación y especialistas que haya a bordo deberán llevar puesto un mono de supervivencia.

(2) Todas las balsas salvavidas transportadas de conformidad con SPO.IDE.H.199 deberán estar instaladas de forma que puedan usarse en las condiciones de estado del mar en las que se evaluaron las características de amerizaje forzoso, flotación y compensación del helicóptero para cumplir con los requisitos de amerizaje forzoso para la certificación.

(3) El helicóptero estará equipado con un sistema de iluminación de emergencia con fuente de alimentación independiente para proporcionar una fuente de iluminación general de la cabina con objeto de facilitar la evacuación del helicóptero.

(4) Todas las salidas de emergencia, incluidas las salidas de emergencia de la tripulación, y los medios para la apertura de las mismas, deberán estar claramente indicadas para orientar a los ocupantes que usen las salidas durante el día o en la oscuridad. Dichas indicaciones deberán diseñarse para que sigan siendo visibles si el helicóptero vuelca y la cabina se sumerge;

(5) Todas las puertas no desprendibles diseñadas como salidas de emergencia en caso de amerizaje forzoso dispondrán de medios para asegurarlas en la posición de apertura de forma que no interfieran con la salida de los ocupantes en cualquier condición de estado del mar hasta el máximo requerido para ser evaluadas para el amerizaje forzoso y la flotación.

(6) Todas las puertas, ventanas u otras aberturas del compartimento de cabina previstas para su uso a efectos de escape bajo el agua deberán estar equipadas de tal forma que puedan usarse en caso de emergencia.

(7) Los chalecos salvavidas deberán llevarse puestos en todo momento, a menos que el especialista o miembro de la tripulación que lo haya de utilizar lleve puesto un mono integral de supervivencia que cumpla el requisito combinado de mono de supervivencia y chaleco salvavidas.

5.3.26 Helicópteros certificados para operar sobre agua — Equipos diversos (H)

Los helicópteros certificados para operar sobre el agua deberán estar equipados con:

(1) Un ancla de mar y otros equipos necesarios que faciliten el amarre, anclaje o maniobras del helicóptero en el agua, adecuados para sus dimensiones, peso y características de manejo, y

(2) Equipos para efectuar las señales acústicas prescritas en el Reglamento Internacional para evitar colisiones en el mar, cuando proceda.

5.3.27 Todos los helicópteros en vuelos sobre agua — Amerizaje forzoso (H)

Los helicópteros motopropulsados complejos que operen en un vuelo sobre agua en un entorno hostil a una distancia de tierra correspondiente a más de 10 minutos de tiempo de vuelo a velocidad de crucero normal y los helicópteros motopropulsados distintos de los complejos que operen en un vuelo sobre agua en un entorno hostil a una distancia de tierra de más de 50 NM deberán:

(1) Estar diseñados para amerizar de conformidad con el código de aeronavegabilidad pertinente;

(2) Estar certificados para realizar un amerizaje forzoso de conformidad con el código de aeronavegabilidad pertinente, o

(3) Estar dotados de equipos de flotación de emergencia.

5.3.28 Equipos de protección personal (H)

Todas las personas a bordo deberán llevar un equipo de protección personal adecuado para el tipo de operación que se lleve a cabo.

5.3.29 Auriculares (H)

Siempre que se requiera un sistema de comunicación por radio o radionavegación, el helicóptero deberá estar equipado con un auricular con micrófono de brazo o equivalente y un botón de transmisión en los mandos de vuelo para cada piloto, miembro de la tripulación o especialista requerido en su puesto asignado.

5.3.30 Equipos de comunicación por radio (H)

(1) Los helicópteros que operen en IFR o de noche, o cuando lo estipulen los requisitos del espacio aéreo aplicables, deberán estar equipados con equipos de comunicación por radio que, en condiciones normales de propagación de las ondas de radio, sean capaces de:

(i) Mantener una comunicación bidireccional con fines de control de aeródromo;

(ii) Recibir información meteorológica;

(iii) Mantener una comunicación bidireccional en cualquier momento durante el vuelo con las estaciones aeronáuticas y en las frecuencias que prescriba la autoridad competente, y

(iv) Permitir la comunicación en la frecuencia aeronáutica de emergencia de 121,5 MHz.

(2) Cuando se requiera más de un equipo de comunicaciones, cada uno deberá ser independiente, de modo que un fallo en uno no provoque el fallo de otro equipo.

(3) Cuando se requiera un sistema de comunicación por radio, además del sistema de interfono para la tripulación de vuelo requerido en virtud de SPO.IDE.H.135, los helicópteros deberán estar equipados con un botón de transmisión en los mandos de vuelo para cada piloto y miembro de la tripulación requerido en su puesto asignado.

5.3.31 Equipos de navegación (H)

(1) Los helicópteros deberán estar equipados con un equipo de navegación que les permita operar conforme a:

(i) El plan de vuelo ATS, si procede, y

(ii) Los requisitos del espacio aéreo aplicables.

(2) Los helicópteros deberán disponer de equipos de navegación suficientes para garantizar que, en caso de fallo de un equipo en cualquier fase del vuelo, el equipo restante permitirá la

navegación segura de acuerdo con la letra a) o la ejecución segura de la acción de contingencia pertinente.

(3) Los helicópteros que operen en vuelos en los que se prevea aterrizar en IMC deberán estar equipados con un equipo de navegación capaz de proporcionar guía hasta un punto desde el cual se pueda realizar un aterrizaje visual. Este equipo deberá ser capaz de proporcionar dicha guía para cada aeródromo en el que se pretenda aterrizar en IMC y para los aeródromos alternativos designados.

5.3.32 Transpondedor (H)

Cuando lo exija la normativa del espacio aéreo en el que vuelen, los helicópteros deberán estar equipados con un transpondedor de radar de vigilancia secundario (SSR) con todas las capacidades requeridas.

5.4 MASTER MEL Y MEL

La JAR MMEL/MEL se ha publicado en España por Real Decreto 1762/2007 de 28 de diciembre (BOE de 9 de enero de 2008), en la que se incluyen ya a los Trabajos Aéreos.

5.4.1 Normas comunes para MMEL y MEL:

(1) Es competente el/la Director/a de la AESA para aprobar las MMEL de las aeronaves a las que se les haya emitido un primer certificado de tipo, y las listas MEL de las aeronaves que estén bajo supervisión española, así como sus revisiones y cambios. También le corresponde resolver sobre solicitudes de aceptación de MMEL y la aprobación sus de suplementos, cuando resulte necesario de acuerdo en este Real Decreto.

(2) El operador debe establecer para cada aeronave una MEL, que deberá aprobar la autoridad y deberá estar basada en la MMEL.

(3) El operador (léase el Comandante por ser su representante a bordo) no operará una aeronave si no es de acuerdo con la MEL, a menos que la AESA le conceda una exención que, en ningún caso permitirán una operación por debajo de las MMEL.

(4) Si la MMEL no existe, la MEL deberá estas basada en una lista MMEL alternativa o en una genérica de aeronaves semejantes en tipo y motorización.

(5) Los operadores podrán hacer uso del sistema de extensión de los intervalos de corrección (RIE) según el procedimiento

aprobado. El Operador deberá informar a la AESA del uso de las extensiones en un plazo de 15 días desde el comienzo de la extensión, así como las acusas que lo han motivado.

(6) En caso de uso abusivo de las extensiones, o de irregularidades en su aplicación, o si no están debidamente justificadas cuando no se cumpla con la competencia operacional y de ingeniería requeridas, la AESA iniciará los trámites para la revocación definitiva del procedimiento y suspenderá cautelarmente su eficacia.

(7) La AESA puede, con carácter excepcional y temporal, conceder una exención del cumplimiento de los requisitos de la JAR MMEL-MEL, previa solicitud del operador, cuando el cumplimiento de un requisito sea impracticable o sea necesaria una ampliación temporal para su cumplimiento

(8) Cuando exista un conflicto entre la MMEL / MEL y una Directiva de Aeronavegabilidad o cualquier otro requisito obligatorio (p.ej. Requisito de aeronavegabilidad continuada), prevalecerán estos.

5.4.2 Categorías de los intervalos de corrección:

(1) Categoría A: No se especifica el intervalo, pero sus ítems deberán corregirse según las condiciones estipuladas en la MMEL. Si especifica periodo, éste comenzará a las 00.01 horas del día siguiente al hallazgo.

(2) Categoría B: Sus ítems se corregirán dentro de los 3 días de calendario consecutivos, excluyendo el del hallazgo.

(3) Categoría C: Sus ítems se corregirán dentro de los 10 días de calendario consecutivos, excluyendo el del hallazgo.

(4) Categoría D: Sus ítems se corregirán dentro de los 120 días de calendario consecutivos, excluyendo el del hallazgo.

(5) No se permitirá la operación de la aeronave después de la finalización del Intervalo de Corrección, a menos que:
   (i) Se haya corregido el defecto;
   (ii) El Intervalo de Corrección de haya extendido de acuerdo con el párrafo siguiente.

5.4.3 Extensiones del Intervalo de Corrección (JAR MMEL/ MEL.081)

Sujeto a la aprobación de la Autoridad, el operador puede utilizar un procedimiento para la extensión de los Intervalos de Corrección B, C y D, de la misma duración que la especificada en la MEL siempre que:

(1) Se haya establecido por el operador una descripción de las obligaciones y responsabilidades específicas para controlar la extensiones y que hayan sido aceptadas por la Autoridad, y

(2) El operador únicamente conceda una única extensión del Intervalo de Corrección, y

(3) La Autoridad sea notificada de cualquier extensión concedida dentro de un periodo de tiempo aceptado por la Autoridad que no exceda de un mes, y

(4) La corrección de lleve a cabo lo antes posible.

5.4.4 Operación fuera de límites de la MEL

Sujeto a la aprobación de la Autoridad, el operador puede estar exento de cumplir con la MEL adecuada, siempre que tal exención cumpla con las limitaciones establecidas en la MMEL.

5.5 Tipos de performances

5.5.1 Aviones

El Reglamento AIR OPS prevé tres tipos de performances dependiendo del tipo de avión de que se trate:

(1) Aviones de performance clase A: aviones multimotor propulsados por motores turbohélice con una configuración máxima operativa de asientos de pasajeros (MOPSC) superior a nueve o una masa máxima en el momento del despegue superior a 5.700 kg, y todos los aviones multimotor propulsados por turborreactor;

(2) Aviones de performance clase B: aviones propulsados por motores de hélice con una configuración máxima operativa de asientos de pasajeros (MOPSC) igual o inferior a nueve plazas y una masa máxima en el momento del despegue igual o inferior a 5.700 kg;

(3) Aviones de performance clase C: aviones propulsados por motores alternativos con una configuración máxima operativa de asientos de pasajeros (MOPSC) superior a nueve plazas o una masa máxima en el momento del despegue superior a 5.700 kg.

Cuando no se pueda demostrar el pleno cumplimiento de los requisitos correspondientes, se puede aplicar los estándares aprobados que supongan un nivel de seguridad equivalente.

Se puede autorizar por la Autoridad, que los aviones multimotores con motores turbohélice con una configuración máxima de 9 asientos para pasajeros o con de masa máxima de despegue de 5.700 kg o menos, operen con arreglo a limitaciones operativas alternativas de la Clase A, pero no serán menos restrictivas que las de su clase.

5.5.2 Helicópteros

El Reglamento Air Operations regula tres tipos de operaciones:

(1) **Operación en performance clase 1**: una operación en la que, en caso de fallo del motor crítico, el **helicóptero** puede aterrizar dentro de la distancia de despegue interrumpido disponible o continuar el vuelo en condiciones de seguridad hasta una zona de aterrizaje apropiada, según el momento en que ocurra el fallo;

(2) **Operación en performance clase 2:** una operación en la que, en caso de fallo del motor crítico, se dispone de performance para permitir que el **helicóptero** continúe el vuelo en condiciones de seguridad, excepto si el fallo se produce en los momentos iniciales de la maniobra de despegue o al final de la maniobra de aterrizaje, en cuyo caso puede ser necesario un aterrizaje forzoso;

(3) **Operación en performance clase 3**: una operación en la que, en caso de fallo del motor en cualquier momento durante el vuelo, un aterrizaje forzoso puede ser necesario con un helicóptero multimotor y será necesario con un helicóptero monomotor;

***

CAPÍTULO 6

PROCEDIMIENTOS DE AERÓDROMO

6.1 Concepto

1 El aeródromo es una superficie de límites definidos con inclusión, en su caso, de edificios e instalaciones, apta normalmente para la salida y llegada de aeronaves.

2 Cuando un aeródromo tiene de un modo permanente instalaciones y servicios con carácter público para asistir de modo regular al tráfico aéreo, permitir el aparcamiento y reparaciones del material aéreo y recibir o despachar pasajeros y carga, se denomina aeropuerto.

6.2 Clases

(a) Por su asentamiento:

(1) Terrestres.

(2) Acuáticos (para hidroaviones)

(b) Por su titularidad:

(1) Públicos: Los de interés general propiedad del Estado o de las Corporaciones Públicas.

(2) Privados: Los Regentados por particulares o empresas no estatales.

(c) Por la dependencia:

(1) Civiles: Destinados de manera permanente al tráfico civil.

(2) Militares: Destinados de manera permanente o eventual a servicios militares. Se rigen por una reglamentación especial.

(3) Mixtos: Son aeródromos militares abiertos al tráfico civil. Están regulados por el R.D. 1167/1995, de 7 de julio, modificado por ORDEN de 31 de mayo de 1999. En estos casos, el Jefe de la Base aérea y el Director del aeropuerto ejercen el mando o

dirección de las respectivas zonas militares o civiles que existan o se establezcan en el futuro.

(d) A efectos de aduana:

(1) Aduaneros. Los abiertos al uso público donde funcione de modo regular el servicio de Aduanas.

(2) No aduaneros. Los habilitados exclusivamente para tráfico interior. Estarán sujetos, no obstante, a la vigilancia del Resguardo, que prestarán este servicio bajo la dirección de los funcionarios de Aduanas a quienes especialmente esté encomendada la fiscalización del aeropuerto.

(3) Auxiliares. Los de comercio interior que sean especialmente designados para su utilización en los casos en los que por cualquier causa se declare accidentalmente cerrado el aeropuerto a que correspondan. Sólo entonces podrá funcionar como aeropuerto aduanero.

(e) Por su relación internacional:

(1) Nacionales: Abiertos sólo a vuelos nacionales.

(2) Internacionales: Abiertos al tráfico internacional.

(3) Comunitarios de carácter internacional: Aeropuertos comunitarios que, por autorización expedida por las autoridades competentes, están habilitados para recibir al tráfico aéreo con países no pertenecientes a la UE.

(f) Por su asistencia de servicios de tránsito aéreo:

(1) Controlados: Aeródromo al que se facilita servicio de control de tránsito aéreo para el tránsito de aeródromo. Un aeródromo solamente puede ser considerado controlado durante el periodo de tiempo en que se facilitan estos servicios. La expresión “aeródromo controlado” indica que se facilita servicio de control para el tránsito de aeródromo, pero no implica que tenga que existir necesariamente una zona de control.

(2) No controlados: El que no tiene esas facilidades.

(3) No controlados AFIS: Aeródromo no controlado en el que se suministra servicio de información de vuelo de aeródromo y servicio de alerta. Un aeródromo solamente puede ser considerado como “aeródromo AFIS” durante el periodo de tiempo en el que se suministran estos servicios.

(g) Por su relación con la operación de vuelo:

(1) De despegue: Aquel desde el que se inicia un vuelo.

(2) De aterrizaje: Aquel a donde se pretende volar.

(3) De alternativa de destino: Aquel al que podría volar una aeronave cuando fuera imposible o no fuera aconsejable dirigirse al de aterrizaje previsto o aterrizar en el mismo.

(4) De alternativa post – despegue: Aquel donde podría aterrizar una aeronave poco después del despegue, si no fuera posible volver al de salida.

(5) De alternativa en ruta: Aquel donde podría aterrizar una aeronave si ésta fuera objeto de condiciones anormales o de emergencia en ruta.

(6) Eventuales: Aquellas superficies que reúnen las condiciones mínimas de seguridad para ser utilizadas por las aeronaves de forma temporal.

6.2.1 Aeródromos de uso restringido

(1) Definición:

Aeródromo de uso restringido es cualquier infraestructura, incluidos los destinados a aeronaves ultraligeras, hidroaeródromos y helipuertos, distinto de los aeródromos de uso público definidos en el artículo 1.3 del Real Decreto 862/2009, de 14 de mayo, por el que se aprueban las normas técnicas de diseño y operación de aeródromos de uso público y el reglamento de certificación y verificación de aeropuertos y otros aeródromos de uso público.

(2) Clases:

(i) Aeródromos restringidos especializados, en adelante aeródromos especializados, aquéllos en los que se realicen operaciones de transporte sanitario, lucha contraincendios y transporte de los medios adscritos a contraincendios, mantenimiento en base, escuelas de vuelo o vuelos turísticos, con independencia de que su uso esté limitado a los usuarios expresamente autorizados por su gestor o de que ofrezcan sus servicios a cualquier usuario.

(ii) Asimismo, se consideran aeródromos especializados aquéllos destinados a las operaciones de aviación general que ofrezcan sus servicios a todos los usuarios.

(iii) Aeródromos restringidos de uso privado, en adelante aeródromos de uso privado, aquéllos que sólo pueden ser utilizados por el titular de la instalación aeroportuaria y por las personas a las que su gestor permita el acceso para la realización de operaciones distintas de las previstas en el primer párrafo de del punto (1).

(3) Competencia:

La Agencia Estatal de Seguridad Aérea es competente para:

(i) El ejercicio de la función de inspección, auditoría y supervisión del cumplimiento de las condiciones de seguridad operacional establecidas en este real decreto y en sus disposiciones de desarrollo y aplicación.

(ii) El ejercicio de esta función inspectora se regirá por lo dispuesto en la Ley 21/2003, de 7 de julio, y en el Reglamento de inspección aeronáutica aprobado por el Real Decreto 98/2009, de 6 de febrero.

(iii) Resolver sobre el cumplimiento de las normas técnicas de seguridad operacional establecidas en este real decreto.

(iv) Aceptar los medios alternativos de cumplimiento propuestos y aprobar los estudios aeronáuticos de seguridad previstos en este real decreto.

(4) Limitaciones de uso y de operación

(i) La ausencia, limitación, suspensión o revocación de la resolución de la Agencia Estatal de Seguridad Aérea o, según proceda, conforme a lo previsto en el artículo 9, de la autorización de la comunidad autónoma que acrediten el cumplimiento de las normas técnicas de seguridad operacional establecidas en este real decreto supone la pérdida o limitación de la capacidad del aeródromo para las operaciones aéreas.

(ii) Además y sin perjuicio del cumplimiento de otros requisitos adicionales exigidos por la normativa autonómica de aplicación, el aeródromo de uso restringido sólo podrá ser usado por aquellas aeronaves de tamaño igual o inferior a la aeronave tomada en cuenta para su diseño.

(iii) En caso de que, ocasionalmente, el aeródromo vaya a ser usado por una aeronave de tamaño o performance superior a la tomada en cuenta para su diseño, deberá presentarse un estudio aeronáutico de seguridad que garantice un nivel de seguridad operacional equivalente y que deberá ser aprobado por la Agencia Estatal de Seguridad Aérea, conforme al siguiente procedimiento:

(A) En el supuesto previsto en el artículo 9.2, letra a), mediante informe preceptivo y vinculante de la Agencia

Estatal de Seguridad Aérea, previa aprobación por ésta del estudio aeronáutico de seguridad en el que se sustenten los medios alternativos de cumplimiento, emitido con anterioridad a su admisión por el órgano competente de la comunidad autónoma a los efectos del procedimiento de autorización de la apertura al tráfico o sus modificaciones.

(B) En el resto de los supuestos, mediante resolución del Director de Seguridad de Aeropuertos y Navegación Aérea, en la que así se acuerde previa aprobación del estudio aeronáutico de seguridad, emitida a solicitud del gestor aeroportuario presentada directamente ante la Agencia Estatal de Seguridad Aérea o a través del órgano competente de la comunidad autónoma cuando así esté previsto en la normativa autonómica que resulte aplicable.

(h) Las operaciones de aeronaves en los aeródromos de uso restringido se realizarán, exclusivamente, conforme a las reglas de vuelo visual, ya sea VFR o VFR nocturno, en función de las normas de seguridad operacional que, en cada caso, haya acreditado la infraestructura conforme a los procedimientos de comprobación previstos en este real decreto.

6.3 Competencia sobre aeródromos y aeropuertos

La competencia sobre los aeródromos es:

(a) Del Estado: Corresponde al Ministerio de Fomento la construcción, calificación, inspección y explotación de los aeropuertos y aeródromos públicos, así como la determinación de los requisitos exigibles para otorgar concesiones dentro de ellos (art. 42 de la LNA). Depende del Ministerio de Defensa lo relativo a los aeródromos militares.

(b) De las Comunidades Autónomas: La Constitución Española de 1978, art. 148,6º, establece que las Comunidades Autónomas pueden asumir competencias para aeródromos deportivos (en la norma pone "aeropuertos") y, en general, los que no desarrollen actividades comerciales.

(c) De los particulares: La Orden Ministerial de 26 de octubre de 1966 establece los requisitos y condiciones para que se puedan establecer. Deben contar con una serie de instalaciones necesarias y se atendrá a los requerimientos técnicos necesarios para su ubicación, longitud de pista, obstáculos, balizamiento, extintores de incendios, comunicaciones, etc.

6.4 Operador de Aeródromos. Operaciones, gestión y responsabilidades

Bien es sabido que las compañías de Operaciones Comerciales Especializadas (SPO) operan desde pequeños aeródromos, muchas veces privados y aislados. Hay una regulación especifica sobre las operaciones de gestión de estos aeródromos, y de las responsabilidades de sus operadores. Estas vienen reguladas en el Anexo VII del Reglamento (UE) 2018/1139. El incumplimiento de cualquiera de estas responsabilidades puede conllevar la apertura de un procedimientos sancionador por la AESA.

De acuerdo con este precepto, siendo el operador de aeródromos el responsable de su explotación, tiene las siguientes responsabilidades:

(a) Dispondrá, directamente o mediante acuerdos con terceros, de todos los medios necesarios para garantizar la operación segura de las aeronaves en el aeródromo. Entre estos medios se incluirán, entre otros, las instalaciones, el personal, los equipos y el material, la documentación de las tareas, las responsabilidades y los procedimientos, el acceso a los datos pertinentes y el registro de datos;

(b) El operador del aeródromo verificará que se cumplen en todo momento los requisitos del punto 1 o tomará las medidas adecuadas para mitigar los riesgos que conlleve su incumplimiento. Se establecerán y aplicarán procedimientos para mantener informados a todos los usuarios de estas medidas con la debida prontitud;

(c) Elaborará y aplicará un programa adecuado de gestión de los riesgos derivados de la fauna del aeródromo directamente o mediante acuerdos con terceros;

(d) Garantizará, directamente o mediante acuerdos con terceros, que los movimientos de vehículos y personas en la zona de movimiento y otras zonas operativas están coordinados con los movimientos de las aeronaves para evitar colisiones y daños a las aeronaves;

(e) Garantizará que se han establecido y aplican procedimientos para mitigar los riesgos relacionados con las operaciones del aeródromo en condiciones invernales, en condiciones meteorológicas adversas, con visibilidad reducida o de noche, en su caso;

(f) Formalizará acuerdos con otras organizaciones pertinentes para garantizar el cumplimiento permanente de los requisitos esenciales establecidos en el Anexo VII del Reglamento para los aeródromos. Entre tales organizaciones se incluyen, entre otros, los operadores de aeronaves, los proveedores de servicios de navegación aérea, los proveedores de servicios de asistencia en tierra, los proveedores de servicios de dirección en la plataforma y otras organizaciones cuyas actividades o productos puedan incidir en la seguridad de la aeronave;

(g) Verificará que las organizaciones involucradas en el almacenamiento y la distribución de combustible o energía de propulsión para las aeronaves cuenten con procedimientos para garantizar que las aeronaves reciben combustible o energía de propulsión no contaminados y con las especificaciones correctas;

(h) Se dispondrá de manuales de uso y mantenimiento de los equipos del aeródromo, que se aplicarán en la práctica y en los que se recogerán las instrucciones de mantenimiento y reparación, la información sobre los servicios de mantenimiento y los procedimientos de localización de averías y de inspección;

(i) Elaborará, directamente o mediante acuerdos con terceros, y aplicará, un plan de emergencia del aeródromo que cubra los supuestos de emergencia que puedan darse en el aeródromo o en sus alrededores. Este plan se coordinará, en su caso, con el plan de emergencia de la comunidad;

(j) Garantizará, directamente o mediante acuerdos con terceros, que el aeródromo dispone de servicios adecuados de rescate y de extinción de incendios. Estos servicios responderán a cualquier incidente o accidente con la debida urgencia e incluirán, como mínimo, agentes extintores y un número suficiente de personal;

(k) Utilizará solamente personal formado y cualificado para las operaciones y el mantenimiento del aeródromo y aplicará y mantendrá, directamente o a mediante acuerdos con terceros, programas de formación y control que garanticen la competencia permanente de todo el personal pertinente;

(l) Garantizará que toda persona a la que se permita acceder no acompañada a la zona de movimiento o a otras zonas operativas está adecuadamente formada y cualificada para ello;

(m) El personal de rescate y de extinción de incendios estará adecuadamente formado y cualificado para actuar en el entorno del aeródromo. El operador del aeródromo aplicará y mantendrá, directamente o mediante acuerdos con terceros, programas de formación y control que garanticen la competencia permanente del citado personal, y

(n) Todo el personal de rescate y extinción de incendios que pueda requerirse para intervenir en emergencias de aviación demostrará periódicamente su aptitud psicofísica para ejecutar sus tareas de manera satisfactoria, teniendo en cuenta el tipo de actividad. En este contexto, la aptitud psicofísica, que comprenderá la aptitud física y mental, significa que el personal en cuestión no deberá sufrir ningún tipo de enfermedad o discapacidad que le incapacite para:

(i) Desempeñar las tareas necesarias para actuar en emergencias de aviación,

(ii) Llevar a cabo las tareas que le hayan sido asignadas en todo momento, o

(iii) Tener una percepción correcta de su entorno.

- Además, según convenga al tipo de actividad desarrollada y al tamaño de la organización, el operador del aeródromo deberá aplicar y mantener un sistema de gestión para garantizar el cumplimiento de los requisitos esenciales establecidos en el presente anexo, gestionar los riesgos de seguridad y tratar de mejorar dicho sistema de manera permanente.
- El operador del aeródromo establecerá un sistema de notificación de sucesos en el marco del sistema de gestión contemplado en el punto anterior, a fin de contribuir al objetivo de una mejora constante de la seguridad. El análisis de la información de este sistema de notificación de sucesos implicará a las partes indicadas en el punto de la letra f), según corresponda. El sistema de notificación de sucesos estará en consonancia con el derecho aplicable de la Unión.
- El operador del aeródromo elaborará un manual del aeródromo y actuará de acuerdo con este manual. Dicho manual contendrá todas las instrucciones, información y procedimientos necesarios para el aeródromo y el sistema de gestión, y para que el personal de operaciones y mantenimiento pueda desempeñar sus funciones.

6.5 Disponibilidad de aeródromos y helipuertos

Los vuelos comerciales únicamente están autorizados a operar en aeropuertos públicos, salvo en caso de emergencia o con autorización específica de la AESA.

6.5.1 Aeropuertos públicos

Los horarios, servicios, restricciones locales de vuelo, configuración, etc., figuran en la Sección AD 2 del AIP.

(1) Condiciones aplicables al aterrizaje y estacionamiento de aeronaves:

(i) Derechos aeronáuticos: Las tasas y tarifas aplicables al aterrizaje y estacionamiento se publican regularmente por el Ministerio de Fomento y figuran en la Sección GEN 4.1 del AIP. Toda aeronave debe abonar los derechos devengados por su operación antes de abandonar el aeródromo, salvo acuerdo alcanzado con AENA para el cobro periódico de dichos derechos.

El hecho de no abonar estos derechos implica que la aeronave sea retenida en tierra.

(ii) Slots aeroportuarios: Todas las operaciones comerciales y, en los aeropuertos que así se especifique, las no comerciales, deberán conseguir la correspondiente autorización o slot aeroportuario de la Oficina de Control de Slots, de acuerdo con los procedimientos establecidos.

(iii) Documentación administrativa: Tanto a la entrada como a la salida de aeronaves se requerirá la presentación del documento "Formulario estadístico de tráfico aéreo" de acuerdo con el procedimiento establecido en GEN 1.2 del AIP.

(2) Tráfico de personas o vehículos:
Los aeropuertos públicos se dividen en dos zonas:

(i) Zona pública: Abarca la parte del aeropuerto abierta al público;

(ii) Zona restringida: El resto del aeropuerto.

El acceso de personas al área restringida está regulado por la LNA y por las prescripciones locales establecidas por la administración del aeropuerto.

Los vehículos y personas autorizados a acceder al área restringida dispondrán de la acreditación correspondiente emitida por el Departamento de Seguridad Aeroportuaria del aeropuerto. Para conducir vehículos y/o equipos en el área restringida será necesario disponer de Permiso de Circulación de Plataforma en vigor expedido por la Dirección del Aeropuerto.

6.5.2 Bases aéreas abiertas al tráfico civil.

Durante el horario operativo y con las restricciones locales que se publiquen en la Sección AD 2 del AIP, la utilización de las bases abiertas al tráfico civil es la misma que la de los aeropuertos públicos.

6.6 Seguridad Pública

Estará a cargo del Ministerio del Interior a través de los Cuerpos y Fuerzas de Seguridad del Estado (Orden 5 de diciembre de 1979).

(1) Corresponde la Policía Nacional:

- (i) Controlar la entrada y salida de nacionales y extranjeros por los aeropuertos y aeródromos civiles;
- (ii) Intervenir en los casos de alteración del orden público o de la seguridad ciudadana, para su restablecimiento.

(2) Corresponde al Cuerpo de la Guardia Civil;

- (i) Vigilancia, control y custodia de todas las zonas e instalaciones,
- (ii) Colaboración con las autoridades dependientes del Ministerio de Hacienda para la prestación de los servicios fiscales que deban realizar para perseguir el contrabando y el fraude fiscal.

Se establecerá un plan regulador para prevenir el orden público y la seguridad ciudadana, que deberá ser elaborado por la Comisión Interministerial de Defensa y Fomento (CIDEFO).

El Ministerio del Interior, por Orden, el 10 de septiembre de 2001 entrega a la Policía Nacional en control de carácter fijo o móvil de la entrada y salida del territorio nacional así como la seguridad interior de los aeropuertos en los que tengan su base, quedando la Guardia Civil para las inspecciones de Aduana .

En la actualidad hay compañías de seguridad privada que ayudan a la Guardia Civil en las labores de control de personas y equipajes de mano, de acuerdo con el Convenio de Colaboración suscrito entre el Ministerio del Interior y el Ente Público AENA, el 29 de junio de 1999.

6.7 Seguridad Aeroportuaria

(1) Disposiciones generales

(i) Se considerarán partes o elementos de un aeropuerto toda aeronave, autobús, carretilla o remolque portaequipaje y cualquier otro medio de transporte, así como todo camino peatonal, pasarela de evacuación o pista.

(ii) La autoridad competente podrá autorizar procedimientos especiales de seguridad o podrá conceder exenciones en cuanto a la protección y seguridad de las zonas de operaciones aeroportuarias en días en los que no haya programados más de 8 vuelos de salida, a condición de que no más de una aeronave deba someterse a operaciones de carga, descarga, embarque o desembarque en cualquier momento, bien dentro de las zonas críticas de las zonas restringidas de seguridad aeroportuaria.

(2) Requisitos de planificación aeroportuaria

(i) Los límites entre el sector de tierra, la zona de operaciones, las zonas restringidas de seguridad, las partes críticas y, cuando proceda, las zonas demarcadas, serán claramente reconocibles en todo aeropuerto a fin de facilitar la adopción de las medidas de seguridad oportunas en todas esas zonas.

(ii) El límite entre el sector de tierra y la zona de operaciones constituirá un obstáculo físico claramente visible para el público en general que impida el acceso a personas no autorizadas.

(3) Zonas restringidas de seguridad

(i) Entre las zonas restringidas de seguridad se incluirán, al menos:

(A) Un área aeroportuaria a la que tengan acceso los pasajeros en espera de embarcar que hayan pasado el control;

(B) Un área por la que pueda circular o en la que se pueda guardar el equipaje facturado pendiente de embarque ya controlado, salvo en lo que concierne al «equipaje seguro», y

(C) Una zona aeroportuaria utilizada para el estacionamiento de toda aeronave sujeta a operaciones de carga o embarque.

(ii) Se considerará zona restringida de seguridad cualquier zona del aeropuerto al menos durante el período en que estén teniendo lugar las actividades mencionadas en el punto anterior.

(iii) Una vez establecida una zona restringida de seguridad, y en aquellos casos en que personas no autorizadas hubiesen podido tener acceso a zonas restringidas de seguridad, se efectuará un registro de seguridad de todas aquellas partes que hubiesen podido contaminarse inmediatamente antes del establecimiento de dicha zona, con objeto de cerciorarse de que no contiene artículos prohibidos. Esta disposición se considerará cumplida por toda aeronave sometida a un registro de seguridad.

(4) Zonas críticas de las zonas restringidas de seguridad

(i) Se establecerán zonas críticas en los aeropuertos en los que más de 40 miembros del personal esté en posesión de tarjetas de identificación que permitan el acceso a las zonas restringidas de seguridad.

(ii) Entre las zonas críticas se incluirán, al menos:

(A) Todas las áreas aeroportuarias a las que tengan acceso los pasajeros en espera de embarcar que hayan pasado el control, y

(B) Todas aquellas zonas de un aeropuerto por las que pueda circular o en las que se pueda guardar el equipaje facturado pendiente de embarque ya controlado, salvo si se trata de «equipaje seguro».

(iii) Un área del aeropuerto se considerará zona crítica, mientras se estén realizando las actividades anteriores de las letras a) o b).

(iv) Una vez establecida una zona crítica, y en aquellos casos en que personas no sometidas a control hubiesen podido tener acceso a zonas críticas se efectuará un registro de seguridad de todas aquellas partes que hubiesen podido contaminarse inmediatamente antes de su establecimiento con objeto de cerciorarse de que no contiene artículos prohibidos. Esta disposición se considerará cumplida por toda aeronave sometida a un registro de seguridad.

(5) Control de accesos

(i) Acceso a las zonas de operaciones

(A) Sólo se autorizará el acceso a las zonas de operaciones a las personas o vehículos que tengan un motivo legítimo para encontrarse en ellas.

(B) Tan sólo tendrán acceso a las zonas de operaciones

aquellas personas que estén acreditadas.

(C) Las personas con acceso a las zonas de operaciones deberán exhibir por motivos de seguridad, cuando se les solicite, las acreditaciones pertinentes.

(ii) Acceso a las zonas restringidas de seguridad

(A) Tan sólo podrán acceder a las zonas restringidas de seguridad aquellas personas que exhiban una de las siguientes autorizaciones o credenciales:
- una tarjeta de embarque válida o equivalente;
- una tarjeta de identificación como miembro de la tripulación válida;
- una tarjeta de identificación como personal del aeropuerto válida;
- una tarjeta de identificación como autoridad nacional competente válida, o
- una tarjeta de identificación válida como autoridad encargada de velar por el cumplimiento de la normativa reconocida por la autoridad nacional competente.

(B) Se controlarán las tarjetas de identificación anteriores, a fin de garantizar razonablemente su validez y que corresponden a quien las porta antes de conceder a su portador acceso a las zonas restringidas de seguridad.

(C) Para impedir el acceso sin autorización a las zonas restringidas de seguridad, se instalarán puntos de control en los accesos consistentes en:
- Un sistema electrónico que restrinja el acceso a una persona cada vez, o
- Personas autorizadas encargadas de supervisar y efectuar el pertinente control de los accesos.

(D) Asimismo, el acceso a las zonas restringidas de seguridad deberá regirse por las disposiciones adicionales que se establezcan en una decisión específica de la Comisión.

(6) Vigilancia, patrullas y otros controles físicos.

(i) Se efectuarán servicios de vigilancia y patrulla con objeto de controlar:

(A) Los límites entre el sector de tierra, la zona de operaciones, las zonas restringidas de seguridad, las zonas críticas y, cuando proceda, las zonas demarcadas;

(B) Las áreas inherentes o adyacentes a la terminal de

acceso público, incluidas las zonas de estacionamiento, pistas y carreteras de servicio;
- (C) La exhibición y validez de las tarjetas de identificación del personal en zonas restringidas de seguridad en que no haya pasajeros presentes;
- (D) La exhibición y validez de los pases para vehículos en zonas de operaciones, y
- (E) El equipaje facturado, la carga, el correo, las provisiones de a bordo y el correo y material de la compañía aérea en espera de embarque en zonas críticas.

(ii) La autoridad competente determinará la frecuencia y los medios con los que hayan de efectuarse los servicios de vigilancia y patrulla en virtud de una evaluación de riesgos, teniendo en cuenta:
- (A) Las dimensiones del aeropuerto, incluidos el volumen y el tipo de las operaciones;
- (B) La estructura del aeropuerto, en particular la interrelación entre las distintas zonas aeroportuarias existentes, y
- (C) Las posibilidades y limitaciones de los medios con los que hayan de efectuarse los servicios de vigilancia y patrulla.

(iii) Las partes de la evaluación de riesgos relativas a la frecuencia y medios de los servicios de vigilancia y patrulla se facilitarán por escrito para comprobar la observancia de las actuaciones encaminadas a hacer cumplir la normativa.

(iv) Los servicios de vigilancia y patrulla no seguirán un patrón previsible. La validez de las tarjetas de identificación se someterá a un control aleatorio.

(v) Se adoptarán las medidas oportunas tanto para impedir la transgresión de los puntos de acceso como para resolver y subsanar, en caso de verificarse dicha transgresión, la situación de incumplimiento y sus efectos.

(7) Tarjetas de identificación para tripulantes comunitarios

Ver capítulo 4.14, (b) de este manual.

6.8 Procedimientos Operativos de Aeródromo

Todo este subcapítulo viene regulado en la Subparte B de la Parte SDPO. El operador deberá utilizar exclusivamente aeródromos y lugares de operación adaptados al tipo de aeronave y de operación pertinentes.

6.8.1 Determinación de aeródromos aislados — Aviones

Para la determinación de aeródromos alternativos y para el cálculo de abastecimiento de combustible, el operador deberá considerar un aeródromo como aeródromo aislado si el tiempo de vuelo hasta el aeródromo de destino alternativo más próximo es superior a:

(1) 60 minutos, en el caso de los aviones con motores alternativos, o

(2) 90 minutos, en el caso de los aviones con motores de turbina.

6.8.2 Mínimos de operación de aeródromo. Aviones y helicópteros

(1) En los vuelos efectuados conforme a las reglas de vuelo por instrumentos (IFR), el operador o el Piloto al Mando deberá especificar los mínimos de operación de cada aeródromo de salida, destino y alternativo que se utilice. Dichos mínimos:

- (i) No deberán ser inferiores a los establecidos por el Estado en el que se encuentre situado el aeródromo, salvo que ese Estado apruebe específicamente lo contrario, y
- (ii) Al llevar a cabo operaciones con baja visibilidad, deberán ser aprobados por la autoridad competente de conformidad con el anexo V (parte SPA), subparte E, del Reglamento (UE) no 965/2012.

(2) Al establecer los mínimos de operación de aeródromo, el operador o el Piloto al Mando deberá tener en cuenta los siguientes factores:

- (i) El tipo, performance y características de manejo de la aeronave;
- (ii) 2) la competencia y experiencia de la tripulación de vuelo y, si procede, su composición;
- (iii) Las dimensiones y características de las pistas y áreas de aproximación final y despegue (FATO) que puedan ser seleccionadas para su uso;
- (iv) La idoneidad y el funcionamiento de las ayudas visuales y no visuales disponibles en tierra;
- (v) Los equipos disponibles en la aeronave para la navegación o control de la trayectoria de vuelo durante el despegue, aproximación, enderezamiento, aterrizaje, presentación en tierra y aproximación frustrada;

(vi) Los obstáculos en las áreas de aproximación, aproximación frustrada y ascenso que se requieren para la ejecución de los procedimientos de contingencia;

(vii) La altitud/altura de franqueamiento de obstáculos para los procedimientos de aproximación por instrumentos;

(viii) Los medios para determinar las condiciones meteorológicas e informar de ellas, y

(ix) La técnica de vuelo que habrá de utilizarse durante la aproximación final.

(3) Los mínimos para un procedimiento determinado de aproximación y aterrizaje solo se utilizarán si se cumplen las siguientes condiciones:

(i) Si están operativos los equipos de tierra necesarios para el procedimiento previsto;

(ii) Si están operativos los sistemas de la aeronave necesarios para el tipo de aproximación;

(iii) Si se cumplen los criterios requeridos de performance de la aeronave, y

(iv) Si la tripulación de vuelo está debidamente cualificada.

6.8.3 Mínimos de operación de aeródromo — Operaciones NPA, APV, CAT I

(1) La altura mínima de descenso (MDH) para una operación NPA efectuada sin la técnica CDFA no deberá ser inferior al mayor de los siguientes valores:

(i) La OCH para la categoría de la aeronave;

(ii) El mínimo del sistema especificado en la tabla 1, o

(iii) La MDH mínima especificada en el AFM, si se ha establecido.

(2) La altura de decisión (DH) que se utilizará para una aproximación de no precisión (NPA) efectuada con la técnica de descenso continuo para aproximación final (CDFA), un procedimiento

MDH y visibilidad mínima para vuelo en circuito en función de la categoría de avión

	Categoría de avión			
	A	B	C	D
MDH (pies)	400	500	600	700
Visibilidad meteorológica mínima (m)	1 500	1 600	2 400	3 600

de aproximación con guía vertical (APV) o una operación de categoría I (CAT I) no deberá ser inferior al mayor de los siguientes valores:

(i) La altura mínima hasta la que se puede utilizar la ayuda de aproximación sin la referencia visual requerida;

(ii) La altura de franqueamiento de obstáculos (OCH) para la categoría de la aeronave;

(iii) La DH del procedimiento de aproximación publicado, si procede;

Mínimos del sistema

Instalación	Menor DH/MDH (pies)
Sistema de aterrizaje por instrumentos (ILS)	200
Sistema de navegación global por satélite (GNSS)/Sistema de aumento basado en satélites (SBAS) [Aproximación de precisión lateral con guía vertical (LPV)]	200
GNSS [Navegación lateral (LNAV)]	250
GNSS/Navegación vertical barométrica (VNAV) (LNAV/VNAV)	250
Localizador (LOC) con o sin equipo de medición de distancias (DME)	250
Aproximación con radar de vigilancia (SRA) (terminando a 0,5 NM)	250
SRA (terminando a 1 NM)	300
SRA (terminando a 2 NM o más)	350
Radiofaro omnidireccional de muy alta frecuencia (VOR)	300
VOR/DME	250
Radiofaro no direccional (NDB)	350
NDB/DME	300
Estación radiogoniométrica de muy alta frecuencia (VDF)	350

(iv) El mínimo del sistema especificado en la tabla 1, o

(v) La DH mínima que se especifique en el AFM o documento equivalente, si se hubiera establecido.

6.8.4 Mínimos de operación de aeródromo — Operaciones en circuito con aviones

(1) La MDH para una operación en circuito con aviones no deberá ser inferior al mayor de los siguientes valores:

(i) La OCH en circuito publicada para la categoría de avión;

(ii) La altura de circuito mínima obtenida de la tabla 1, o

(iii) La DH/MDH del anterior procedimiento de aproximación por instrumentos.

(2) La visibilidad mínima para una operación en circuito con aviones deberá ser la más alta de los siguientes valores:

(i) La visibilidad en circuito para la categoría de avión, si se ha publicado;

(ii) La visibilidad mínima obtenida de la tabla 2, o

(iii) El alcance visual en pista/la visibilidad meteorológica convertida (RVR/CMV) del procedimiento de aproximación por instrumentos anterior.

6.8.5 Mínimos de operación de aeródromo — Operaciones en circuito sobre tierra con helicópteros

La MDH para una operación en circuito sobre tierra con helicópteros no deberá ser inferior a 250 pies, y la visibilidad meteorológica no inferior a 800 m.

6.8.6 Procedimientos de salida y aproximación — Aviones y helicópteros

(1) El Piloto al Mando deberá utilizar los procedimientos de salida y aproximación establecidos por el Estado titular del aeródromo, si se han publicado dichos procedimientos para la pista o la FATO que se utilizará.

(2) El Piloto al Mando podrá desviarse de una ruta de salida o de llegada o de un procedimiento de aproximación publicados:

(i) Siempre que se cumplan los criterios de franqueamiento de obstáculos, se tengan plenamente en cuenta las condiciones operacionales y se respeten las autorizaciones de ATC, o

(ii) Al recibir vectores de radar por una dependencia ATC.

(3) En el caso de las operaciones con aeronaves motopropulsadas complejas, el tramo de aproximación final deberá ejecutarse visualmente o de acuerdo con los procedimientos de aproximación publicados.

6.8.7 Procedimientos de atenuación del ruido

El Piloto al Mando deberá tener en cuenta los procedimientos de atenuación del ruido publicados para reducir al mínimo el efecto del ruido de las aeronaves, anteponiendo siempre la seguridad a la atenuación del ruido.

6.8.8 Altitudes mínimas de franqueamiento de obstáculos — Vuelos IFR

(1) El operador deberá especificar un método para establecer las altitudes mínimas de vuelo que proporcionen la separación requerida con el terreno en todos los tramos de ruta en los que se vaya a volar en IFR.

(2) El Piloto al Mando deberá establecer las altitudes mínimas de vuelo para cada vuelo basándose en este método. Las altitudes mínimas de vuelo no deberán ser inferiores a las publicadas por el Estado que se sobrevuele.

6.8.9 Abastecimiento de combustible y aceite — Aviones

(1) El Piloto al Mando solo deberá iniciar un vuelo si el avión lleva suficiente combustible y aceite para:

- (i) En el caso de los vuelos según las reglas de vuelo visual (VFR):
  - (A) De día, volar hasta el aeródromo de aterrizaje previsto y, a partir de ese momento, para volar por lo menos durante 30 minutos a una altitud normal de crucero, o
  - (B) De noche, volar hasta el aeródromo de aterrizaje previsto y, a partir de ese momento, para volar por lo menos durante 45 minutos a una altitud normal de crucero;
- (ii) En el caso de los vuelos IFR:
  - (A) Cuando no se requiera aeródromo de destino alternativo, volar hasta el aeródromo de aterrizaje previsto y, a partir de ese momento, para volar por lo menos durante 45 minutos a una altitud normal de crucero, o
  - (B) Cuando se requiera aeródromo de destino alternativo, volar hasta el aeródromo de aterrizaje previsto, a un aeródromo alternativo y, a partir de ese momento, para volar por lo menos durante 45 minutos a una altitud normal de crucero.

(2) Al calcular el combustible necesario, incluida la previsión de una contingencia, se tendrá en cuenta lo siguiente:

(i) Las condiciones meteorológicas previstas;

(ii) Las rutas ATC y demoras de tráfico previstas;

(iii) Los procedimientos en caso de pérdida de presurización o fallo de un motor en ruta, si procede, y

(iv) Cualquier otra situación que pueda retrasar el aterrizaje del avión o aumentar el consumo de combustible o aceite.

(3) En vuelo, nada deberá imposibilitar la modificación de un plan de vuelo con el fin de volver a planificarlo hacia otro destino, siempre que se cumplan todos los requisitos a partir del punto en que se vuelve a planificar el vuelo.

6.8.10 Abastecimiento de combustible y aceite — Helicópteros

(1) El Piloto al Mando solo deberá iniciar un vuelo si el helicóptero lleva suficiente combustible y aceite para:

(i) En el caso de los vuelos VFR:

(A) Volar hasta el aeródromo o lugar de operación previsto para el aterrizaje y, a partir de ese momento, volar durante al menos 20 minutos a la velocidad de máximo alcance, o

(B) En el caso de los vuelos VFR diurnos, volar con combustible de reserva que permita al menos 10 minutos de vuelo a la velocidad de máximo alcance, siempre que se mantenga en un radio de 25 NM del aeródromo o lugar de operación de salida, y

(ii) En el caso de los vuelos IFR:

(A) Cuando no se requiera aeródromo alternativo o no se disponga de un aeródromo alternativo con meteorología favorable, volar al aeródromo o lugar de operación previsto para el aterrizaje y, a partir de ese momento, para volar durante 30 minutos a velocidad normal de crucero a 450 m (1 500 pies) sobre el aeródromo o lugar de operación de destino en condiciones de temperatura estándar, realizar la aproximación y aterrizar, o

(B) Cuando se requiera un aeródromo alternativo, volar hasta el aeródromo o lugar de operación previstos para el aterrizaje, ejecutar una aproximación y una aproximación frustrada y, a partir de ese momento:

- volar hasta el aeródromo alternativo especificado, y
- volar durante 30 minutos a velocidad normal de espera a 450 m (1 500 pies) sobre el aeródromo o lugar de operación alternativo en condiciones de temperatura estándar, realizar la aproximación y aterrizar.

(2) Al calcular el combustible necesario, incluida la previsión de una contingencia, se tendrá en cuenta lo siguiente:

(i) Las condiciones meteorológicas previstas;

(ii) Las rutas ATC y demoras de tráfico previstas;

(iii) El fallo de un motor en ruta, si procede, y

(iv) Cualquier otra situación que pueda retrasar el aterrizaje del avión o aumentar el consumo de combustible o aceite.

(3) En vuelo, nada deberá imposibilitar la modificación de un plan de vuelo con el fin de volver a planificarlo hacia otro destino, siempre que se cumplan todos los requisitos a partir del punto en que se vuelve a planificar el vuelo.

6.8.11 Instrucciones de seguridad

(1) El operador deberá garantizar que, antes del despegue, se den instrucciones previas a los especialistas sobre:

(i) Los equipos y procedimientos de emergencia;

(ii) Los procedimientos operativos relacionados con la tarea especializada antes de cada vuelo o serie de vuelos

(2) Las instrucciones previas mencionadas en la letra a), punto 2, podrán sustituirse por un programa de formación inicial y continua. En tal caso, el operador también deberá definir los requisitos de experiencia reciente.

6.8.12 Preparación del vuelo

(1) Antes de comenzar un vuelo, el Piloto al Mando deberá cerciorarse por todos los medios razonables a su alcance de que las instalaciones de tierra o agua, incluidas las instalaciones de comunicaciones y las ayudas a la navegación disponibles y directamente requeridas para dicho vuelo, con vistas a la operación segura de la aeronave, resultan adecuadas para el tipo de operación en la que se lleva a cabo el vuelo.

(2) Antes de iniciar un vuelo, el Piloto al Mando deberá familiarizarse

con toda la información meteorológica disponible y adecuada para el vuelo previsto. La preparación para un vuelo lejos de las proximidades del lugar de salida, y para todos los vuelos IFR, deberá incluir:

(i) Un estudio de los informes y pronósticos meteorológicos disponibles, y

(ii) La planificación de una acción alternativa para prever la eventualidad de que el vuelo no pueda completarse como estaba previsto debido a las condiciones meteorológicas.

6.8.13 Aeródromos alternativos de despegue — Aviones motopropulsados complejos

(1) Para los vuelos IFR, el Piloto al Mando deberá especificar en el plan de vuelo al menos un aeródromo alternativo de despegue con meteorología favorable, si las condiciones meteorológicas en el aeródromo de salida son iguales o inferiores a los mínimos de operación del aeródromo correspondiente o si no fuera posible volver al aeródromo de salida por otras razones.

(2) El aeródromo alternativo de despegue deberá estar situado a una distancia máxima desde el aeródromo de salida:

(i) En el caso de los aviones bimotores, no mayor a una distancia equivalente a un tiempo de vuelo de una hora a la velocidad de crucero con un solo motor, en condiciones normales de aire en calma, y

(ii) En el caso de los aviones con tres o más motores, no mayor a una distancia equivalente a un tiempo de vuelo de dos horas a la velocidad de crucero con un motor inoperativo (OEI), de acuerdo con el AFM, en condiciones normales de aire en calma.

(3) Para que un aeródromo pueda ser seleccionado como aeródromo alternativo de despegue, la información disponible deberá indicar que, a la hora estimada de uso, las condiciones serán iguales o superiores a los mínimos de operación de aeródromo para esa operación.

6.8.14 Aeródromos alternativos de destino — Aviones

Para los vuelos IFR, el Piloto al Mando deberá especificar en el plan de vuelo al menos un aeródromo alternativo de destino con meteorología favorable, a menos que:

(1) La información meteorológica disponible en el momento indique

que, durante el período comprendido entre una hora antes y una hora después de la hora prevista de llegada, o desde la hora real de salida hasta una hora después de la hora prevista de llegada (el que sea menor), se pueda efectuar la aproximación y el aterrizaje en condiciones meteorológicas visuales (VMC), o

(2) El lugar de aterrizaje previsto esté aislado y:

(i) Exista un procedimiento de aproximación por instrumentos publicado para el aeródromo de aterrizaje previsto, y

(ii) La información meteorológica disponible en el momento indique que existirán las siguientes condiciones meteorológicas desde dos horas antes hasta dos horas después de la hora estimada de llegada, o desde la hora real de salida hasta dos horas después de la hora prevista de llegada (el período que sea menor):

(A) Base de nubes de al menos 300 m (1 000 pies) por encima del mínimo asociado con el procedimiento de aproximación por instrumentos, y

(B) Visibilidad de al menos 5,5 km o de 4 km más que el mínimo asociado al procedimiento.

6.8.15 Aeródromos alternativos de destino — Helicópteros

Para los vuelos IFR, el Piloto al Mando deberá especificar en el plan de vuelo al menos un aeródromo alternativo de destino con meteorología favorable, a menos que:

(1) Exista un procedimiento de aproximación por instrumentos publicado para el aeródromo de aterrizaje previsto y la información meteorológica disponible en el momento indique que existirán las siguientes condiciones meteorológicas desde dos horas antes hasta dos horas después de la hora estimada de llegada, o desde la hora real de salida hasta dos horas después de la hora prevista de llegada (el período que sea menor):

(i) Base de nubes de al menos 120 m (400 pies) por encima del mínimo asociado con el procedimiento de aproximación por instrumentos, y

(ii) Visibilidad de al menos 1 500 m más que el mínimo asociado al procedimiento, o

(2) El lugar de aterrizaje previsto esté aislado y:

(i) Exista un procedimiento de aproximación por instrumentos publicado para el aeródromo de aterrizaje previsto;

(ii) La información meteorológica disponible en el momento indique que existirán las siguientes condiciones meteorológicas desde dos horas antes hasta dos horas después de la hora estimada de llegada:

(A) Base de nubes de al menos 120 m (400 pies) por encima del mínimo asociado con el procedimiento de aproximación por instrumentos,

(B) Visibilidad de al menos 1 500 m más que el mínimo asociado al procedimiento, y

(C) En caso de que el destino esté en el mar (off shore), se determine un punto de no retorno (PNR).

6.8.16 Uso de auriculares

Con la excepción de los globos, cada miembro de la tripulación de vuelo que esté de servicio en la cabina de vuelo deberá llevar puesto un juego de auriculares con micrófono de brazo o dispositivo equivalente, y lo utilizará como equipo principal para la comunicación con los servicios de ATS, otros miembros de la tripulación y especialistas.

6.8.17 Fumar a bordo

El Piloto al Mando prohibirá fumar a bordo y durante el repostaje o vaciado de combustible de la aeronave.

6.8.18 Condiciones meteorológicas

(1) El Piloto al Mando solo deberá iniciar o continuar un vuelo VFR si la última información meteorológica disponible indica que las condiciones meteorológicas a lo largo de la ruta y en el destino previsto a la hora estimada de utilización serán iguales o superiores a los mínimos de operación VFR que resulten aplicables.

(2) El Piloto al Mando solo deberá iniciar o continuar un vuelo IFR hacia el aeródromo de destino planificado si la última información meteorológica disponible indica que, a la hora estimada de llegada, las condiciones meteorológicas en el destino o por lo menos un aeródromo alternativo de destino son iguales o superiores a los mínimos de operación de aeródromo que resulten aplicables.

(3) Si un vuelo comporta tramos en VFR y tramos en IFR, la información meteorológica mencionada en las letras a) y b)

será aplicable en la medida que proceda.

6.8.19 Hielo y otros contaminantes — Procedimientos en tierra

(1) El Piloto al Mando solo iniciará el despegue si la aeronave está limpia de cualquier depósito que pudiera afectar negativamente a su performance o controlabilidad, excepto en las condiciones establecidas en el AFM.

(2) En el caso de las operaciones con aeronaves motopropulsadas complejas, el operador deberá establecer los procedimientos que deberán seguirse en tierra para eliminar el hielo e impedir su formación, así como las inspecciones asociadas de la aeronave con el objetivo de lograr una operación segura de la misma.

6.8.20 Hielo y otros contaminantes — Procedimientos de vuelo

(1) El Piloto al Mando solo deberá comenzar un vuelo o volar deliberadamente en una zona con condiciones existentes o previstas de formación de hielo si la aeronave está certificada y equipada para hacer frente a dichas condiciones conforme a lo indicado en el anexo IV, punto 2.a.5, del Reglamento (CE) nº 216/2008.

(2) Si las condiciones de formación de hielo superan la intensidad para la que se ha certificado la aeronave, o si una aeronave no certificada para volar en condiciones conocidas de formación de hielo encuentra dichas condiciones, el Piloto al Mando deberá abandonar sin dilación la zona de formación de hielo mediante un cambio de nivel o de ruta, y si fuera necesario con declaración de emergencia al ATC.

(3) En el caso de las operaciones con aeronaves motopropulsadas complejas, el operador deberá establecer procedimientos para los vuelos en los que existan o se prevean condiciones de formación de hielo.

6.8.21 Condiciones de despegue — Aviones y helicópteros

Antes de iniciar el despegue, el Piloto al Mando deberá asegurarse de que:

(1) Conforme a la información disponible, las condiciones meteorológicas en el aeródromo o lugar de operación, así como el estado de la pista o FATO de uso prevista no impedirán un despegue y salida seguros, y

(2) Se cumplan los mínimos de operación de aeródromo aplicables.

6.8.22 Simulación de situaciones en vuelo

Cuando haya especialistas a bordo de una aeronave, salvo si están recibiendo formación, el Piloto al Mando no deberá simular:

(1) Situaciones que requieran la aplicación de procedimientos anormales o de emergencia, o

(2) Vuelo en condiciones meteorológicas instrumentales (IMC).

6.8.23 Gestión del combustible en vuelo

(1) El operador de una aeronave motopropulsada compleja deberá garantizar que se comprueba y se gestiona el combustible en vuelo.

(2) El Piloto al Mando deberá comprobar periódicamente que la cantidad de combustible utilizable remanente en vuelo no sea inferior al combustible requerido para proceder, con el remanente de combustible de reserva requerido por SPO. OP.130 y SPO.OP.131, a un aeródromo o lugar de operación con meteorología favorable.

6.8.24 Utilización de oxígeno suplementario

(1) El operador deberá garantizar que los especialistas y los miembros de la tripulación de vuelo utilicen oxígeno suplementario de forma continua cuando la altitud en cabina supere los 10 000 pies durante un período de más de 30 minutos y siempre que la altitud en cabina sea superior a 13 000 pies, salvo que la autoridad competente apruebe otra cosa y de conformidad con los SOP.

(2) No obstante lo dispuesto en la letra a), y salvo en el caso de las operaciones de paracaidismo, podrán efectuarse excursiones cortas de una duración determinada por encima de 13 000 pies sin uso de oxígeno suplementario en aviones y helicópteros no complejos, con la aprobación previa de la autoridad competente, sobre la base de las siguientes consideraciones:

(i) La duración de la excursión por encima de 13 000 pies no superará los 10 minutos o, si se requiere una mayor duración, el tiempo estrictamente necesario para llevar a cabo la tarea especializada;

(ii) No se volará por encima de 16 000 pies;

(iii) Las instrucciones de seguridad dadas de conformidad con SPO.OP.135 proporcionarán información adecuada sobre los efectos de la hipoxia a los miembros de la tripulación y los especialistas;

(iv) Los SOP para la operación en cuestión reflejarán los puntos (i), (ii) y (iii)

(v) La experiencia del operador en operaciones por encima de 13.000 pies sin la utilización de oxígeno suplementario;

(vi) La experiencia individual de los miembros de la tripulación y los especialistas y su adaptación fisiológica a las grandes altitudes, y

(vii) La altitud de la base en la que tenga sede el operador o desde la que se efectúen las operaciones.

6.8.25 Detección de proximidad al suelo

(1) Cuando un miembro de la tripulación de vuelo o un sistema de alerta de proximidad al suelo detecte una proximidad indebida al suelo, el Piloto al Mando deberá reaccionar inmediatamente con una acción correctiva que permita restablecer condiciones de vuelo seguras.

(2) El sistema de aviso de proximidad al suelo podrá desactivarse durante las tareas especializadas que por su naturaleza requieran la operación de la aeronave a una distancia del suelo inferior a la que activaría el sistema de aviso de proximidad al suelo.

6.8.26 Sistema anticolisión de a bordo (ACAS)

(1) El operador deberá establecer procedimientos operativos y programas de formación cuando a bordo se haya instalado un sistema ACAS que se encuentre operativo. Cuando se utilice un sistema ACAS II, dichos procedimientos y programas de formación deberán establecerse de conformidad con el Reglamento (UE) no 1332/2011.

(2) El sistema ACAS II puede desactivarse durante las tareas especializadas que por su naturaleza requieran la operación de la aeronave a una distancia de otras aeronaves inferior a la que activaría el sistema ACAS.

6.8.27 Condiciones de aproximación y aterrizaje — Aviones y helicópteros

Antes de iniciar una aproximación para el aterrizaje, el Piloto al Mando deberá cerciorarse de que, de acuerdo con la información disponible, las condiciones meteorológicas en el aeródromo o el lugar de operación y el estado de la pista o FATO de uso previsto no impidan efectuar de forma segura una aproximación, aterrizaje o aproximación frustrada.

6.8.28 Inicio y continuación de la aproximación — Aviones y helicópteros

(1) El Piloto al Mando podrá iniciar una aproximación por instrumentos con independencia del alcance visual en pista/ visibilidad (RVR/VIS) notificados.

(2) Si el RVR/VIS notificado es inferior a los mínimos aplicables no se deberá continuar con la aproximación:

(i) Por debajo de 1 000 pies sobre el aeródromo, o

(ii) 2) en el tramo de aproximación final, en caso de que la altitud/altura de decisión (DA/H) o altitud/altura mínima de descenso (MDA/H) supere los 1 000 pies sobre el aeródromo.

(3) Si no se dispone de RVR, los valores del RVR podrán obtenerse a partir de la visibilidad notificada.

(4) Si después de haber superado el punto a 1 000 pies sobre el aeródromo, el RVR/VIS notificado se reduce por debajo del mínimo aplicable, podrá continuarse la aproximación hasta la DA/H o la MDA/H.

(5) La aproximación podrá continuarse por debajo de la DA/H o MDA/H, y podrá completarse el aterrizaje, siempre que se establezca y mantenga la referencia visual requerida en la DA/H o MDA/H para el tipo de operación de aproximación y la pista prevista.

(6) El valor del RVR de la zona de toma de contacto será siempre el valor determinante.

6.8.29 Procedimientos operativos estándar (SOP)

(1) Antes de comenzar una operación especializada, el operador deberá llevar a cabo una evaluación del riesgo, analizando la complejidad de la actividad para determinar los peligros y riesgos inherentes a la operación, así como establecer medidas de atenuación.

(2) Sobre la base de la evaluación del riesgo, el operador establecerá

procedimientos operativos estándar (SOP) adecuados para la actividad especializada y la aeronave, teniendo en cuenta los requisitos de la subparte E. Los SOP formarán parte del manual de operaciones o constituirán un documento separado. Los SOP se revisarán y actualizarán periódicamente, según proceda.

(3) El operador garantizará que las operaciones especializadas se realicen de conformidad con los SOP.

***

INTENCIONADAMENTE EN BLANCO

CAPÍTULO 7

NORMAS DE TRABAJO Y DESCANSO

7.1 Normas aplicables

La nueva legislación europea referente a los tiempos de trabajo y descanso de las tripulaciones (Parte FTL) dejan fuera, como ocurrió también con las JAR y las UE OPS1, a las operaciones comerciales especializadas.

La Subparte ORO.FTL establece lo siguiente: "*Se seguirán efectuando operaciones no comerciales, incluidas las operaciones no comerciales especializadas, con aviones y helicópteros motopropulsados complejos, así como operaciones comerciales especializadas con aviones, helicópteros, globos y planeadores, de conformidad con la legislación nacional aplicable en materia de limitaciones de tiempo de vuelo, hasta que las correspondientes normas de desarrollo sean adoptadas y aplicables*"

Por lo tanto, las normas aplicables a las operaciones comerciales especializadas con aviones y helicópteros son las siguientes:

(a) Reglamento (UE) 2018/1139

(b) Las normas laborales recogidas en el Real Decreto 1561/1995 modificado por R.D. 294/2004, sobre trabajos especiales, en cuyo artículo 14 se regula lo referente a las tripulaciones y personal de tierra de las compañías aéreas;

(c) La Directiva 2000/79/CE del Consejo, de 27 de noviembre, relativa a la aplicación del Acuerdo Europeo sobre la ordenación del tiempo de trabajo y descanso del personal de vuelo en la aviación civil;

(d) La Circular Operativa 16 B;

(e) La Resolución de la DGAC que adopta el Anexo 1 a la C.O. 16 B, de 28 de mayo de 2001;

(f) La Resolución de 5 de julio de 2002 que, aunque no es aplicable a la operaciones comerciales especializadas, contiene una limitación de tiempo de vuelo que es válida a todos los efectos, dado que modificó un punto de la C.O. 16 B.

(g) En parte, la Circular de 17 de diciembre de 2010 del DGAC, con la guía de actuaciones interpretativas de la Circular Operativa 16 B que, aunque se publicó para TAC, puede ser válida para trabajos aéreos;

(h) Resolución de 22 de diciembre de 2021, de la Agencia Estatal de Seguridad Aérea, por la que se prorroga la vigencia de la exención general del cumplimiento de lo establecido en el apartado 4.2.4 del Anexo 1 a la Circular Operativa 16-B sobre limitaciones de tiempo de vuelo, máximos de actividad aérea y periodos mínimos de descanso para las tripulaciones, autorizada por Resolución de 1 de marzo de 2018.

(i) Las normas internas o convenios adoptados por las compañías, dentro de los limites de las normas anteriores;

(j) Las sentencias de las tribunales que arrojen jurisprudencia interpretativa de estas normas, generando una normativa paralela.

(k) Lo no previsto o no regulado por la legislación aplicable a trabajos aéreos, se puede extraer, por analogía, de la normativa para transporte aéreo comercial.

(l) Y añadiría una última, aunque no es muy edificante: La interpretación libre y sesgada de las anteriores normas por parte de algunas compañías aéreas.

7.2 Requisitos aplicables a las operaciones comerciales especializadas

Afecta a las tripulaciones de las aeronaves registradas en España, que efectúen servicios comerciales especializados, incluyendo las actividades de escuela e instrucción. Es también de aplicación a las tripulaciones - cualesquiera que sea su nacionalidad - que operen aeronaves de matrícula extranjera, cuando éstas hayan sido arrendadas por explotadores españoles.

Del cumplimiento de las limitaciones mencionadas en el apartado anterior serán responsables las empresas y los trabajadores afectados. Las primeras tendrán una responsabilidad primordial en cuanto a las programaciones de los servicios; así como el Piloto al Mando de cada vuelo en lo que a éste le afecte. Por su parte, todo tripulante advertirá al operador acerca de las actividades profesionales de vuelo que realice para otro operador, responsabilizándose del cumplimiento de las limitaciones que pudiera tener en conjunto. Asimismo, los tripulantes deberán avisar a quien corresponda, con suficiente antelación, y en vuelo al Piloto al Mando, de la previsión de poder llegar a los límites establecidos.

7.2.1 Obligación de los tripulantes

(1) Un tripulante no volará, ni su empresa le exigirá que lo haga, si aquel o ésta tiene razones fundadas para creer que el tripulante está padeciendo fatiga excesiva o, teniendo en cuenta las circunstancias del vuelo particular que debe llevarse a cabo, es probable que llegue a acumular fatiga excesiva durante el mismo.

(2) Ningún miembro de la tripulación permitirá que el desempeño de sus tareas y su capacidad para tomas decisiones se deterioren hasta el extremo de que se ponga en peligro la seguridad del vuelo debido a los efectos de la fatiga, teniendo en cuenta, entre otras cosas, la acumulación de fatiga, la privación de sueño, el número de sectores volados, los servicios nocturnos, o los cambios de husos horarios. Los periodos de descanso serán lo bastante prolongados como para permitir a los miembros de la tripulación reponerse de los efectos del periodo de actividad precedente y evitar descansados al comienzo del siguiente (Punto 7.6 del Anexo V del Reglamento (UE) 2018/1139)

(3) Un miembro de la tripulación no desempeñará las tareas que tenga asignadas a bordo de una aeronave, cuando se encuentre bajo los efectos de sustancias psicoactivas y del alcohol, o cuando se encuentre incapacitado debido a lesiones, fatiga, medicación, enfermedad o cualquiera otra causa similar (Punto 7.6 del Anexo V del Reglamento (UE) 2018/1139)

(4) Cuando ejerza sus funciones para varios operadores:

(i) Mantendrá actualizado su registro individual de horas de vuelo y de servicio, así como los periodos de descanso, y

(ii) Proporcionará a cada operador los datos necesarios planificar las actividades conforme a los requisitos legales aplicables.

7.2.2 Obligaciones de la compañía

(1) Quienes realicen operaciones de aviación general y deportiva, de transporte aéreo comercial y de trabajos aéreos, están obligados en todo momento a:... Para las tripulaciones de las aeronaves, respetando las limitaciones de tiempos de actividad y tiempos de vuelo establecidos" (arr. 34 de la Ley de Seguridad Aérea)

(2) La prevención de la fatiga deberá gestionarse mediante el sistema de cuadrantes. Para un vuelo o una serie de vuelos, este sistema de cuadrantes reflejará el tiempo de vuelo, los periodos de actividad en vuelo, los periodos de actividad y los periodos de descanso adaptados. Las limitaciones establecidas en el sistema de cuadrantes deben tener en cuenta todos los factores importantes que contribuyan a la fatiga, tales como el número de sectores sobrevolados, los husos horarios atravesados, la privación de sueño, la interrupción de los ritmos circadianos, los horarios nocturnos, la ubicación, el tiempo de actividad acumulado en determinados periodos, el reparto de tareas asignadas entre los miembros de la tripulación, y los incrementos de tripulación (punto 8.7 del Anexo V del Reglamento (UE) 2018/1139)

(3) De acuerdo con la Circular 16 B, los operadores deberán contemplar, a la hora de establecer sus propias condiciones -y en su caso introducir reducciones apropiadas a sus circunstancias- , la peculiaridad de sus operaciones, como son:

(i) El tipo de la aeronave y su equipo;

(ii) La probabilidad de retrasos operacionales;

(iii) Las características de la ruta (por ejemplo, densidad del tráfico, disponibilidad de ayudas para la navegación, dificultades de las comunicaciones y la necesidad de volar a niveles altos en aeronaves no presurizadas, actividades de instrucción);

(iv) La proporción de vuelo diurno y nocturno del servicio que se realice, teniendo en cuenta criterios que tiendan a un equilibrio entre los Tripulantes;

(v) La acomodación disponible para proporcionar a la Tripulación un descanso;

(vi) La estabilidad del sistema de programación de los servicios (dependiente de la disponibilidad de reservas de personal);

(vii) El número de despegues y aterrizajes;

(viii) El vuelo sin piloto automático; y

(ix) Cualquier modificación futura, cuya incidencia se haya demostrado relevante.

No obstante lo que se establece en estas normas, un Tripulante no volará, ni su Empresa le exigirá que lo haga, si aquel o ésta tienen razones bien fundadas para creer que el Tripulante está padeciendo fatiga excesiva o, teniendo en cuenta las circunstancias del vuelo particular que debe llevarse a cabo, es probable que llegue a acumular fatiga excesiva durante el mismo.

(4) A todos los efectos, cuando se ejerzan actividades aéreas en distintos operadores, las limitaciones contempladas en la C.O. 16 B abarcarán el conjunto de las mismas, de modo que se precisará un esquema particularmente aprobado para cada caso, teniendo en cuenta las limitaciones propias de cada una de las actividades.

7.3 Definiciones

Las expresiones siguientes, cuando se utilicen en el presente texto, tendrán los significados que a continuación se indican.

(a) Actividad: El tiempo durante el cual un Tripulante está realizando tareas de algún tipo, encomendadas por el operador. El período de actividad comienza cuando un Tripulante sea requerido para realizar dichas tareas, y termina cuando queda relevado de todas ellas.

(b) Actividad aérea: El tiempo necesario para preparar, realizar y finalizar un vuelo o serie de vuelos. La actividad aérea se contará desde la presentación del Tripulante en el aeropuerto -después de haber terminado un período de descanso- hasta finalizar el tiempo de vuelo.

La actividad aérea comenzará no menos de cuarenta y cinco minutos antes de la hora programada de despegue, y terminará al inmovilizar el avión en el aparcamiento.

(c) Actividad aérea incrementada: La que puede obtenerse cuando en un período de actividad aérea se intercala un tiempo de descanso parcial.

(d) Base: Lugar en el cual un miembro de la Tripulación se presenta habitualmente para comenzar un servicio o serie de servicios.

(e) Descanso: Período ininterrumpido de tiempo, durante el cual un Tripulante queda relevado de toda tarea, con el fin específico de que pueda descansar. El tiempo de descanso parcial en vuelo o en tierra, no se considerará como parte de un período de descanso

(f) Descanso parcial en tierra: Tiempo durante el cual un Tripulante puede descansar, en aquellos lugares donde se disponga de facilidades adecuadas para ello, siempre que comprenda 3 horas como mínimo. Se dispondrá de camas y servicios individuales, salvo que por algún motivo justificado y previo acuerdo de las partes interesadas, otra cosa sea expresamente aprobada por la DGAC.

(g) Descanso parcial en vuelo: Tiempo durante el cual un miembro de una Tripulación queda relevado de toda función a bordo para que descanse, disponiendo en vuelo de sitio adecuado para el mismo. De acuerdo con las circunstancias, dispondrá de literas o butacas, a no ser que debido a motivos justificados y previo acuerdo de las partes interesadas, otra cosa sea expresamente aprobada por la DGAC.

(h) Día libre: Día natural del que puede disponer el Tripulante sin que pueda ser requerido para que efectúe servicio alguno.

(i) Especialista de tarea: Persona que realiza su trabajo en una operación especializada, aparte de los pilotos, por ejemplo, en un vuelo de paracaidistas, en un vuelo sensacionalista, o e uno de investigación científica o fotográfico.

(j) Imaginaria: Situación de un Tripulante a la inmediata disposición del operador, para emprender la actividad que se le asigne. Ese período no podrá exceder de 24 horas.

Cuando se lleve a cabo fuera del domicilio deberá disponerse de instalaciones adecuadas.

(k) Lugar de descanso: El que disponiendo de servicios propios, y reuniendo condiciones adecuadas para el descanso en función del lugar en cuanto a temperatura, luz, ruido, ventilación, sirve para que los Tripulantes puedan disfrutar de un período de descanso (alojamiento individual o el domicilio del Tripulante).

(l) Períodos de tiempo: A los efectos de este texto, los días y meses serán naturales, y los años, calendario.

(m) Personal de vuelo: todos los miembros de la tripulación de una aeronave civil.

(n) Posicionamiento: Desplazamiento de un Tripulante desde un lugar a otro, para empezar, proseguir o terminar una tarea asignada por la empresa, y por cuenta de ésta, sin mediar un descanso, excluyendo los traslados ciudad-aeropuerto y viceversa. Cuando preceda a una actividad aérea se computará como parte de la misma, excepto los traslados ciudad-aeropuerto.

(o) Tiempo de presencia: Aquel en que el trabajados se encuentra a disposición del empresario sin prestar trabajo efectivo, por razones de espera, expectativas, servicio de guardia, viajes de servicio, averías, comidas en ruta, u otros similares.

(p) Tiempo de trabajo: Todo periodo durante el cual el personal de vuelo permanece en el trabajo, a disposición del empresario y en ejercicio de su actividad o de sus funciones.

(q) Tiempo de vuelo: El tiempo transcurrido desde que una aeronave comienza a moverse desde el sitio de estacionamiento con el propósito de despegar hasta que se detiene en el aparcamiento o hasta que ha parado todos sus motores.

(r) Tripulación técnica mínima: Es la mínima necesaria para que pueda ser operado un avión de acuerdo con su certificado de aeronavegabilidad, o con disposiciones especiales de la Dirección General de Aviación Civil.

(s) Tripulación auxiliar mínima: Es la mínima requerida en función de las salidas de emergencia y el número de pasajeros transportados, de acuerdo con lo establecido en la Circular Operativa nº 5.

(t) Tripulante: Persona a quien el explotador asigna obligaciones que ha de cumplir a bordo, durante el tiempo de vuelo. Incluye tanto a los Tripulantes de vuelo como a los de cabina de pasajeros tal como están definidos en los apartados correspondientes.

(u) Tripulante de Vuelo: Poseedor de un Título y la correspondiente Licencia, a quien se asignan funciones en la cabina de pilotaje esenciales para la conducción de una aeronave durante el tiempo de vuelo. Tiene el mismo significado que Tripulante Técnico.

(v) Vuelo: El realizado por remuneración por cualquier Tripulante. Vuelo de travesía: Aquél en el que la navegación constituye su objeto fundamental, sin incluir aterrizajes o aproximaciones completas intermedios.

(w) Vuelo de travesía: Aquel en el que la navegación constituye su objeto fundamental, sin incluir aterrizajes o aproximaciones completas.

7.4 Otras consideraciones de importancia

7.4.1 Evaluación médica gratuita

(1) El personal de vuelo disfrutará de una evaluación gratuita de su salud con carácter previo a su incorporación al trabajo y, posteriormente, a intervalos regulares, en los términos del artículo 22 de la Ley 31/1995, de 8 de noviembre, de Prevención de Riesgos Laborales, y del artículo 37.3 del Reglamento de los servicios de prevención, aprobado por el

Real Decreto 39/1997, de 17 de enero.

(2) En su caso, lo dispuesto en el párrafo anterior se entenderá cumplido con la realización de los reconocimientos médicos periódicos exigidos al personal de vuelo de las aeronaves civiles para la obtención y mantenimiento de la validez de sus licencias, habilitaciones, autorizaciones o certificados, de conformidad con lo establecido en las normas de aviación civil reguladoras de tales reconocimientos.

(3) De acuerdo con la Directiva 2000/70/CE del Consejo. de 27 de noviembre, Anexo, Cláusulas 4 y 5:

(i) La evaluación gratuita de la salud deberá respetar el secreto médico.

(ii) La evaluación gratuita de la salud a que se refiere la letra a) del apartado 1 podrá formar parte de un sistema nacional de salud.

(iii) Los miembros del personal de vuelo en la aviación civil que padezcan problemas de salud cuya relación con la prestación de un trabajo nocturno esté reconocida, serán trasladados, cuando ello sea posible, a un trabajo diurno para el que sean aptos.

(iv) Los miembros del personal de vuelo en la aviación civil disfrutarán de un nivel de protección en materia de seguridad y de salud adaptado a la naturaleza de su trabajo.

(v) En todo momento deberán estar disponibles servicios o medios apropiados de protección y de prevención en materia de salud y seguridad del personal de vuelo en la aviación civil.

7.4.2 Alimentación

(4) Durante el periodo de actividad de vuelo deberá ofrecerse a los miembros de la tripulación la posibilidad de comer y beber para evitar cualquier menoscabo de su rendimiento, especialmente cuando el periodo de actividad de vuelo sea superior a seis horas.

(5) El operador especificará en el manual de operaciones cómo se garantiza la alimentación de los miembros de la tripulación durante el periodo de actividad de vuelo.

7.4.3 Inspección de trabajo

Cuando la Inspección de Trabajo y Seguridad Social en el ejercicio de sus funciones detecte que se han producido incumplimientos de las disposiciones relativas a las horas de trabajo o descanso del personal aeronáutico que pudieran afectar directamente a la seguridad de las operaciones de vuelo o de la navegación aérea, lo pondrá en conocimiento de la Dirección General de Aviación Civil a los efectos oportunos.

7.5 Regulaciones operacionales de trabajo

7.5.1 Vacaciones anuales

(Directiva 2000/70/CE del Consejo, de 27 de noviembre, Anexo, Cláusula 3)

(1) El personal de vuelo en la aviación civil dispondrá de un período de al menos cuatro semanas de vacaciones anuales retribuidas, de conformidad con las condiciones de obtención y concesión establecidas en las legislaciones y/o prácticas nacionales.

(2) El período mínimo de vacaciones anuales retribuidas no podrá ser sustituido por una compensación financiera, excepto en caso de conclusión de la relación laboral.

7.5.2 Días libres

El personal de vuelo disfrutará de un mínimo de 96 días libres al año, como descanso semanal y fiestas laborales, de los cuales, al menos 7 habrán de disfrutarse cada mes (Real Decreto 1561/1995).

Durante esos días libres, que le serán notificados por anticipado, el personal de vuelo no podrá ser requerido para ningún servicio o actividad. Dichos días libres no computarán a efectos de lo previsto en el artículo 38 del texto refundido de la Ley del Estatuto de los Trabajadores (vacaciones anuales)

En la Circular Operativa 16 B, se establece que los operadores deberán programar sus operaciones de forma que cada tripulante disponga al menos de 8 días libres en su base. Y añade: "*Cuando por dificultades de programación esto no sea posible los días libres que no puedan concederse a su debido tiempo serán acumulados para el siguiente mes, en el cual no será aplicable la excepción*".

Muy importante: Si hay dos normas enfrentadas y una de ellas mejora la situación del trabajados, se aplicará ésta (*in dubio pro operario*, es decir, en caso de duda se aplicará lo que más beneficie al trabajador). Me explico: El piloto tiene derecho a 8 días libres al mes (C.O. 16B), aunque la propia circular establece que estos días pueden pasarse al mes siguiente por dificultades de programación. Sin embargo, el Real Decreto, de rango muy superior a una simple circular (no publicada en el BOE) no contempla este supuesto, sino que obliga a mantener un mínimo de 7 días libres cada mes, siendo estos días inamovibles. Por ello, la opción de pasar al mes siguiente los días libres no disfrutados por necesidades operativas, tienen la limitación prevista en el Real Decreto, de no tocar al menos 7 día, lo que significa que aplicando la C.O. 16 B que obliga a 8 días libres, solo se podría pasar 1 día al mes siguiente, por dificultades de programación.

Lo que se ha estado haciendo por alguna compañía al aplicar la Circular Operativa nos ha hecho llegar a la siguiente situación, legalmente protegida por la Circular, y que atenta definitivamente contra la seguridad en vuelo:

- Mes de junio: Se le dan libres los 8 primeros días del mes;
- Mes de julio: No se le da ninguno por necesidades de programación;
- Mes de agosto: Se le dan libres los últimos 16 días libres, aplicando la norma de que en el mes siguiente se le darán los que se le deben, más los propios del mes (8 de julio + 8 de agosto)
- ¿Que tendríamos entonces?: Una acumulación (¿legal?) de actividad de vuelo de 22 días en junio, más 31 en julio, más 15 en agosto lo que suman <u>68 días seguidos de actividad de vuelo</u>.

7.5.3 Limitaciones de tiempo de vuelo y actividad

(1) <u>Cuestiones previas</u>

(i) El tiempo de instrucción en vuelo o simulador, antes de un vuelo,hay que multiplicarlo por 1´5.

(ii) El tiempo máximo de trabajo anual deberá repartirse uniformemente.

(iii) Cuando dos períodos consecutivos de actividad aérea estén separados por un intervalo inferior al descanso mínimo aplicable, ambos períodos serán considerados como un solo período continuado de actividad aérea.

(iv) La asignación de funciones por la Empresa, que no constituyan actividad aérea, y continuadas por una actividad aérea sin que medie un período de descanso mínimo, será considerada actividad aérea en su totalidad.

En el caso de que a un período de actividad aérea siga un desplazamiento para posicionarse, si el tiempo total de dicha actividad aérea precedente más el tiempo de ese desplazamiento, supera las 18 horas, el Tripulante podrá optar por el período mínimo de descanso antes de efectuar dicho desplazamiento.

(2) **Horas máximas de actividad acumuladas**

(i) 2000 horas al año.

(ii) 190 horas de actividad en 28 días consecutivos, repartidas tan uniformemente como sea posible.

(iii) En los puntos anteriores se incluyen los tiempos de presencia recogidos en el convenio colectivo. Si no hay convenio colectivo, sólo computarán como tiempos de presencia los supuestos en los que el personal de vuelo esté a la inmediata disposición del empresario, sin realizar función alguna y en un lugar señalado por éste, a la espera de asignación de cualquier actividad.

(iv) 60 horas de actividad en 7 días consecutivos.

(v) 12 horas de presencia física al día.

(vi) 20 horas semanales de presencia física de promedio en un mes.

(vii) Trabajos agrícolas: 10 horas al día

(viii) Demás trabajos aéreos: 11 horas al día.

(3) **Limitaciones de tiempo de vuelo para operaciones comerciales especializadas**:

(i) 900 horas anuales (945 en 12 meses consecutivos)

(ii) 270 horas al trimestre (tres periodos de 28 días)

(iii) 100 horas en 28 días.

(iv) Límites diarios de tiempos de vuelo:

(A) Trabajos Agrícolas: La duración máxima de los vuelos en avión será de 3 horas cada uno, y con paradas intermedias de por lo menos 1 hora por cada 3 de vuelo; y de 2 horas de vuelo, con paradas intermedias de 30 minutos si se trata de helicópteros.

(B) Otros trabajos: Los vuelos en avión no excederán de 4 horas cada uno, y con paradas intermedias de al menos 1 hora por cada 4 de vuelo; ni de 3 horas, con paradas intermedias de 1 hora por cada 3 de vuelo, igual que antes, para el caso de helicópteros.

(4) Limitaciones de tiempo de vuelo para Operaciones de Emergencia, Tratamientos Aéreos, transporte de material y lanzamiento de agua con helicóptero:

(i) 700 horas en 12 meses consecutivos.

(ii) 270 horas por trimestre (tres periodos de 28 días) para trabajos agroforestales.

(iii) 80 horas en 28 días.

(iv) 8 horas de vuelo por cada 12 horas de presencia física.

(v) Los vuelos no excederán de:

(A) En avión (excepto hidroaviones): 4 horas cada vuelo, con paradas intermedias de por lo menos 1 hora por cada 4 horas de vuelo. Los vuelos inferiores a 4 horas, tendrán paradas intermedias de acuerdo a la proporción de 20 minutos de parada intermedia por cada hora de vuelo, o 10 minutos lo que sea mayor.

(B) En hidroaviones: 4 horas cada vuelo, con paradas intermedias de por lo menos 1 hora 20 minutos cada por 4 horas de vuelo. Los vuelos inferiores a 4 horas, tendrán paradas intermedias de acuerdo a la proporción de 20 minutos de parada intermedia por cada hora de vuelo o 30 minutos lo que sea mayor.

(C) En helicóptero: 3 horas cada vuelo, con paradas intermedias de por lo menos 1 hora por cada 3 horas de vuelo. Los vuelos inferiores a 3 horas, tendrán paradas intermedias de acuerdo a la proporción de 20 minutos de parada intermedia por cada hora de vuelo o 10 minutos lo que sea mayor.

(D) En aeronaves (excepto hidroaviones) en Lucha contra incendios, transporte de carga externa, y supervisión y limpieza de redes eléctricas, 2 horas cada vuelo, con paradas intermedias de por lo menos 40 minutos por cada 2 horas de vuelo. Los vuelos inferiores a 2 horas, tendrán paradas intermedias de acuerdo a la proporción de 20 minutos de parada intermedia por cada hora de vuelo o 10 minutos lo que sea mayor.

No obstante, la Resolución de 22/12/2021, de la AESA prorroga la vigencia de la exención general del cumplimiento de lo establecido en este pounto

(Apd 4.2.4 del Anexo 1 a la C.O. 16B autorizada por Resolución de 1/3/2018 para las tripulaciones, en relación con los aviones que realizan operaciones de lucha contra incendios, de acuerdo con las siguientes condiciones:

- Los aviones que realicen operaciones de lucha contra incendios podrán realizar vuelos que no superen tres horas de tiempo de vuelo.
- A la finalización de cada vuelo se realizará una parada intermedia, antes del vuelo siguiente, de acuerdo a la proporción de veinte minutos de parada intermedia por cada hora de vuelo, y en ningún caso inferior a diez minutos de parada intermedia.
- La referida prórroga se entenderá concedida durante el plazo comprendido hasta el 31 de diciembre del año 2023.

(E) Para las tripulaciones, los límites máximos de tiempo de vuelo serán de 8 horas por cada 12 horas de presencia física.

(F) El máximo tiempo de presencia física será de 12 horas.

(5) Condiciones de incremento de actividad.

(i) Las posibles exenciones a las condiciones aquí estipuladas deben ser consideradas como algo excepcional, apropiadamente motivado y, salvo en los casos concretos señalados a continuación, oportunamente aprobadas.

(ii) Las limitaciones podrán ser excedidas en los casos de actuaciones de búsqueda y salvamento, y en los de auxilio con fines humanitarios, o cuando se prevea riesgo evidente para la aeronave, su Tripulación, o pasaje.

(iii) El posible exceso sobre los máximos establecidos, debido a circunstancias imprevistas, supondrá la notificación a la AESA por el Piloto al Mando del vuelo en los cinco días siguientes a su regreso a la base, justificando razonadamente las circunstancias del caso, con objeto de estimar la procedencia de la decisión.

(iv) Los excesos de actividad aérea superiores a 2 horas sólo se considerarán aceptables cuando hayan concurrido circunstancias verdaderamente extraordinarias.

(v) Asimismo, cuando por circunstancias excepcionales o dificultades de operación de los vuelos comerciales, el operador considere que no pueden mantenerse los límites prescritos, podrá solicitarse de la AESA una autorización de exención, presentando los procedimientos que plantea para su realización -comprendiendo descansos suplementarios-. Evaluadas las motivaciones expuestas y las medidas propuestas, la DGAC, previo informe de la Inspección del Estado, podrá conceder dicha autorización para efectuar los vuelos de que se trate, aun apartándose de lo que en las presentes disposiciones se ha establecido.

(vi) Todas las exenciones autorizadas serán comunicadas apropiadamente a todo el personal involucrado, pasando a incorporarse en su caso, al Manual de Operaciones.

(vii) Las exenciones así concedidas constarán en un registro administrativo que será público.

(viii) Teniendo en cuenta las condiciones de estacionalidad, las posiciones máximas de exenciones para tiempos de vuelo, se concretarán normalmente en un máximo de 10 horas durante los últimos 28 días, y ello durante un máximo de 60 días consecutivos para un mismo tripulante.

(ix) Las ampliaciones excepcionales de las cifras diarias que puedan concederse en base a la estructura de rutas, supondrán normalmente hasta 30 minutos de actividad adicional. Llevarán aparejados descansos suplementarios, y espaciamientos mínimos para un mismo tripulante.

(x) La eventual aplicación de las provisiones relativas a incrementos de actividad presupondrá la aprobación de condiciones concretas por parte de la AESA, a propuesta del operador interesado.

(xi) Los incrementos en los límites de actividad aérea como consecuencia de descanso parcial en tierra y descanso parcial en vuelo, serán incompatibles entre sí, no pudiendo aplicarse sino una sola de ellas. La provisión de excepcionalidad a discreción del Piloto al Mando del vuelo, tampoco será aplicable en esos supuestos, ello sin perjuicio de las atribuciones que al mismo reconoce la legislación vigente.

7.5.4 Posicionamiento

Si el operador posiciona a un miembro de la tripulación, se aplicará lo siguiente:

(1) El posicionamiento tras la presentación al servicio, pero anterior a la operación, se considerará como periodo de actividad de vuelo, pero no contará como sector.

(2) Todo el tiempo empleado para posicionarse se contará como tiempo de actividad.

7.5.5 Actividades múltiples

En el Manual de Operaciones se incluirán provisiones específicas para asegurarse de que el operador es informado por su personal, acerca de cualquier actividad profesional de vuelo que el mismo desarrolle fuera de la organización,

7.6 Periodos de descanso

(a) Mínimos generales:

(1) Todo período de actividad aérea deberá estar precedido de un período de descanso.

(2) El período de descanso para los Tripulantes técnicos tendrá una duración mínima de 10,5 horas, o la de la actividad aérea precedente, la que resulte mayor; de modo que se garantice una estancia de 8 horas como mínimo, en el alojamiento.

(3) Las Empresas deberán programar sus operaciones de forma que cada Tripulante disponga de al menos 8 días libres en su base, en cada mes. Cuando por dificultades de programación esto no sea posible, los días libres que no puedan concederse a su debido tiempo serán acumulativos para el siguiente mes, en el cual no será aplicable esa excepción.

(4) El sector de posicionamiento posterior al sector de operación, cuenta para el cálculo del descanso mínimo.

(b) Descanso parcial en tierra.

Tiempo durante el cual un Tripulante puede descansar, en aquellos lugares donde se disponga de facilidades adecuadas para ello, siempre que comprenda 3 horas como mínimo. Se dispondrá de camas y servicios individuales, salvo que por algún motivo justificado y previo acuerdo de las partes interesadas, otra cosa sea expresamente aprobada por la AESA.

(c) Descanso reducido.

(1) Cuando las necesidades de programación así lo requieran, podrá disminuirse el descanso mínimo en una cuantía no superior a 3 horas, siempre y cuando resten al menos 10 horas en total.

(2) La consecuencia de dicha reducción vendrá reflejada en la misma disminución de la actividad aérea subsiguiente.

(d) Mínimos de descanso en caso de operaciones de emergencia, tratamientos aéreos, transporte de material, y lanzamiento de agua con helicóptero.

(1) Todo periodo de presencia física será precedido de un periodo de descanso.

(2) El periodo de descanso tendrá una duración mínima de 10,5 horas, de modo que se garantice una estancia de 8 horas como mínimo en el alojamiento.

(3) Cuando dos periodos consecutivos de presencia física estén separados por un intervalo inferior al periodo de descanso mínimo aplicable, ambos periodos serán considerados como un solo periodo continuado.

(4) Los descanso parciales en tierra se computarán como si fueran de presencia física, permitiendo prolongar los límites de la misma hasta un máximo igual a la mitad de dicho descanso parcial, sin que en ningún caso dicha ampliación pueda superar las cuatro horas.

(5) Las Empresas deberán programar sus operaciones de forma que cada tripulante disponga de al menos 8 días libres en Base en cada mes. Cuando por dificultades de programación o por las especiales características del trabajo eso no sea posible, los días libres que no puedan concederse a su debido tiempo serán acumulativos para el siguiente mes, en el cual no será aplicable esa excepción.

7.7 Sistema de control

El operador establecerá un sistema para controlar los tiempos de vuelo, los tiempos de presencia física y descanso de todos los tripulantes. Su elaboración, materialización y mantenimiento, posibilitarán su seguimiento a satisfacción de la AESA, permaneciendo a disposición del personal inspector de ésta.

7.8 Régimen sancionador en trabajo y descanso

(a) En referencia exclusiva al Derecho Aeronáutico, sin entrar en las posibles sanciones desde el punto de vista laboral, podemos hacer referencia a la obligación del operador aéreo, recogida en el art. 36 de la Ley de Seguridad Aérea (Obligaciones específicas de los operadores aéreos) cuando dice que *"Quienes realicen operaciones de aviación general y deportiva, de transporte aéreo comercial y de trabajos aéreos están obligados en todo momento a: ... Programar los servicios de las tripulaciones de las aeronaves respetando las limitaciones de tiempos de actividad y tiempos de vuelo establecidas".*

(b) Infracciones

(1) Del operador

(i) El incumplimiento por parte del operador aéreo de esta obligación, deriva automáticamente en una infracción leve, de acuerdo con los artículos 43 y 44 de dicha Ley, en el caso que se trate de mero incumplimiento sin consecuencia.

(ii) Constituiría una infracción grave si se dan alguna de las siguientes circunstancias calificativas:

(A) Que se haya causado un incidente grave de aviación.

(B) Que se hayan producido lesiones graves a las personas, con arreglo a lo dispuesto en el Código Penal, o determinantes de baja para la actividad laboral por período superior a siete días o incapacidad laboral.

(C) Que se hayan originado daños y perjuicios a bienes y derechos que, valorados de forma individual para cada uno de los sujetos afectados, alcancen una cuantía comprendida entre 5.000 y 15.000 €.

(D) Que se hayan ocasionado retrasos no justificados por tiempo superior a cuatro horas en la prestación de los servicios aeronáuticos.

(iii) Constituiría una infracción muy grave si concurriera alguna de las siguientes circunstancias calificativas:

(A) Que se haya causado un accidente de aviación.

(B) Que se haya causado la muerte de una persona.

(C) Que se hayan originado daños y perjuicios a bienes y derechos que valorados de forma individual para cada uno de los sujetos afectados alcancen una cuantía superior a 15.000 €.

(D) Que se haya causado la suspensión no justificada de la prestación de los servicios aeronáuticos.

(2) De los tripulantes,:

(i) El desatender la obligación de cumplir con la diligencia debida las normas, reglas, medidas y condiciones de seguridad requeridas en cada actividad u operación aeronáutica (Art. 33 de la LSA), o

(ii) El incumplimiento de su obligación de abstenerse de ejercer dichas funciones y de realizar tales actividades en caso de disminución de la capacidad física o psíquica requerida (art. 34 de la LSA).

(c) Sanciones

(1) Para el operador

Cuando las infracciones fueran cometidas por las compañías que realicen transporte aéreo comercial, las sanciones previstas serán:

(i) Para las infracciones leves, apercibimiento o multa de 4.500 hasta 70.000 €.

(ii) Para las infracciones graves, multa de 70.001 a 250.000 €.

(iii) Para las infracciones muy graves, multa de 250.001 a 4.500.000 €.

(iv) Además de las posibles sanciones accesorias, como suspensión o revocación de la licencia.

(2) Para los tripulantes.

(i) Leves: Apercibimiento o multa de 60 a 45.000 €

(ii) Graves: Multa de 45.001 € a 90.000 €.

(iii) Muy graves: multa de 90.001 a 225..000 €,

(iv) Además de las sanciones accesorias de suspensión o revocación de la licencia.

***

CAPÍTULO 8

AUTORIDADES DE AVIACIÓN CIVIL

8.1 Órganos que rigen la aviación civil

8.1.1 Agencia de Seguridad de Aérea de la Unión Europea (EASA)

Se establece una agencia de seguridad aérea de la Unión Europea con el fin de garantizar el funcionamiento y el desarrollo correctos de la aviación civil en la Unión, que sustituye a la EASA.

8.1.1.1 Las funciones de la Agencia: Entre otras:

(i) Emprender cualquier misión y emitir dictámenes sobre todos los asuntos regulados por el presente Reglamento;

(ii) Asistir a la Comisión elaborando las medidas que deban tomarse en virtud del presente Reglamento. Cuando dichas medidas incluyan normas técnicas, la Comisión no podrá modificar su contenido sin una coordinación previa con la Agencia;

(iii) Prestar a la Comisión el apoyo técnico, científico y administrativo necesario para el cumplimiento de sus funciones;

(iv) Adoptar las medidas necesarias dentro de las competencias que le confieran el Reglamento (UE) 2018/1139, o cualquier otra norma aplicable de la Unión;

(v) Realizar inspecciones, otras actividades de supervisión e investigaciones, según sea necesario, para el desempeño de sus funciones en virtud del Reglamento (UE) 2018/1139, o por petición de la Comisión;

(vi) Ayudar a las autoridades nacionales competentes a

desempeñar sus funciones, en particular ofreciendo un foro para el intercambio de información y conocimientos;

(vii) Contribuir, por lo que respecta a los asuntos contemplados en el Reglamento (UE) 2018/1139, previa solicitud de la Comisión, al establecimiento, medición, presentación de informes y análisis de los indicadores de rendimiento, cuando la legislación de la Unión establezca sistemas de rendimiento relacionados con la aviación civil;

(viii) Promover las normas y reglas de aviación de la Unión a nivel internacional mediante la debida cooperación con las autoridades competentes de terceros países y organizaciones internacionales;

8.1.1.2 Certificación del personal de vuelo

(i) La Agencia será responsable de las tareas relacionadas con la certificación, la supervisión y la ejecución con respecto a las aprobaciones y las declaraciones de las organizaciones de formación de pilotos y de tripulantes de cabina de pasajeros y los centros de medicina aeronáutica, cuando dichas organizaciones y dichos centros tengan su centro de actividad principal fuera de los territorios de los que son responsables los Estados miembros en virtud del Convenio de Chicago.

(ii) La Agencia será responsable del desempeño de las tareas relacionadas con la certificación, la supervisión y la ejecución con respecto a los certificados y declaraciones de dispositivos de simulación de vuelo de entrenamiento en cada uno de los casos siguientes:

(A) El dispositivo es operado por una organización cuyo centro de actividad principal está fuera del territorio del que son responsables los Estados miembros en virtud del Convenio de Chicago;

(B) El dispositivo está situado fuera del territorio del que son responsables los Estados miembros en virtud del Convenio de Chicago.

(C) Investigaciones realizadas por la Agencia

(D) La Agencia llevará a cabo, por su cuenta o a través de las autoridades nacionales u organismos cualificados competentes, las investigaciones necesarias para la realización de sus tareas en relación con la certificación, la supervisión y la ejecución

(iii) Para la realización de las investigaciones indicadas, la Agencia estará facultada para:

(A) Requerir a las personas físicas o jurídicas a las que haya expedido un certificado, o de las que haya recibido una declaración, para que le faciliten toda la información necesaria;

(B) Requerir a esas personas que faciliten explicaciones verbales sobre cualquier hecho, documento, objeto, procedimiento u otro asunto relevante para determinar si la persona cumple el presente Reglamento y con los actos delegados y de ejecución adoptados en su virtud;

(C) Acceder a los locales, terrenos y medios de transporte pertinentes de dichas personas;

(D) Examinar, copiar o realizar extractos de cualquier documento, registro o datos pertinentes conservados por, o a los que puedan acceder, esas personas, independientemente del soporte en el que se conserve la información en cuestión.

(iv) La Agencia velará por que los miembros de su personal y, en su caso, otros expertos que participen en la investigación estén suficientemente cualificados, hayan recibido las instrucciones adecuadas y cuenten con la debida autorización. Esas personas ejercerán sus facultades previa presentación de una autorización por escrito.

(v) Los funcionarios de las autoridades competentes del Estado miembro en cuyo territorio deba llevarse a cabo la investigación prestarán asistencia, a petición de la Agencia, a la hora de llevar a cabo la investigación. Cuando dicha asistencia sea necesaria, la Agencia, con la debida antelación antes de la investigación, informará de ello al

Estado miembro en cuyo territorio deba llevarse a cabo la investigación así como de la asistencia requerida.

8.1.1.3 Multas y multas coercitivas

(i) Previa solicitud de la Agencia, la Comisión podrá imponer a las personas físicas o jurídicas a las que la Agencia haya expedido un certificado, o de las que haya recibido una declaración, de conformidad con el presente Reglamento, una o ambas de las siguientes sanciones:

(A) Una multa, si dicha persona ha incumplido, de manera intencionada o negligente, alguna de las disposiciones del Reglamento (UE) 2018/1139, o de los actos delegados y de ejecución, adoptados en su virtud;

(B) Una multa coercitiva, si dicha persona sigue infringiendo alguna de esas disposiciones, con el objeto de obligar a esa persona a cumplir dichas disposiciones.

(ii) Las multas y las multas coercitivas contempladas en el apartado 1 serán eficaces, proporcionadas y disuasivas. Se establecerán teniendo en cuenta la gravedad del caso y, en particular, el grado en que se haya visto comprometida la seguridad o la protección del medio ambiente, la actividad a la que pertenece la infracción y la capacidad económica de la persona física o jurídica en cuestión. El importe de las multas no superará el 4 % de los ingresos o del volumen de negocios anuales de dicha persona física o jurídica. El importe de la multa coercitiva no superará el 2,5 % de los ingresos o del volumen de negocios diario medio de dicha persona física o jurídica.

(iii) Por lo que respecta a la imposición de multas y de multas coercitivas, la Comisión adoptará actos delegados que establezcan:

(A) Criterios detallados y una metodología detallada para fijar los importes de las multas o las multas coercitivas;

(B) Normas detalladas relativas a las investigaciones, las medidas conexas y los procedimientos de información, así como las normas para la toma de decisiones, incluidas las disposiciones relativas a los derechos de la defensa, el acceso al expediente, la representación legal, la confidencialidad y las disposiciones temporales, y

(C) Procedimientos para el cobro de las multas y las multas coercitivas.

(iv) El Tribunal de Justicia gozará de competencia jurisdiccional plena para examinar las decisiones adoptadas por la Comisión en virtud del apartado 1. Podrá anular, reducir o incrementar la multa o la multa coercitiva impuesta.

(v) Las decisiones adoptadas por la Comisión en virtud del apartado 1 no tendrán carácter penal.

8.1.1.4 Formación en el ámbito de la aviación

(i) La Agencia podrá, previa solicitud de un proveedor de formación en el ámbito de la aviación, evaluar el cumplimiento de dicho proveedor y de sus cursos de formación de los requisitos establecidos por la Agencia y publicadas en su publicación oficial. Una vez establecido dicho cumplimiento, el proveedor estará facultado para proveer cursos de formación aprobados de la Agencia.

(ii) La Agencia podrá impartir formación principalmente dirigida a su personal y al de las autoridades nacionales competente, pero también a las autoridades competentes de terceros países, organizaciones internacionales, a las personas físicas y jurídicas sujetas al presente Reglamento y otras partes interesadas, bien mediante sus propios recursos de formación, bien, cuando resulte necesario, recurriendo a proveedores de formación externos.

8.1.2 Ministerio de Transportes, Movilidad y Agenda Urbana

Le corresponde, de acuerdo con el art. 5 de la Ley de Seguridad Aérea una serie de competencias que tiene delegadas en la Secretaría de Estado de Transportes, Movilidad y Agenda Urbana, la Dirección General de Aviación Civil y la Agencia Estatal de Seguridad Aérea, así como la Subsecretaría de la que depende la CIAIAC.

En este gráfico se representan los organismos de Aviación Civil integrados en el Ministerio:

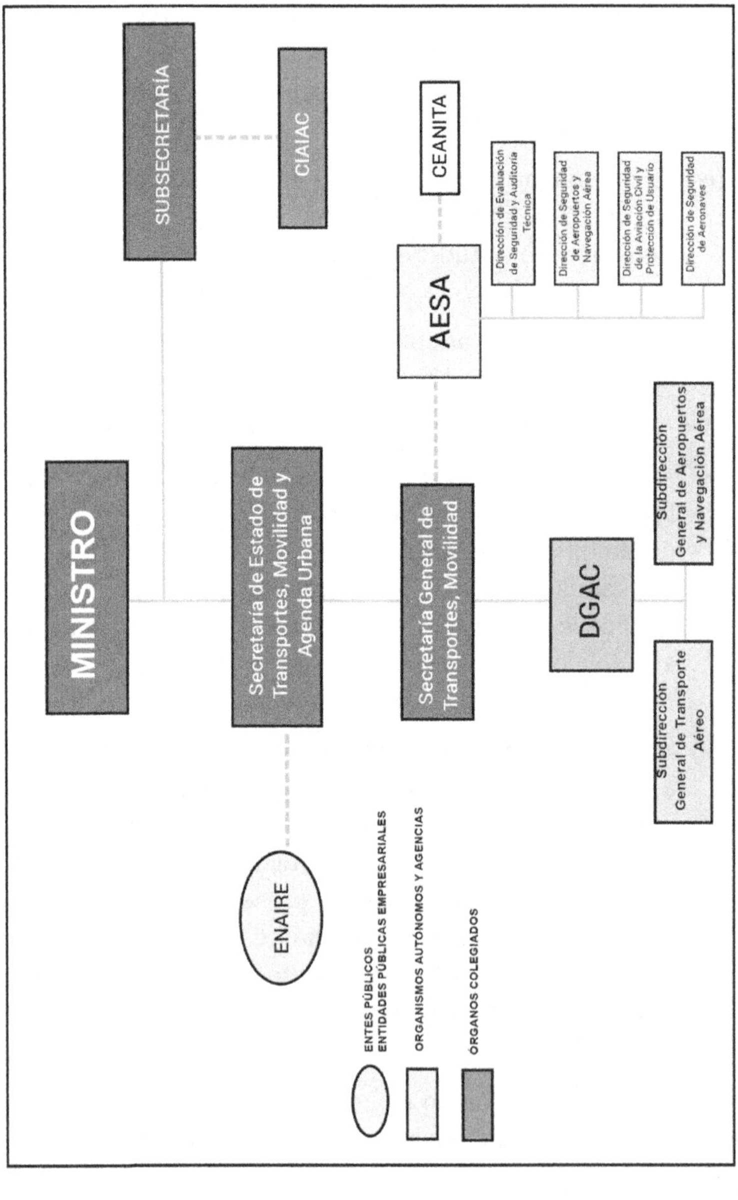

8.1.3 Dirección General de Aviación Civil.

Es el órgano mediante el cual, el Ministerio de Transportes define la política aeronáutica en materia de aviación civil.
Depende de la Secretaría de Estado de Transportes, Movilidad y Agenda Urbana y es, junto a la Agencia Estatal de la Seguridad Aérea, el Organismo responsable de todo lo relacionado con la Aviación Civil en España.

8.1.3.1 Funciones

- Define la política de la aviación civil.
- Aprueba y publica las Circulares aeronáuticas.
- Coordina actuaciones entre Defensa y Transportes.
- Representa al Departamento ante organismos nacionales e internacionales
- Elabora estudios, propuestas, normativas, y fomenta el desarrollo del transporte aéreo y del sistema aeroportuario.
- Informa sobre propuestas de calificación de aeropuerto civiles y de aeródromos de comunidades autónomas.
- Informa sobre planes directores
- Negocia convenios internacionales de transporte aéreo.

8.1.4 Agencia Estatal de la Seguridad Aérea (AESA).

(1) FUNCIONES:

Creada por el Real Decreto 184/2008, de 8 de febrero, es un organismo público regulado por la Ley 28/2006, de 18 de julio, de Agencias Estatales para la mejora de los servicios públicos. Tiene personalidad jurídica diferenciada de la del Estado, patrimonio y tesorería propios y autonomía de gestión y funcional, con las limitaciones establecidas en dicha Ley. Depende del Ministerio de Transportes. Movilidad y Agenda Urbana, través de la Secretaría General de Transportes y Movilidad.
Este organismo viene a desdoblar la autoridad aeronáutica, quedando la DGAC con menos competencias. La Agencia se subroga en todos los derechos y obligaciones derivados de la competencia de la DGAC y del departamento que, en virtud del R.D. de constitución, se atribuye a aquella, en concreto, en los contratos convenios, encomiendas y en cargos perfeccionados en el ámbito de las competencias asignadas a la Agencia.

(2) OBJETO:

La AESA tiene por objeto la ejecución de las funciones de ordenación, supervisión e inspección de la seguridad del transporte aéreo y de los sistemas de navegación aérea y seguridad aeroportuaria.

(3) COMPETENCIAS:

(i) Expedición, renovación, suspensión, mantenimiento y revocación de autorizaciones, licencias, certificaciones, y otros títulos habilitantes.

(ii) Registro de matrícula de aeronaves;

(iii) Inspección aeronáutica de acuerdo con la LSA;

(iv) Las que correspondan al Mº de Fomento en lo referente a la seguridad del transporte aéreo, y protección del usuario;

(v) Ejercicio de la Potestad Sancionadora;

(vi) Gestión de riesgos en materia de seguridad;

(vii) Autorización, acreditación e inspección a personas físicas y jurídicas como entidades colaboradoras de la Inspección aeronáutica;

(viii) Iniciativa de la normativa reguladora de lo referente a la aviación civil en asuntos atribuidos a su competencia;

8.1.4.1 Estructura administrativa

(i) **Dirección de la Agencia**:

Es el órgano ejecutivo de la Agencia. Directora de la Agencia Estatal de Seguridad Aérea desde su constitución, en octubre de 2008.

Su directora, Dña. Isabel Maestre Moreno, Miembro del Consejo de Administración de la Agencia Europea de Seguridad Aérea (EASA). Lidera el desarrollo de proyectos compatibles con el crecimiento sostenible de la aviación, y participa activamente en los foros internacionales de aviación civil como OACI (Organización de Aviación Civil Internacional) o IATA (International Air Transport Association).

Este es su organigrama:

(ii) Cuatro Unidades Operativas y una Secretaría General:

(A) Dirección de Evaluación de la Seguridad y Auditoría Técnica Interna.

Gestiona los riesgos en materia de seguridad de aviación civil;

(B) Dirección de Seguridad de Aeropuertos y Navegación Aérea:

Tiene las competencias de la a. hasta la i. previstas en el punto b. anterior, sobre la seguridad de aeropuertos y de navegación aérea.

(C) Dirección de Seguridad de la Aviación Civil y Protección del Usuario:

Tiene las competencias de la a. a la i. previstas en el punto (B) anterior, en el ámbito de interferencia ilícita y la protección del usuario así como facilitación del transporte aéreo para garantizar la accesibilidad y el tránsito eficaz, fluido y seguro de personas y bienes a través de las infraestructuras del transporte aéreo.

(D) Dirección de Seguridad de Aeronaves:

Es la más importante desde el punto de vista de los pilotos. Este es su organigrama actual:

Tiene las siguientes competencias en el ámbito de la seguridad de la operación y mantenimiento, del personal de vuelo y certificación de aeronaves:

- Expedición, renovación, suspensión, mantenimiento y revocación de autorizaciones, habilitaciones, certificaciones y otros títulos habilitantes para la realización de actividades aeronáuticas civiles (operación de aeronaves, de aeropuertos y de servicios de navegación aérea, así como para el diseño, fabricación, mantenimiento, y uso de las aeronaves, los productos, componentes y equipos aeronáuticos civiles);

- La inspección aeronáutica, de acuerdo con lo dispuesto en los títulos III y IV de la Ley de Seguridad Aérea.
- Las que los reglamentos o directivas comunitarios atribuyen al Estado, y corresponden al Ministerio de Transportes en virtud del ordenamiento jurídico interno, en el ámbito de la seguridad en el transporte aéreo civil y la protección al usuario del transporte aéreo, entre otras, como autoridad nacional de supervisión o como organismo responsable del cumplimiento de los mismos.
- El ejercicio de la potestad sancionadora en materia de aviación civil regulada en el Título V de la Ley de Seguridad Aérea;
- La autorización, acreditación e inspección a personas físicas y jurídicas para su actuación como entidades colaboradoras en materia de inspección aeronáutica;
- La aprobación previa de procedimientos y programas internos de autoverificación y control desarrollados y aplicados por los explotadores de servicios de transporte aéreo y los titulares o prestadores de servicios aeroportuarios y de navegación aérea en cumplimiento de la normativa técnica y de seguridad aplicable.
- La colaboración técnica y participación en organismos nacionales e internacionales en materia de seguridad aérea y protección al usuario del transporte aéreo, así como la colaboración con la Unión Europea y la Agencia Europea de Seguridad Aérea para realizar inspecciones e investigaciones en territorio español.
- La iniciativa de la normativa reguladora en los ámbitos de la aviación civil atribuidos a su responsabilidad, para su elevación a los órganos competentes del Ministerio de Transportes.
- La gestión del Registro de matrícula de aeronaves

Esta Dirección se estructura en **ocho Oficinas de Seguridad de Vuelo** (ver punto iv)

8.1.5 Oficinas de Seguridad en Vuelo

Constituyen unidades periféricas de la AESA, a las que se adscriben las Oficinas de Tráfico actualmente existentes, agrupadas en zonas geográficas, dependiendo a efectos jerárquicos de la Dirección de Seguridad de Aeronaves de la AESA a través de la Dirección de Seguridad de Aeronaves.

Sus competencias son:

(E) Actuaciones de inspección y supervisión;

(F) Preparación de la emisión de títulos habilitantes en materia de operaciones, mantenimiento, organizaciones de diseño y producción de aeronaves y licencias al personal, en sus respectivos ámbitos territoriales.

(G) Tienen delegada (Resol. 20/jul/2010 de la AESA) la potestad Director de la Agencia de adoptar medidas extraordinarias, incluso por teléfono, de acuerdo con el artículo 30 de la LSA (Ver en este mismo capítulo el apartado 10.2.4.2 (iv)). Los directores de las Oficinas de Seguridad en Vuelo sólo podrán adoptar estas medidas respecto de las compañías, empresas o particulares que sean inspeccionados por orden del titular de la Oficina de Seguridad en Vuelo.

(H) La distribución territorial de Oficinas de Seguridad en Vuelo aplica únicamente a la tramitación de solicitudes de particulares (que no sean organizaciones de gestión de aeronavegabilidad o mantenimiento) respecto a temas de aeronavegabilidad.

(I) Cualquier otra solicitud deberá remitirse a los servicios centrales de AESA, salvo que ya haya sido asignada una Oficina de Seguridad en Vuelo para la supervisión de la organización correspondiente.

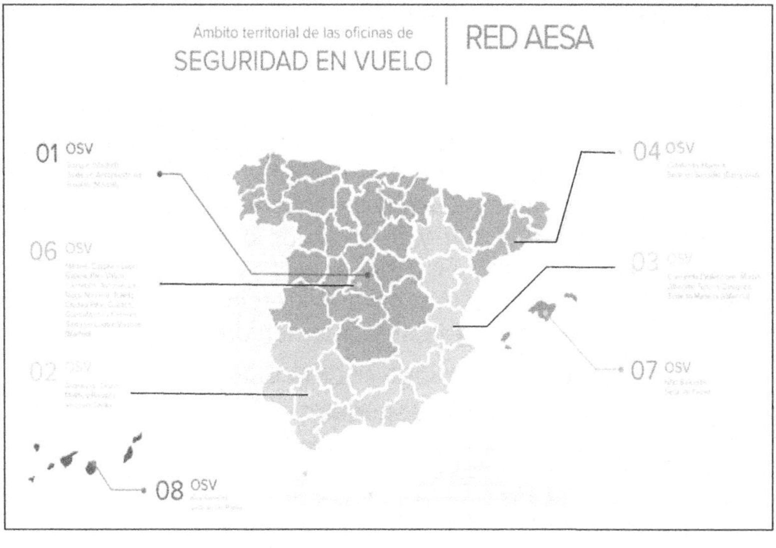

Las Oficinas de Seguridad en Vuelo son las siguientes:

OSV nº 1: Barajas (Madrid). Sede en Barajas (Madrid)

OSV nº 2: Andalucía, Ceuta, Melilla y Badajoz. Sede en Sevilla

OSV nº 3: Valencia (comunidad), Murcia, Albacete, Teruel y Zaragoza. Sede en Manises (Valencia)

OSV nº 4: Cataluña y Huesca. Sede en Sabadell (Barcelona)

OSV nº 6: Madrid, Toledo, Ciudad Real, Cuenca, Guadalajara, Ávila, Valladolid, Soria, León, Zamora, Salamanca, Segovia, Cáceres, Galicia, País Vasco, Cantabria, Asturias, La Rioja, Navarra, Burgos y Palencia. Sede en Cuatro Vientos (Madrid)

OSV nº 7: Baleares. Sede en Palma

OSV nº 8: Canarias. Sede en Las Palmas

Los teléfonos de las Oficinas de Seguridad en Vuelo son las siguientes:

Nº 1 Madrid-Barajas .... 91 393 70 59 / 91 393 70 60
Nº 2 Sevilla......................... 955 09 42 46 / 955 09 42 47
Nº 3 Valencia ....961 59 86 54 / 96 159 87 02
Nº 4 Barcelona -Sabadell .....93 711 76 61 / 93 711 78 64
Nº 5: Vacante
Nº 6 Madrid-Cuatro Vientos 91 321 09 51 / 913 21 09 63
Nº 7 Palma de Mallorca: .... . 971 26 89 04 / 971 26 89 62
Nº 8 Las Palmas de G. C... ..928 57 99 24 / 928 57 99 42

8.1.6 Inspección aeronáutica [1].

La ordenación, dirección y ejecución de la inspección aeronáutica corresponde al Ministerio de Transportes. Las actuaciones propias de la inspección serán realizadas por la Agencia Estatal de la Seguridad Aérea por medio de las Direcciones de Seguridad de Aeronaves, Seguridad de Aeropuertos y Navegación Aérea y Seguridad de la Aviación Civil y Protección del Usuario, cada una en su ámbito. Sus funciones comprenden la vigilancia y control del cumplimiento de las normas que ordenan las distintas actividades propias de la aviación civil y la supervisión para verificar los requisitos exigidos para obtener, conservar y renovar los certificados, aprobaciones, autorizaciones, licencias, habilitaciones y, en general, los documentos oficiales que habilitan para el ejercicio de funciones, la realización de actividades y la presentación de servicios aeronáuticos.

(1) Ámbitos de la Inspección Aeronáutica:

(i) En relación con la seguridad de la operación:

1. Ley de Seguridad Aérea (Título III), y Resolución la Directora de la AESA de 30 de septiembre de 2015 por la que se aprueban los nuevos modelos de carné de inspector aeronáutico y los nuevos modelos de orden de actuación de inspección y designación del equipo inspector (Ver Cap. 15 Formularios, 15.9 y siguientes)

(A) Personal aeronáutico;
(B) Operación de aeronaves;
(C) Aeronavegabilidad;
(D) Medicina y formación aeronáutica.

(ii) En relación con el transporte aéreo:
(A) Licencias y autorizaciones de explotación de compañías aérea;
(B) Servicios de transporte aéreo;
(C) Trabajos aéreos, transporte privado, vuelos locales y otras actividades de tráfico aéreo;
(D) Seguros aéreos;
(E) Condiciones de competencia entre operadores aéreos, sin perjuicio de las facultades de otros órganos en materia de defensa de la competencia;
(F) Obligaciones de servicio público y regímenes especiales de acceso al mercado de aviación civil;
(G) Tarifas y bonificaciones en materia de transporte aéreo;
(H) Protección de los derechos e intereses de los usuarios;
(I) Contrato de transporte aéreo;
(J) Servicios aeroportuarios de asistencia en tierra;
(K) Utilización de las franjas horarias para el movimiento de las aeronaves en los aeropuertos;
(L) Garantías de continuidad y seguridad de la prestación de los servicios de transporte aéreo y aeroportuarios.

(iii) En relación con la navegación aérea:
(A) Servicios de navegación aérea;
(B) Instalaciones del sistema de navegación aérea;
(C) Personal y organizaciones que intervengan en la prestación o explotación de los servicios de navegación aérea y en construcción, utilización o mantenimiento de las instalaciones afectas al sistema de navegación aérea.

(iv) En relación con los aeródromos e instalaciones aeroportuarias:
(A) Construcción, apertura y funcionamiento de aeropuertos de interés general y de las instalaciones aeroportuarias;
(B) Seguridad de aeródromos e instalaciones aeroportuarias;

(C) Personal y organizaciones responsables del funcionamiento y seguridad de aeródromos, aeropuertos e instalaciones aeroportuarias.

(2) Requisitos para la inspección:

Si el propósito de la inspección no es obstáculo para ello, se informará con suficiente antelación a la persona o entidad que vaya a ser inspeccionada, de la actuación que se va a practicar y de las personas autorizadas para su realización.

El personal que realice la inspección deberá acreditar su identidad y condición mediante la exhibición de un carné más un documento oficial expedido por la AESA, en el que se determinarán las facultades de su titular, el alcance de sus funciones y los límites a los que se sujeta su ejercicio (Ver capítulo 15.9 y siguientes) de este Manual, donde se transcriben los tipos de carné y los formularios que han de presentar a los inspectores).

(3) Atribuciones de los inspectores:

Las actuaciones de la inspección aeronáutica se realizará por funcionarios que desempeñen los correspondientes puestos de trabajo en la Inspección de la AESA. No obstante pueden encomendarse a otros funcionarios o empleados auxiliares o de apoyo administrativo de los anteriores.

Los funcionarios de la Agencia Estatal de Seguridad Aérea facultados para la realización de funciones de inspección aeronáutica tendrán, en el desempeño de sus funciones inspectoras, las siguientes atribuciones

(i) La consideración de autoridad pública, pudiendo, en caso de necesidad, recabar de otras autoridades competentes o de sus agentes, el auxilio necesario para el normal cumplimiento de sus funciones.

(ii) El libre acceso a las aeronaves, aeródromos, aeropuertos, locales, terrenos y, en general, a todas las instalaciones aeronáuticas en que hubieran de realizar las actuaciones inspectoras. Cuando se trate del domicilio de la persona inspeccionada, deberán obtener el consentimiento del interesado o, en su defecto, autorización judicial.

(iii) La potestad para requerir y examinar equipos, libros, registros, procedimientos y documentos de interés para el propósito de la inspección, obtener copias o extractos de los mismos y muestras de las sustancias y materiales utilizados por los inspectores.

(iv) La potestad de obligar al personal aeronáutico a someterse a pruebas para la detección del consumo de alcohol y sustancias estupefacientes, psicotrópicas o de efectos análogos. Reglamentariamente se establecerán las condiciones y requisitos que se deben cumplir para la realización de tales pruebas (añadido por la Ley 1/2011)

El personal inspector destinado en la AESA deberá guardar el debido sigilo respecto de los hechos, datos e informaciones que conozca por razón de su puesto de trabajo y sólo podrán prestar declaración cuando expresamente hayan sido autorizados para ello por la Agencia Estatal de Seguridad Aérea.

Las personas físicas o jurídicas objetos de una inspección, tienen el deber de colaborar y facilitar el buen fin de la misma, y de comparecer ante la Agencia Estatal de Seguridad Aérea cuando fueran requeridos para ello por el personal que desarrolle las labores de inspección

(4) Entidades y personal colaborador.

En las actividades de aviación civil no reguladas por normas comunitarias sobre aviación civil, la Agencia Estatal de Seguridad Aérea podrá llevar a cabo a través de personas y entidades colaboradoras debidamente autorizadas, las actividades de verificación y control de los requisitos establecidos por la normativa que resulte de aplicación y la emisión de los certificados o autorizaciones que acrediten la conformidad con las normas aplicables, así como la supervisión continuada de la organización, persona o producto de que se trate. Las aeronaves serán las aeronaves históricas, las diseñadas para fines de investigación o experimentación, las aeronaves construidas por aficionados y las aeronaves de hasta 495 kg de MTOM según relación y características referidas en dicha norma. El artículo 26 de la LSA modificada establece los requisitos y procedimientos de inspección de este personal colaborador.

Como personal colaborados están ahora SENASA e INECO.

(5) Documentación de la inspección

Para que estas actuaciones tengan carácter preceptivo y efectos jurídicos frente a terceros, se documentarán las diligencias, comunicaciones, dictámenes técnicos, informes y actas. Se consignará en un acta el resultado de la inspección, en la que se hará constar:

(i) El nombre y acreditación del inspector;

(ii) Lugar, fecha y hora en que se llevó a cabo la actividad inspectora;

(iii) Identidad de la persona responsable de la entidad, producto, servicio, actividad o instalación inspeccionada;

(iv) Los elementos esenciales de la inspección practicada y, en su caso, las deficiencias, irregularidades o incumplimientos legales constatados;

(A) En su caso, propuesta de posibles medidas a adoptar, de conformidad con las normas de aplicación, para subsanar tales deficiencias, irregularidades o incumplimientos;

(B) La conformidad o disconformidad con todo ello del sujeto inspeccionado.

(6) Medidas extraordinarias:

El Director de la AESA podrá acordar de oficio, como consecuencia de denuncia o a propuesta motivada de los inspectores aeronáuticos, la inmovilización de una aeronave o la limitación o suspensión temporal de la eficacia de los certificados, aprobaciones, autorizaciones, licencias o habilitaciones previamente otorgados, cuando haya constatado irregularidades que afecten de forma cierta, grave e inmediata a la seguridad aérea. Esta medida puede adoptarse verbalmente por razones de urgencia o necesidad, sin perjuicio de reflejar el acto y su motivación por escrito en un plazo no superior a las 72 horas, dando traslado por escrito a los interesados. Los gastos ocasionados por tales medidas correrán a cargo de los titulares o explotadores de las aeronaves y de los servicios o actividades. De acuerdo con la Resolución de 20 de julio de 2010, de la AESA, se delega en los Directores de las Oficinas de Seguridad en Vuelo, la potestad de adoptar estas medidas extraordinarias, reguladas en el art. 30 de la LSA

(7) La Inspección de Rampa.

(i) Las inspecciones en rampa se llevarán a cabo de manera homologada, conforme al formulario establecido o bien en el apéndice III, o bien en el apéndice IV del Reglamento (UE) 965/2012.

(ii) En el momento de proceder a una inspección en rampa, los inspectores velarán en la medida de lo posible por evitar demoras injustificadas que afecten a la aeronave inspeccionada.

(iii) Una vez concluida la inspección en rampa, se informará al piloto al mando o, en su defecto, a otro miembro de la tripulación de vuelo o a un representante del operador, sobre los resultados de la inspección en rampa, empleando para ello el formulario establecido en el apéndice III del Reglamento (UE) 965/2012.

(iv) Para cada elemento inspeccionado se definen tres categorías de posibles supuestos de incumplimiento de los requisitos aplicables considerados como constataciones. Dichas constataciones atenderán a la siguiente clasificación:
- (A) Por constatación de categoría 3 se entenderá cualquier incumplimiento importante de los requisitos aplicables o de los términos de un certificado que influya considerablemente en la seguridad operacional;
- (B) Por constatación de categoría 2, cualquier incumplimiento de los requisitos aplicables o de los términos de un certificado que influya significativamente en la seguridad operacional;
- (C) Por constatación de categoría 1, cualquier incumplimiento de los requisitos aplicables o de los términos de un certificado que no influya apreciablemente en la seguridad operacional.

(v) Para una constatación de categoría 2 o de categoría 3, la autoridad competente o, cuando proceda, la Agencia:
- (A) Notificará la constatación por escrito al operador, en particular la solicitud de las pruebas que documenten las medidas correctoras emprendidas; y,
- (B) Informará a la autoridad competente del Estado del operador y, si procede, al Estado en el que esté matriculada la aeronave y se hubiera expedido la licencia de la tripulación de vuelo. Si procede, la autoridad competente o la Agencia solicitarán la confirmación de la aceptación de las medidas correctoras emprendidas por el operador de conformidad con ARO.GEN.350 o ARO.GEN.355.

(vi) Además de lo expresado en la letra (E), en caso de una constatación de categoría 3, la autoridad competente adoptará inmediatamente medidas orientadas a:
- (A) Imponer una restricción a la explotación de vuelo de la aeronave;
- (B) Solicitar medidas correctoras inmediatas;
- (C) Inmovilizar en tierra la aeronave de conformidad con

ARO.RAMP.140, o

(D) Imponer una prohibición inmediata de explotación, de conformidad con el artículo 6 del Reglamento (CE) nº 2111/2005 (prohibición inmediata de explotación)

(vii) Cuando la Agencia haya detectado una constatación de categoría 3, solicitará a la autoridad competente en el territorio el que hubiera aterrizado la aeronave que adopte las medidas apropiadas de conformidad con lo expuesto en la letra (F).

(viii) Inmovilización en tierra de una aeronave

(A) En caso de una constatación de categoría 3, si hubiera indicios de que la aeronave pretendiese o fuese probable que volase sin que el operador o propietario hubiera completado las medidas de corrección apropiadas, la autoridad competente:

- Notificará al piloto al mando/comandante o al operador de la aeronave que carece de autorización para iniciar el vuelo hasta posterior notificación, e
- Inmovilizará en tierra la aeronave.

(B) La autoridad competente del Estado en el que permaneciese inmovilizada la aeronave informará inmediatamente a la autoridad competente del Estado del operador, del Estado en la que está matriculada la aeronave, si procede, y a la Agencia, en el caso de inmovilización de una aeronave explotada por un operador de un tercer país.

(C) La autoridad competente, en coordinación con el Estado del operador o el Estado de matrícula, estipulará las condiciones necesarias que autoricen el despegue de la aeronave.

(D) Si el incumplimiento afecta a la validez del certificado de aeronavegabilidad de la aeronave, la autoridad competente solo dará por finalizada la inmovilización en tierra de la aeronave cuando el operador acredite haber obtenido:

- El restablecimiento del cumplimiento de los requisitos aplicables;
- Una autorización de vuelo de conformidad con el Reglamento (CE) nº 1702/2003 (1), para aeronaves registradas en un Estado miembro;
- Una autorización de vuelo o documento equivalente del Estado de matrícula o del Estado del operador

para las aeronaves registradas en un tercer país y explotadas por un operador de la UE o de un tercer país, y

- Permiso de terceros países que debe sobrevolar, en su caso.

(8) Inspección de la Comisión (UE):
El Reglamento (UE) nº 72/2010 de la Comisión, de 26 de enero de 2010 fija los procedimientos de las inspecciones que realice la Comisión en el ámbito de la seguridad de la aviación. Las inspecciones de la Comisión abarcarán a las autoridades competentes de los Estados miembros y a aeropuertos, operadores y entidades seleccionados que apliquen las normas de seguridad de la aviación. No afecta directamente a las tripulaciones.

8.2 Comisión de Investigación de Accidentes e Incidentes de Aviación Civil (CIAIAC).

Órgano colegiado adscrito a la Subsecretaría del Ministerio de Transportes con competencia para la investigación técnica de los accidentes e incidentes graves de aviación civil. Goza de plena independencia funcional respecto de las autoridades aeronáuticas o de cualquiera otra cuyos intereses pudieran estar en conflicto con su misión. Está ubicada en la calle Fruela, 6.- 1ª planta, 28011 Madrid (tfno: 91 596 4936)

Está regulada por el Reglamento (UE) 996/2010, de 20 de octubre y por el Título II, Capítulo II de la Ley de Seguridad Aérea.

Todas las investigaciones técnicas sobre accidentes e incidentes graves que corren a cargo de la CIAIAC dan como resultado informes que se pueden descargar gratuitamente accediendo a nuestro apartado Publicaciones.

El Reglamento (UE) nº 996/2010, del Parlamento Europeo y del Consejo, en su artículo 15, establece el derecho de las víctimas, sus familiares o sus asociaciones que les representen a recibir, por parte de las Autoridades de Investigación de Seguridad de los diferentes estados miembros de la UE, la información más relevante sobre una investigación antes de que ésta pase al dominio público.

Así pues, se invita a víctimas, familiares y sus asociaciones de cualquiera de los sucesos listados en nuestro apartado Investigación, interesados en ejercer este derecho, a acreditarse como tales dirigiéndose a la dirección de correo electrónico de la CIAIAC.

8.3 Comisión de Estudio y Análisis de Notificaciones de Incidentes de Tránsito Aéreo (CEANITA)

Ha quedado disuelta esta Comisión por el Real Decreto 1088/2020, de 9 de diciembre, al derogar la Orden PRE/697/2012, de 2 de abril, por la que se establecían las normas de funcionamiento de la Comisión de Estudio y Análisis de Notificaciones de Incidentes de Tránsito Aéreo, así como cualquier disposición de igual o inferior rango que se oponga a lo dispuesto en este real decreto.

8.4 "AENA, S.A."

Es una sociedad mercantil estatal que gestiona los aeropuertos y helipuertos españoles de interés general. A través de su filial Aena Internacional, participa también en la gestión de 16 aeropuertos en distintos países. Aena Aeropuertos, S.A. fue creada en diciembre de 2010, en virtud del Real Decreto-ley 13/2010. En julio de 2014 pasó a denominarse Aena, S.A.

Tiene las siguientes funciones:

(1) La ordenación, dirección, coordinación, explotación, conservación, administración y gestión de los aeropuertos de interés general y de los helipuertos gestionados por Aena, S.A. y de los servicios afectos a ellos.

(2) La coordinación, explotación, conservación administración y gestión de las zonas civiles de las bases aéreas abiertas al tráfico civil y de los aeropuertos de utilización conjunta.

(3) El diseño y elaboración de los proyectos, ejecución, dirección y control de las inversiones en las infraestructuras e instalaciones aeroportuarias y en bienes destinados a la prestación de los servicios de tránsito aéreo de aeródromo adscritos a las mismas.

(4) La evaluación de las necesidades y, en su caso, la propuesta de planificación de nuevas infraestructuras aeroportuarias y de las servidumbres aeronáuticas y acústicas vinculadas a los aeropuertos y servicios cuya gestión se atribuya a la Sociedad.

(5) El desarrollo de los servicios de orden y seguridad en las instalaciones aeroportuarias que gestione, sin perjuicio de las atribuciones asignadas en esta materia al Ministerio de Interior.

(6) La formación en materias relacionadas con el transporte aéreo, incluida la formación de profesionales aeronáuticos sujetos a la obtención de licencias, títulos, autorizaciones o habilitaciones y la promoción, divulgación o fomento de la actividad aeronáutica o aeroportuaria.

(7) La participación, gestión y dirección, directa o indirectamente, en

aeropuertos extranjeros.
(Ver capítulo 8.13 de este Manual)

8.5 ENAIRE

La entidad pública empresarial ENAIRE, adscrita al Ministerio de Transportes, es el gestor del control del tránsito aéreo, de la información aeronáutica y de las redes de comunicación, navegación y vigilancia necesarias para que las compañías aéreas y sus aeronaves vuelen de forma segura, fluida y ordenada por el espacio aéreo español.

Conforme a la Ley 09/2010, ENAIRE es la empresa designada por el Estado para el suministro de los servicios de tránsito aéreo en las fases de ruta y aproximación.

Los servicios de navegación aérea los proporciona con los siguientes equipos e instalaciones:

Las funciones de ENAIRE en navegación aérea son:

(1) La planificación, dirección, coordinación, explotación, conservación y administración del tráfico aéreo, de los servicios de telecomunicaciones e información aeronáutica, así como de las infraestructuras, instalaciones y redes de comunicaciones del sistema de navegación aérea. El objetivo es que las aeronaves que se desplazan por el espacio aéreo español obtengan la máxima seguridad, fluidez, eficacia y puntualidad.

(2) La elaboración y la aprobación de distintos tipos de proyectos, además de la ejecución y gestión de control de las inversiones.

(3) La evaluación de las necesidades y propuestas para nuevas infraestructuras, al igual que las posibles modificaciones en la ordenación del espacio aéreo.

(4) La participación en la formación aeronáutica específica y sujeta a la concesión de licencias oficiales.

Estos servicios se prestan desde las cinco direcciones regionales de Navegación Aérea: Centro Norte, Este, Canaria, Sur y Baleares, cuyas sedes se ubican respectivamente en los centros de control (ACC) de Madrid, Barcelona, Sevilla y Gran Canaria, y en el centro de control de área terminal (TACC) de Palma de Mallorca.

8.6 Seguridad pública en los aeropuertos

Está organizada la siguiente manera:

(a) Corresponde a la Policía Nacional:

Controlar, con carácter fijo y móvil la entrada y salida de nacionales

y extranjeros en aeropuertos y aeródromos civiles en los que tengan base.
Intervenir en casos de alteración del orden público o de la seguridad ciudadana, para su restablecimiento, en el interior de los aeropuertos.

(b) Corresponde a la Guardia Civil:
Vigilancia, control y custodia de todas las zonas en instalaciones:
Colaborar con el Mº de Hacienda en la Inspección de Aduanas

(c) Corresponde a las compañías de seguridad privada:
Ayudar a la Guardia Civil en las labores de control de personas y equipaje de mano (Convenio del Mº del Interior y AENA de 29 de junio de 1999)

8.7 La Aduana

La Aduana es el servicio de la Administración que está encargado de la aplicación de la legislación y de la recaudación de los derechos e impuestos de importación, exportación y tránsito de mercancías.
Se entiende por "recinto aduanero", dentro del aeropuerto aduanero, las pistas (en los terrestres) o la superficie marítima (en los marítimos), muelles y rampas así como los locales en los que funcionan reglamentariamente las Oficinas de Aduanas, integradas por los despachos de los funcionarios, las salas de reconocimiento de viajeros, equipajes y mercancías, y los almacenes destinados a depósito o custodia de las expediciones pendientes.

8.7.1 Normas aduaneras de aviación.

(1) Las aeronaves que salgan al extranjero y las que procedan de él (se incluyen Canarias y Melilla), deberán hacerlo por un aeropuerto aduanero o auxiliar.

(2) Si se efectúa un aterrizaje forzoso fuera de un aeropuerto habilitado, el Comandante está obligado a dar inmediato aviso al Servicio de Aduanas del Resguardo o de Policía más próximo. Las autoridades deberán realizar las comprobaciones pertinentes antes de que la aeronave pueda continuar el vuelo. Si no puede continuar el vuelo, quedará sujeta a intervención.

(3) Toda aeronave civil, nacional o extranjera, en vuelo sobre el territorio nacional o sus aguas jurisdiccionales, debe someterse, en cualquier momento a las indicaciones de las autoridades aduaneras, sean dirigidas desde la superficie o desde otra aeronave.

(4) Cuando por fuerza mayor una aeronave civil cruce la frontera o costa sin atenerse a las prescripciones de entrada reglamentarios, deberá aterrizar o amarar en el aeropuerto terrestre o marítimo más cercano.

(5) Los Servicios de Aduana, en ejercicio de sus propias funciones de vigilancia, podrán visitar las aeronaves, así como su cargamento, las veces que consideren oportuno, para cerciorarse de que no conducen más mercancías, provisiones y pertrechos que los manifestados.

(6) Las aeronaves no podrán salir de un aeropuerto aduanero sin que la oficina de Aduanas haya visado el manifiesto de carga. La presentación de este documento a la Aduana es responsabilidad del Comandante del vuelo, aunque lo normal es que lo haga un departamento de su Compañía.

(7) Las infracciones en que pueda incurrir el Comandante de una aeronave en lo que afecta al tráfico aéreo internacional se pondrá en conocimiento del Director del Aeropuerto, que a su vez lo hará saber al Director de la AESA, a efectos de que, en cumplimiento de lo acordado en el artículo 21 del Anexo K de la Conferencia Internacional de Aviación Civil de Chicago, lo notifique al Estado en que dicha aeronave está matriculada.

8.7.2 Documentación exigible por la Aduana a la entrada y salida en tráfico internacional [2].

(1) Aeropuerto de llegada:

(i) Manifiesto de carga, aun siendo negativo, firmado por el Comandante o el representante autorizado de la Compañía en el que deberán constar:

(A) Peso bruto de los bultos comprendidos en cada partida.

(B) Número de pasajeros desembarcados. Tienen la condición de carga, a efectos de inclusión en el manifiesto, los repuestos y suministros que hayan de descargarse en un aeropuerto nacional y los equipajes no acompañados, pero no el correo.

(ii) Conocimiento aéreo de cada partida.

2. Orden de 9 de febrero de 1966 sobre Documentación Aduanera y Rectificación de Manifiestos. Estos trámites los realiza la compañías de Handling.

(2) Escalas sucesivas:

(i) Manifiesto para ser diligenciado por la Aduana y ser devuelto al Comandante.

(ii) Manifiestos especiales de tránsito correspondientes a la carga tomada en dicho régimen en las anteriores aeropuertos de escala.

(iii) Conocimientos aéreos de cada partida.

(3) Aeropuerto de salida:
Manifiesto de carga de las partidas que van al extranjero y, separadamente, de otros aeropuertos nacionales con dirección al extranjero, firmado por el Comandante o el representante de la Compañía autorizado. Se indicará el número de pasajeros embarcados. La firma en el manifiesto de carga constituye la autorización de salida.

8.8 Normas sobre Sanidad

8.8.1 Prohibición de fumar a bordo

Esta prohibición está regulada en el art. 7 de la Ley 28/2005, de 26 de diciembre, de medidas sanitarias frente al tabaquismo y reguladora de la venta, el suministro, el consumo y la publicidad de los productos del tabaco:

... *"Se prohíbe totalmente fumar en:... q/ Aeronaves con origen y destino en territorio nacional y en todos los vuelos de compañías aéreas españolas, incluidos aquellos compartidos con vuelos de compañías extranjeras".*

Están surgiendo problemas con los nuevos cigarrillos electrónicos, dado que, como algunos de ellos no contienen tabaco, ciertos pasajeros consideran que pueden fumar con ellos. Pero, a falta de que la autoridad diga otro cosa, no se pueden utilizar. La norma establece la prohibición de fumar y esto incluye no solo al tabaco, sino al opio, al anís o cualquier otra sustancia.

8.8.2 Normas sobre comidas y bebidas

Los médicos recomiendan no iniciar un vuelo sin haber comido algo en las cinco horas precedentes. Si se nota algo de mareo en vuelo, conviene tomar algo azucarado, pues puede ser debido a hipoglucemia.

Para evitar la aerofagia, se recomienda, antes de iniciar un vuelo:

- No comer demasiado rápido.
- Comer con moderación.
- Evitar las bebidas gaseosas.
- No ingerir alubias, coles, cebollas, manzanas, pepinos, melones, y otros alimentos que producen gases.

Las comidas no deberían ser iguales para los dos pilotos, y no deberían ser ingeridas a la vez, por motivos de seguridad. También es recomendable que el resto de la tripulación tenga comidas diferentes, al menos en dos grupos. Se recomienda beber agua frecuentemente durante el vuelo, para reponer la pérdida de líquidos debido a la baja humedad relativa de la cabina del avión.

La Ley sanciona al tripulante si se vuela bajo los efectos de las bebidas alcohólicas o al Comandante por permitir que la tripulación lo haga. Esto es muy amplio, y es el piloto el que debe saber hasta qué punto una bebida puede afectarle. Las compañías prohíben ingerir alcohol hasta 12 horas antes del vuelo.

(1) Los alimentos pueden producir trastornos o la muerte de dos modos [3]:

(i) Intoxicación. Aunque raras veces es mortal, los síntomas pueden resultar muy desagradables y los riesgos en la actividad son lógicos. Es necesario, por ello, tener la seguridad de que los miembros de la tripulación toman comidas completamente diferentes durante el vuelo y con anterioridad al mismo.

(ii) Enfermedades asociadas a la alimentación. Si se siguen las indicaciones de la guía dietética adjunta y se previenen los riesgos del tabaco, se evitarían graves enfermedades, como las cardiovasculares.

(2) Consejos:

(i) No son aconsejables las comidas ricas en carbohidratos, azúcares y ácidos grasos.

3. Manual Médico de IFALPA.

(ii) Comer con más frecuencia pero en pequeñas cantidades.

(iii) En las operaciones de largo recorrido, hacer las comidas a bordo amarrados a sus asientos ya que les falta el relajamiento necesario al comer, lo que es importante para una buena digestión.

(iv) En las operaciones de corto recorrido no es aconsejable hacer las comidas principales en el avión; es preferible que lo hagan en tierra en un restaurante apropiado.

(v) Siempre que sea posible se harán las comidas en tierra con tiempo suficiente para hacerlo relajadamente y sin precipitación.

(vi) Se deben tomar líquidos frecuentemente, para contrarrestar el bajo grado de humedad de las cabinas presurizadas.

(3) El Manual Médico de IFALPA recomienda la siguiente GUÍA DIETÉTICA:

ALIMENTO	RECOMENDADO	NO RECOMENDADO
Productos diarios	Leche desnatada, queso de bola, clara de huevo	Leche en general, crema, mantequilla, otros quesos, yema de huevo
Grasas	Sólo pequeñas cantidades de margarina ligera o aceite vegetal.	Otras margarinas, manteca de cerdo, sebo en rama, grasa animal y aceite de palma o cacao.
Carnes y pescados	Magro de vaca, cordero, cerdo, pollo, pavo, ternera, pescados vertebrados: todo cocinado sin grasa.	Carnes grasas, picadillo, salchichas, cecina, riñones, hígado, sesos, mollejas, la mayoría de las carnes enlatadas, ganso, pato, caza mayor, mariscos.
Sopas	Ligeras y caldos sin grasa	Grasientas y las que contienen aditivos grasos, productos lácteos sólidos o marisco.
Vegetales	Patatas cocidas o asadas, verduras en general, ensaladas.	Cualquier vegetal cocido con grasa o aceites
Frutas	Frescas y cocidas, manzanas asadas o peras, sin azúcar	Fruta enlatada o en almíbar y fruta seca

8.8.3 El Corona Virus y otras enfermedades víricas

La UE a través de la EASA ha divulgado entre las compañía un "modus operandi" para la actuación de las tripulaciones entre sí y con los pasajeros, que viene resumido en el siguiente gráfico:

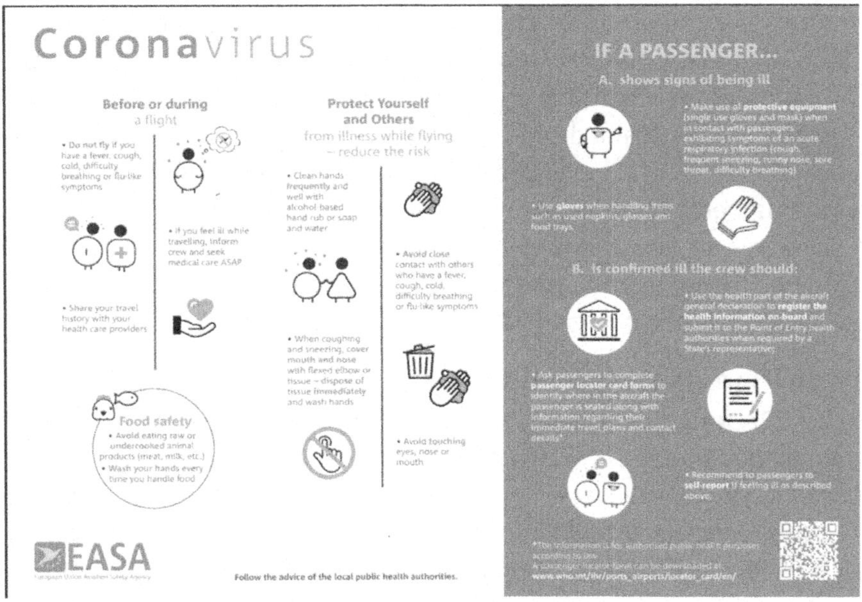

8.9 Programa Estatal de Seguridad Operacional para la Aviación Civil (PESO)

Regulado en el nuevo Título II, Capítulo 1 de la Ley de Seguridad Aérea. El Programa Estatal de Seguridad Operacional del Estado establecerá la política y objetivos de Seguridad aérea del Estado, mediante la gestión de los riesgos, el afianzamiento, la promoción de la Seguridad y el establecimiento de los indicadores de Seguridad para su evaluación. Especialmente, el Programa permitirá la recopilación, el intercambio y el análisis de la información sobre Seguridad operacional y su gestión integrada.

La información sobre Seguridad operacional facilitada voluntariamente en la que no se aprecie dolo o negligencia grave no podrá utilizarse como medio de prueba válido para cualquier tipo de procedimiento administrativo, ni podrá revelarse al público, salvo lo dispuesto en el artículo 19, con el fin de asegurar la continua disponibilidad para poder tomar medidas preventivas adecuadas y oportunas.

La Agencia Estatal de Seguridad Aérea es la entidad competente para coordinar la implantación y ejecución del Programa, así como para el seguimiento del cumplimiento de los objetivos de seguridad operacional fijados en él, sin que esto altere las competencias que la normativa vigente atribuye a las autoridades nacionales de supervisión y en todo caso, quedarán obligados por el Programa los organismos, órganos, entes y entidades, del sector público civil y militar, con competencias en materia de control o supervisión sobre la Seguridad operacional de la aviación civil o que incidan en ella, debiendo concretarse reglamentariamente los mecanismos de coordinación entre ellos. Asimismo se integran en el Programa, con los límites previstos en el artículo 18.1, segundo párrafo[4], los órganos competentes para la investigación técnica de accidentes e incidentes de aviación civil.

8.10 Plan de Acción de Seguridad Operacional (PASO)

La AESA ha publicado un Plan de Acción dentro del PESO. Según el propio documento, el Plan de Acción *"incorpora los nuevos objetivos de seguridad operacional del Estado aprobados mediante Acuerdo del Consejo de Ministros el 15 de diciembre de 2020. El Anexo II de dicho acuerdo detalla los objetivos de seguridad operacional del Estado. Los objetivos anteriores han sido modificados para adaptarlos al grado de madurez del Programa y a la normativa vigente"*. *"La gestión de la seguridad operacional, conforme al Programa, está encaminada a determinar las áreas de seguridad operacional que requieren mayor atención tras realizar un análisis de los datos y la información de seguridad operacional disponible"*. El programa tiene los siguientes objetivos:

8.11 Programa Nacional de Seguridad para la Aviación Civil

El Programa Nacional de Seguridad para la Aviación Civil (PNS) tiene como finalidad establecer la organización, métodos y procedimientos necesarios para asegurar la protección y salvaguarda de los pasajeros, tripulaciones, público, personal de tierra, aeronaves, aeropuertos y sus instalaciones, frente a actos de interferencia ilícita, perpetrados

4. El deber de reserva en relación con la información obtenida en la investigación técnica de los accidentes o incidentes en la aviación civil se regirá por lo previsto en el Reglamento (UE) n.º 996/2010 del Parlamento Europeo y del Consejo, de 20 de octubre de 2010.

en tierra o en aire, preservando la regularidad y eficiencia del tránsito aéreo nacional e internacional en el Estado español y su espacio aéreo.

El Real Decreto 550//2006, de 5 de mayo, por el que se designa la autoridad competente responsable de la coordinación y seguimiento del Programa Nacional de Seguridad para la Aviación Civil y se determina la organización y funciones del Comité Nacional de Seguridad de la Aviación Civil, clasifica el Programa Nacional de Seguridad para la Aviación Civil como documento de «difusión restringida». La adopción de esta clasificación impone la limitación de uso al ámbito de organismos, entidades y colectivos interesados en su conocimiento y aplicación. De manera que corresponde a la Autoridad competente determinar los criterios de distribución de éste y de las correspondientes enmiendas, a los organismos responsables de la implantación de los diversos aspectos del Programa Nacional de Seguridad para la Aviación Civil, así como las formalidades y limitaciones que procedan.

La parte pública del Programa Nacional de Seguridad para la Aviación Civil ha sido actualizada por la Resolución de 21 de enero de 2021, de la Secretaría General de Transportes y Movilidad.

Para la consecución de los objetivos del Programa deberán aplicarse las medidas y procedimientos en él descritos en:

(a) Todos los aeropuertos nacionales helipuertos e instalaciones de navegación, tanto incluidas o no incluidas en el recinto aeroportuario;

(b) Todos los operadores, entre ellos las compañías aéreas, que presten servicios en los aeropuertos mencionados en la letra (a);

(c) Todas las entidades que aplican normas de seguridad aérea que lleven a cabo sus actividades en locales situados dentro o fuera de las instalaciones del aeropuerto y suministren bienes y/o servicios a los aeropuertos mencionados en la letra (a) o a través de ellos.

Quedarán fuera del ámbito de aplicación del Programa Nacional de Seguridad las Bases Aéreas y los aeródromos militares que reciban eventualmente tráfico civil. Se aplicarán, no obstante llegado el caso, aquellas medidas que, consensuadas entre la Autoridad competente de Seguridad de la Aviación Civil y el Ministerio de Defensa garanticen un adecuado nivel de protección. De igual manera, quedarán fuera del ámbito de aplicación del Programa Nacional de Seguridad las aeronaves de Estado.

Cuando no sea posible la aplicación de determinadas medidas en algunos aeropuertos o helipuertos, se podrán aplicar medidas alternativas que garanticen un nivel adecuado de seguridad conforme a lo establecido en el capítulo 14. En cualquier caso estos aeropuertos y/o helipuertos presentarán un Programa de Seguridad para aprobación por la Autoridad competente.

En este Manual, recogemos parte de este Plan Nacional, repartido en diversos capítulos, al referirnos a la Seguridad de las tripulaciones, pasajeros, aeropuertos, equipajes, carga y correo.

***

CAPÍTULO 9

ACCIDENTES, INCIDENTES Y SU NOTIFICACIÓN

9.1 Accidente aéreo

Según el Reglamento (UE) 996/2010, es todo suceso que, en relación con la utilización de una aeronave tenga lugar, en el caso de aeronaves tripuladas, en el período comprendido entre el momento en que cualquier persona embarque en la aeronave con intención de realizar un vuelo y el momento en que cualquiera de esas personas desembarque, o que tenga lugar, en el caso de aeronaves no tripuladas, en el período comprendido entre el momento en que la aeronave esté lista para ponerse en movimiento con intención de realizar un vuelo y el momento en que se detenga al final del vuelo y se apaguen los motores utilizados como fuente primaria de propulsión, y durante el cual:

(a) Una persona sufra lesiones mortales o graves como consecuencia de:
   - Hallarse en la aeronave, o
   - Entrar en contacto directo con alguna parte de la aeronave, entre las que se incluyen las partes que se hayan desprendido de la aeronave, o
   - La exposición directa al chorro de un reactor,

   excepto en caso de que las lesiones obedezcan a causas naturales, hayan sido autoinfligidas o causadas por otras personas, o se trate de lesiones sufridas por polizones escondidos fuera de las áreas destinadas normalmente a los pasajeros y la tripulación, o

(b) La aeronave sufra daños o fallos estructurales que alteren de manera adversa sus características de resistencia estructural, su rendimiento o sus características de vuelo, y que exigirían normalmente una reparación importante o el recambio del componente dañado, excepto si se trata de un fallo o avería del motor, cuando el daño se limite a un solo motor (incluidos su capó o accesorios), a las hélices, extremos de alas, antenas, sondas, aletas, neumáticos, frenos, ruedas, carenas, paneles, puertas del tren de aterrizaje, parabrisas, revestimiento de la aeronave (como pequeñas abolladuras o perforaciones en el revestimiento), o a daños menores a las palas del rotor principal, las palas del rotor trasero, el tren de aterrizaje, así como los daños resultantes de granizo o impactos de aves (incluidas perforaciones del radomo), o

(c) El avión desaparezca o sea totalmente inaccesible;

9.1.1 Consejos en caso de accidente (COPAC)

(1) Asegurar la integridad de sus tripulantes y pasajeros;
(2) Facilitar información sobre posición y situación;
(3) Preservar la documentación y equipos de grabación;
(4) Entregar la responsabilidad de la aeronave a los equipos de rescate, Fuerzas de seguridad del Estado o responsable de la compañía;
(5) Dar un briefing a su tripulación en privado;
(6) Evitar declaraciones, incluso a sus familiares;
(7) Contactar con su empresa/compañía aérea;
(8) Informar por escrito a las autoridades aeronáuticas.
(9) (Nota: Aeroley les recuerda la obligación de efectuar una llamada telefónica a la CIAIC lo antes posible)
(10) Diferenciar entre investigación técnica y judicial.

Teléfonos de interés	
CIAIAC	91 597 89 00
Guardia Civil	062
RCC (Salvamento)	91 677 17 18
COPAC	91 590 02 10

9.2 Incidente aéreo grave

Desde el punto de vista de la seguridad aérea estrictamente, la Ley de Seguridad Aérea lo define como: "*Suceso relacionado con la utilización de una aeronave que, sin llegar a ser un accidente, afecte o pueda afectar a la seguridad de las operaciones aéreas*". Son los que han notificarse a la Comisión de Accidentes e Incidentes de Aviación Civil (CIAIAC)

Según el Reglamento (UE) 996/2010, es *"cualquier incidente que está relacionado con la utilización de una aeronave y en el que concurren circunstancias indicadoras de una alta probabilidad de que se produjera un accidente, cuando, en el caso de aeronaves tripuladas, dicha utilización tenga lugar en el período comprendido entre el momento en que cualquier persona embarque en la aeronave con intención de realizar un vuelo y el momento en que cualquiera de esas personas desembarque, o que tenga lugar, en el caso de aeronaves no tripuladas, en el período comprendido entre el momento en que la aeronave esté lista para ponerse en movimiento con intención de realizar un vuelo y el momento en que se detenga al final del vuelo y se apaguen los motores utilizados como fuente primaria de propulsión".*

9.3 Sucesos

El Reglamento (UE) 376/2014 DEL PARLAMENTO EUROPEO Y DEL CONSEJO de 3 de abril de 2014, establece el sistema de notificación obligatoria de sucesos en la aviación civil. Se entiende por suceso "*Una interrupción del funcionamiento, un defecto, una deficiencia u otra circunstancia anormal que haya tenido o haya podido tener consecuencias sobre la seguridad aérea y que no haya dado lugar a un accidente o a un incidente grave de la aeronave, de los definidos en el artículo 11 de la Ley 21/2003, de 7 de julio de Seguridad Aérea".*

(a) Accidentes e incidentes imputables a mercancías peligrosas.

Cuando se provoque un incidente por mercancías peligrosas que ocasione lesiones mortales o graves, o daños importantes a la propiedad, o bien cuando se violen las normas del Reglamento de Mercancías Peligrosas, el Piloto al Mando tiene la obligación de informar a la AESA. Si ocurre en vuelo, o si tiene lugar una emergencia en vuelo donde se transporten mercancías peligrosas, ha de informar además a la dependencia ATS correspondientes (ORO. GEN.160).

(b) Sucesos relacionados con los servicios e instalaciones de navegación aérea.

(1) Sucesos relacionados con las aeronaves;

(2) Degradación o pérdida total de servicios o funciones (control, servicios de navegación o comunicaciones)

(3) Otros sucesos (emergencias, descarga de combustible, interferencia ilícita, aviso de bomba, etc)

Para una completa identificación de estos sucesos, ver Capítulo 12.

La CEANITA es la comisión que hasta ahora se encargaba de este tipo de incidentes. Estos incidentes para a ser competencia del SNS de la AESA (ver página 9.16). Hay que señalar que cuando en un AIRPROX el piloto ha de maniobrar la aeronave para evitar una colisión, el incidente deja de ser de tránsito aéreo para convertirse en incidente grave, en cuyo caso ha de informarse a la CIAIAC.

9.4 Incidentes relativos a la operación de vuelo.

Hay otros sucesos, no recogidos en la legislación anterior, que también afectan a la operación de vuelo y que han de ser notificados a diferentes organismos.

La notificación se puede hacer en el formulario del capítulo 13.2 de este Manual. Las diferentes Compañías pueden establecer formularios de notificación propios.

9.4.1 Interferencia ilícita

Actos, o tentativas, destinados a comprometer la seguridad de la aviación civil incluyendo, sin que esta lista sea exhaustiva, lo siguiente:

(1) Apoderamiento ilícito de aeronaves;

(2) Destrucción de una aeronave en servicio;

(3) Toma de rehenes a bordo de aeronaves o en los aeródromos;

(4) Intrusión por la fuerza a bordo de una aeronave, en un aeropuerto o en el recinto de una instalación aeronáutica;

(5) Introducción a bordo de una aeronave o en un aeródromo de armas o de artefactos (o sustancias) peligrosos destinados a fines criminales;

(6) Uso de una aeronave en servicio con el propósito de causar la muerte, lesiones corporales graves o daños graves a los bienes o al medio ambiente;

(7) Comunicación de información falsa que comprometa la seguridad de una aeronave en vuelo, o en tierra, o la seguridad de los pasajeros, tripulación, personal de tierra y público en un aeropuerto o en el recinto de una instalación de aviación civil[1].

(8) Recomendaciones del SERA.11005:

(i) Toda aeronave que esté siendo objeto de actos de interferencia ilícita hará lo posible por activar el transpondedor en el Código 7500 y notificar a la dependencia ATS pertinente este hecho, toda circunstancia significativa relacionada con él y cualquier desviación del plan de vuelo actualizado que las circunstancias hagan necesario, a fin de permitir a la dependencia de ATS dar prioridad a la aeronave y reducir al mínimo los conflictos de tránsito que puedan surgir con otras aeronaves.

(ii) Si una aeronave es objeto de interferencia ilícita, el piloto al

1 Resolución de 14 de mayo de 2015 de la Secretaría General de Transporte.

mando intentará aterrizar lo antes posible en el aeródromo apropiado más cercano o en un aeródromo asignado para ese propósito por la autoridad competente, a menos que la situación a bordo de la aeronave le dicte otro modo de proceder.

(iii) Cuando se produzca un suceso de interferencia ilícita con una aeronave o se sospeche que se está produciendo, las dependencias de servicios de tránsito aéreo deberán atender con prontitud las solicitudes de la aeronave. Se seguirá transmitiendo la información pertinente para el desarrollo seguro del vuelo y se tomarán las medidas necesarias para acelerar la realización de todas las fases del vuelo, especialmente el aterrizaje seguro de la aeronave.

(iv) Cuando se produzca un suceso de interferencia ilícita con una aeronave o se sospeche que se está produciendo, las dependencias de ATS informarán de inmediato, de acuerdo con los procedimientos convenidos localmente, a la autoridad correspondiente designada por el Estado e intercambiarán la información necesaria con la empresa explotadora de aeronaves o su representante designado.

(9) Recomendaciones RCA:

(i) Si el Piloto al Mando no puede proceder al aeródromo recomendado, tratará de continuar el vuelo en la derrota y nivel de crucero asignados hasta que pueda comunicarse con una dependencia ATS o esté dentro de cobertura radar o ADS-B;

(ii) Cuando deba apartarse de la derrota o nivel de crucero asignados, sin poder establecer contacto radiotelefónico con una dependencia ATS, el Piloto al Mando deberá, si es posible:

(A) Tratar de radiodifundir advertencias en el canal VHF en uso o en la frecuencia de VHF urgencia o en otros canales, a menos que la situación dicto otro modo de proceder;

(B) Continuar el vuelo de conformidad con los procedimientos suplementarios regionales especiales para contingencias de vuelo, si se han establecidos;

- Si no los hubiera, continuar el vuelo a un nivel que difiera de los niveles ce crucero utilizados normalmente por los vuelos IFR en:
- 150 m (500 ft) en una zona en la que se aplican mínimos de separación vertical de 300 m (1.000 ft);

- 300 m (1.000 ft) en una zona en la que se aplican mínimos de separación vertical de 600 m (2.000 ft)

(iii) Tomar las medidas indicadas en el apartado de "interceptación de aeronaves" (Capítulo 12.9) cuando la aeronave sea interceptada mientras es objeto de un acto de interferencia ilícita.

9.4.2 Amenaza de bomba.

(1) En tierra.

Si el Piloto al Mando ya se ha hecho cargo de la aeronave, debe ordenar el desalojo inmediato del pasaje, a menos que las circunstancias hagan aconsejable una evacuación.

A juicio del Piloto al Mando y si ello es posible, una vez desalojado el avión de tripulantes y especialistas la tripulación técnica debería llevar la aeronaves a una zona indicada por la Autoridad, para evitar posibles desgracias personales. Sería aconsejable que se hiciera remolcándose con un tractor. En este caso la tripulación abandonará el avión cuando esté enganchado en el mismo.

(2) En vuelo.

Cuando el Piloto al Mando sepa que hay una amenaza de bomba deberá:

(i) Notificar a la dependencia ATS este hecho, toda circunstancia significativa relacionada con el mismo y cualquier desviación del plan de vuelo.

(ii) Ordenar la búsqueda del artefacto en las parte de avión en que pudiera estar escondida, siguiendo las listas que existen para ello.

(iii) Si se encuentra algún equipaje o paquete sospechoso, hay que pensar que es peligroso.

(iv) Si es posible, no tocarlo.

(v) Declarar emergencia.

(vi) Si el avión es presurizado, ajustar la altitud del avión para que se igualen las presiones interior y exterior sin variar la presión de cabina desde el momento de encontrar el artefacto.

(vii) Evitar que siga bajando la presión de cabina.

(viii) Bajar el tren de aterrizaje y mantener el vuelo estable.

(ix) Desconectar la energía eléctrica de la zona próxima al artefacto.

(x) Cerrar el oxígeno, cuando sea posible.

(xi) Si se puede, cubrir el artefacto con mantas, cojines mojados, etc.
(xii) Si se decide trasladar el artefacto a un lugar menos crítico [2], no variar su posición.
(xiii) No cortar ningún cordel o cinta que esté tirante, ni cables eléctricos.
(xiv) No abrir recipientes.
(xv) Aterrizar lo antes posible y evacuar el avión.
(xvi) Las bombas suelen tener detonadores de reloj o barométricos.
(xvii) Si es barométrico, colocar un aislante entre las partes flexible y fija, para evitar el paso de corriente eléctrica. Si es de reloj, tratar de pararlo deteniendo las manillas con un palillo o cinta adhesiva.

9.4.3 Secuestro.

Es difícil que en este tipo de operaciones (SPO) pueda haber un secuestro, pero hoy en día no sería tan extraño. En caso de que una o varias personas traten de apoderarse de la aeronave para realizar sus propias decisiones, el Piloto al Mando les hará saber que están cometiendo un delito.

(1) El Piloto al Mando informará a la dependencia ATS, por radio o por transpondedor (A- 7500 ó 7700 si constituye emergencia).
(2) Informará al secuestrador de que lo más importante es mantener la seguridad del vuelo para lo que necesita seguir al mando de la aeronave y operar el avión según los manuales.
(3) Informará a la tripulación y a los especialistas, de acuerdo con el secuestrador, pidiéndoles que permanezcan tranquilos y sigan las indicaciones de la tripulación.
(4) Mantendrá constantemente la vigilancia del vuelo.
(5) Si debe abandonar la ruta lo advertirá por frecuencia de emergencia.
(6) No se deberá discutir con los secuestradores.
(7) Hay que evitar convertirse en intermediarios entre los secuestradores y las Autoridades.
(8) Si es factible, hay que tratar de alejar a los secuestradores de la cabina de mando.

2. Son zonas críticas, la cabina de pilotos, encastre de los planos, tanques de combustible, depósitos de oxígeno, mandos de vuelo.

Hay que atender escrupulosamente las normas internas que la propia Compañía haya podido impartir para estos casos.

Al poner A-7500, comunicarle al control: *"Respondiendo clave A- 7500"*.

9.5 Precauciones para evitar incidentes con la aeronave

9.5.1 Separación de aeronaves por estela turbulenta.

(1) Despegue desde el comienzo de la pista.

Salvo que los tiempos de despegue sin haber estela turbulenta sean mayores reglamentariamente, se aplicará un mínimo de 2 minutos entre una aeronave ligera (L) o media (M) y una pesada (P) que despegue por delante y entre una aeronave ligera y una media que despegue por delante, cuando utilizan:

(i) La misma pista.
(ii) Pistas paralelas distantes menos de 760 m.
(iii) Pistas transversales, si la trayectoria de vuelo prevista de la segunda aeronave ha de cruzarse con la de la primera a la misma altitud o a menos de 1.000 pies por debajo.
(iv) Pistas paralelas distantes 760 m o más si la trayectoria de vuelo prevista de la segunda aeronave ha de cruzarse con la de la primera a la misma altitud o a menos de 1.000 pies por debajo.

(2) Despegue desde la parte intermedia.

Se aplicará un mínimo de 3 minutos entre una aeronave ligera o media y una pesada que despegue por delante o entre una aeronave ligera y una media que despegue por delante, desde:

a. Una parte intermedia de la misma pista.
b. Una parte intermedia de una pista paralela que dista menos de 760 m.

(3) Umbral de aterrizaje desplazado.

Aeronave que ha llegado	La aeronave que sale...	... debe esperar como mínimo:	Aeronave que ha salido	La aeronave que llega...	... debe esperar como mínimo
Media	Ligera	2 minutos	Media	Ligera	2 minutos
Pesada	Ligera		Pesada	Ligera	
Pesada	Media		Pesada	Media	

(4) **Sentido opuesto.**

Se aplicará una separación mínima de 2 minutos entre una aeronave ligera, media o pesada y una aeronave pesada o entre una aeronave ligera y una media, si la aeronave más pesada está haciendo una aproximación a baja altura o una frustrada y la aeronave más ligera:

a. Utiliza la pista en sentido opuesto para el despegue.

b. Aterriza en la pista en sentido opuesto o en una pista paralela en sentido opuesto, distante menos de 760 metros.

(5) Efecto de los chorros de los reactores

Los Piloto al Mandos han de estar atentos a los peligros provenientes de los chorros de los reactores de las aeronaves en despegue, sobre todo si la que va a despegar es superior en peso a la propia. Los efectos se pueden trasladar a más de 500 m desde la zona de despegue y duran varios minutos. Las normas para autorizar un aterrizaje de un avión ligero detrás de otro pesado son las siguientes:

(i) El Reglamento de la Circulación Aérea (RCA), modificado por Orden Ministerial de 12 de marzo de 1997, Libro IV; Cap. 5º (4.5), Servicio de Control de Aeródromo, párrafo 4.5.7.10: "*Los controladores de Tránsito Aéreo, deberán tener en cuenta los peligros que los chorros de los reactores y las corrientes de la hélices puedan ocasionar a las aeronaves en el rodaje, a las que despegan y aterrizan...*"

El chorro de los reactores, los gases de escape de turbina y/o las corrientes de aire de las hélices, pueden dar lugar a velocidades de viento en zonas localizadas, de suficiente intensidad par causar daños a otras aeronaves, vehículos o personal que se encuentre dentro del área afectada".

(ii) RCA 4.5.14.6: "No debe autorizarse el recorrido de despegue de una aeronave pesada si el chorro de sus motores de reacción pudiera ser peligroso para una aeronave o vehículo que le sigan, o para las estructuras terrestres".

(iii) Cuando la responsabilidad de evitar la estela turbulenta incumba al piloto al mando, los controladores de aeródromo deberán, si es posible, advertir a las aeronaves cuando se espere que vaya a haber riesgos por estela turbulenta:

(iv) El RCA, Apéndice G, apartado 2.6, vuelve a advertir a los Controladores del riesgo del chorro de los reactores.

(v) RCA 4.5.7.6: "Se considera información indispensable sobre el tránsito, la referencia a toda aeronave, vehículo o personal que se halle en el área de maniobra o cerca de ella, o al que opera en la proximidad del aeródromo que pueda constituir un peligro para las aeronaves en cuestión".

9.5.2 Combustible mínimo y emergencia de combustible

(1) Cuando un piloto informe sobre un estado de combustible mínimo, el controlador informará al piloto en cuanto sea posible de cualquier demora prevista o respecto a que no se prevén demoras.

(2) Cuando el nivel de combustible haga que sea necesario declarar una situación de socorro, de acuerdo con SERA.14095, el piloto así lo indicará mediante la señal radiotelefónica de socorro (MAYDAY), que de preferencia deberá repetirse tres veces, seguida de la naturaleza de la condición de peligro [FUEL (combustible)].

9.5.3 Problemas surgidos en la aeronave

Muchas de las aeronaves empleadas en SPO carecen de algunos de estos equipos. No obstante, las hay que utilizan todos ellos, por lo que haremos referencia aquí a todos.

(1) <u>Deterioro del rendimiento de la aeronave</u>: Siempre que como resultado de fallo o deterioro de los sistemas de navegación, de comunicaciones, de altimetría, de mando de vuelo, u otros, se degrade el rendimiento de la aeronave por debajo del nivel requerido para el espacio aéreo en el que está realizando operaciones, la tripulación de vuelo lo notificará sin demora a la dependencia ATC en cuestión. Cuando el fallo o el deterioro afecten a la mínima de separación que se está empleando en ese momento, el controlador adoptará medidas para establecer otro tipo apropiado de separación o de mínimas de separación.

(2) <u>Deterioro o fallo del sistema RNAV</u>. Cuando una aeronave no pueda cumplir las especificaciones que requiera el procedimiento o la ruta RNAV, debido a un fallo o deterioro del sistema RNAV, el piloto solicitará una autorización revisada.

(3) <u>Pérdida de la performance de navegación vertical necesaria para el espacio aéreo de separación vertical mínima reducida</u> (RVSM):

(i) El piloto informará al ATC tan pronto como sea posible sobre cualquier circunstancia en la que no puedan mantenerse los requisitos de rendimiento de navegación vertical para los espacios aéreos RVSM. En estos casos y siempre que sea posible, el piloto obtendrá una autorización ATC revisada antes de iniciar cualquier desvío con respecto a la ruta o el nivel de vuelo autorizados. Cuando no sea posible obtener una autorización ATC revisada con antelación a dicho desvío, el piloto obtendrá una autorización revisada tan pronto como sea posible

(ii) Durante las operaciones en un espacio aéreo RVSM con aeronaves sin aprobación para operaciones RVSM o en tránsito vertical a través de este, los pilotos notificarán la condición de aeronave sin aprobación RVSM de la siguiente manera:

(A) Una llamada inicial en cualquier canal dentro del espacio aéreo RVSM;

(B) En todas las solicitudes de cambio de nivel, y

(C) En todas las colaciones de autorizaciones de nivel.

(iii) Los controladores de tránsito aéreo acusarán recibo explícitamente de los mensajes de las aeronaves que notifiquen la condición de aeronave sin aprobación RVSM.

(4) Deterioro del equipo de la aeronave – comunicada por el piloto:

(i) Cuando el piloto de una aeronave con aprobación RVSM que opere en el espacio aéreo RVSM informe de que el equipo de la aeronave ha dejado de cumplir los requisitos de dicho espacio aéreo, el ATC la considerará como sin aprobación RVSM.

(ii) El ATC adoptará de inmediato medidas para establecer una separación vertical mínima de 600 m (2 000 pies) o una separación horizontal adecuada de todas las restantes aeronaves implicadas que operan en el espacio aéreo RVSM. Normalmente el ATC retirará del espacio aéreo RVSM a cualquier aeronave declarada sin aprobación RVSM, cuando sea posible hacerlo.

(iii) Tan pronto como sea posible, los pilotos informarán al ATC sobre cualquier recuperación del funcionamiento adecuado de los equipos necesarios para cumplir los requisitos de RVSM. iv) El primer ACC que tenga conocimiento de un cambio en la condición de RVSM de una aeronave se coordinará con los ACC adyacentes, según proceda.

(5) Turbulencia grave – no prevista:

(i) Cuando una aeronave que opere en el espacio aéreo RVSM se encuentre con una turbulencia grave o vórtices de estela que en opinión del piloto podrían afectar a la capacidad de la aeronave para mantener su nivel de vuelo autorizado, el piloto informará al ATC. El ATC establecerá o bien una separación horizontal adecuada o aumentará la separación vertical mínima.

(ii) En la medida de lo posible, el ATC se adaptará a las solicitudes del piloto relativas a los cambios de nivel de vuelo o ruta y transmitirá información de tránsito, según sea necesario.

(iii) El ATC solicitará informes a otras aeronaves para determinar si debe suspenderse por competo la RVSM o en una banda o zona de nivel de vuelo concreta.

(iv) El ACC que suspenda la RVSM deberá coordinar dicha suspensión o suspensiones con los ACC adyacentes, así como los ajustes necesarios en las capacidades del sector, según proceda, para garantizar la evolución ordenada de la transferencia del tránsito.

(6) Turbulencia grave – prevista:

(i) Cuando una previsión meteorológica anticipe una turbulencia grave en el espacio aéreo RVSM, el ATC determinará si debería suspenderse la RVSM y, de ser así, durante cuánto tiempo y en qué área o nivel o niveles de vuelo concretos.

(ii) En los casos en que vaya a suspenderse la RVSM, el ACC encargado de la suspensión se coordinará con los ACC adyacentes en lo relativo a los niveles de vuelo adecuados para transferir el tránsito, salvo que mediante un documento de consentimiento se haya determinado un sistema de asignación de niveles de vuelo de contingencia. El ACC encargado de la suspensión del RVSM también coordinará las capacidades de sector aplicables con los ACC adyacentes, según proceda.»

(7) Aviso de resolución (RA) de ACAS.

(i) ACAS II se utilizará durante el vuelo, salvo con arreglo a la lista de equipamiento mínimo que se especifica en el Reglamento (UE) nº 965/2012 de la Comisión, de un modo que permita la producción de las indicaciones RA para la tripulación de vuelo cuando se detecte la proximidad indebida de otra aeronave. Esto no procederá si se aplica la inhibición del modo RA (usando solo asesoramiento de tránsito (TA) o equivalente) por un procedimiento anormal o debido a condiciones limitadoras de las prestaciones.

(ii) En caso de un RA de ACAS, los pilotos:

(A) Responderán de inmediato de acuerdo con el RA, conforme a lo indicado, salvo que hacerlo haga peligrar la seguridad de la aeronave;
(B) Seguirán el RA pese a que exista un conflicto entre este y una instrucción de maniobra del ATC;
(C) No maniobrarán en sentido contrario a un RA;
(D) Lo antes posible y tan pronto como lo permita la carga de trabajo de la tripulación de vuelo, notificarán a la unidad ATC apropiada de cualquier RA que requiera un desvío de la instrucción o autorización ATC actuales;
(E) Cumplirán de inmediato cualquier RA modificado;
(F) Limitarán las alteraciones de la trayectoria de vuelo en la medida mínima necesaria para cumplir los RA;
(G) Retomarán de inmediato las condiciones de la autorización o instrucción de ATC una vez que se haya resuelto el conflicto, y
(H) Cuando retomen la autorización vigente notificarán al ATC. c) Cuando el piloto notifica un RA de ACAS, el controlador no tratará de modificar la trayectoria de vuelo de la aeronave hasta que el piloto informe «CLEAR OF CONFLICT» (conflicto terminado).

(iii) Una vez que una aeronave, cumpliendo con un RA, se aparta de la instrucción o autorización ATC vigente, o un piloto notifica un RA, los controladores dejan de ser responsables de proporcionar separación entre esa aeronave y las otras aeronaves afectadas como consecuencia directa de la maniobra debida al RA. El controlador volverá a ser responsable de proporcionar separación para todas las aeronaves afectadas cuando:

(A) El controlador acuse recibo de un informe de la tripulación de vuelo de que la aeronave ha vuelto a operar según la autorización vigente, o
(B) El controlador acuse recibo de un informe de la tri-

pulación de vuelo de que la aeronave está volviendo a operar según la autorización vigente y expida otra autorización que es confirmada por la tripulación de vuelo.

9.6 Notificaciones e informes

9.6.1 Contenido de los informes:

Todo formulario dirigido a la Administración tendría que de contener necesariamente:

(1) Encabezamiento (a quién va dirigido)
(2) Quién lo envía, y datos completos (filiación, DNI, dirección, etc)
(3) Explicación sucinta de los hechos
(4) Posibles testigos con sus datos, si fuera el caso.
(5) En qué normas se basa el escrito, si se conocen.
(6) Petitum (qué es lo que se solicita de la Administración)
(7) Fecha y firma

9.6.2 Clases de informes y notificaciones

Las situaciones que ocurran durante la operación de vuelo y que tengan consecuencias perjudiciales para las personas, los bienes, o para terceros, han de ser informadas a la superioridad por alguno de los tres medios que a continuación exponemos:

(1) Notificaciones sobre hechos ocurridos a bordo:
  (i) Notificación de accidentes e incidentes graves a la CIAIAC;
  (ii) Notificación sucesos a la AESA;
  (iii) Notificación sobre incidente de transito aéreo a la CEANITA;
  (iv) Notificación al Colegio de Pilotos;
  (v) Notificación a la compañía por haber extendido el límite de actividad o reducido del descanso.

(2) Actas oficiales:
En operaciones comerciales especializadas sólo se podría dar un caso regulado pr la Ley, que el Piloto al mando tuviera que redactar un Acta de defunción a bordo

(3) Denuncias de interés para el Piloto al Mando:
  (i) Penales
  (ii) Administrativas

9.6.3 Procedimiento de notificación de sucesos

La ORO.GEN.160 dice que el operador informará a la autoridad competente o a cualquier otra autoridad que el estado del operador exija que se informe, sobre cualquier accidente, incidente grave o suceso conforme al reglamento (UE) 376/2014 del Parlamento y del Consejo.

El informe se elaborará lo antes posible, pero en todo caso, en el plazo de las 72 horas siguientes a la identificación por el operador del estado al que se refiere el informe, salvo que se lo impidan circunstancias excepcionales.

El Reglamento UE) nº 376/2014 del Parlamento y del Consejo, de 3 de abril, relativo a la notificación de sucesos en la aviación civil, que modifica el Reglamento (UE) no 996/2010 del Parlamento Europeo y del Consejo, establece dos tipos de notificación de sucesos: obligatorias y voluntarias:

(1) Notificaciones obligatorias:

Las personas indicadas en el apartado (2) notificarán los sucesos que puedan constituir un riesgo significativo para la seguridad aérea y que correspondan a las categorías siguientes con arreglo al sistema de notificación obligatoria de sucesos establecido:

(i) Los sucesos relacionados con la operación de la aeronave, tales como los sucesos relacionados con:

(A) Sucesos relacionados con las colisiones,
(B) Sucesos relacionados con el despegue y el aterrizaje,
(C) Sucesos relacionados con el combustible,
(D) Los sucesos en vuelo,
(E) Los sucesos relacionados con la comunicación,
(F) Los sucesos relacionados con lesiones, emergencias y otras situaciones críticas,
(G) La incapacitación de la tripulación u otros sucesos que afecten a la tripulación,
(H) Sucesos relacionados con las condiciones meteorológicas o la seguridad;

(ii) Los sucesos relacionados con las condiciones técnicas, el mantenimiento y la reparación de la aeronave, tales como:

(A) Defectos estructurales,
(B) Averías del sistema,
(C) Problemas de mantenimiento o de reparación,
(D) Problemas de propulsión (incluidos los motores,

hélices y sistemas de rotores) y problemas de las unidades de potencia auxiliar;

(iii) Sucesos relacionados con servicios e instalaciones de navegación aérea, como:
   (A) Colisiones, situaciones en que casi se produzca una colisión o posibles colisiones,
   (B) Sucesos específicos de gestión del tránsito aéreo y servicios de navegación (ATM/ANS), y
   (C) Sucesos operativos ATM/ANS;

(iv) Sucesos relacionados con aeródromos y servicios en tierra, tales como:
   (A) Sucesos relacionados con actividades e instalaciones de aeródromos,
   (B) Con la gestión de pasajeros, equipajes, correo y carga,
   (C) Así como con la manipulación y el mantenimiento de aeronaves en tierra.

(2) Notificaciones voluntarias:

(i) Personas no relacionadas con las que han de hacer notificaciones obligatorias, puede notificar voluntariamente:
   (A) Información y datos sobre sucesos que puedan no ser captados por el sistema de notificación obligatoria;
   (B) Otra información relacionada con la seguridad que el notificante perciba como un peligro real o potencial para la seguridad aérea.
   (C) Detalles de sucesos que puedan no ser recopilados por el sistema de notificación obligatoria;
   (D) Otra información relacionada con la seguridad que el notificante perciba como un peligro real o potencial para la seguridad aérea. E

(3) **Sistema de notificación de sucesos (SNS)**

La AESA ha creado el Sistema de Notificación de Sucesos, que tiene como único objetivo contribuir a la mejora de la seguridad aérea mediante el análisis y explotación de la información contenida en las notificaciones que recibe, sin ánimo de determinar faltas o responsabilidades

El SNS se sitúa bajo la Dirección de Evaluación de la Seguridad y Auditoría

Técnica Interna (DESATI) de la AESA, que es el órgano de la Agencia responsable de la evaluación del riesgo.

El tratamiento de las notificaciones (recepción, registro, evaluación previa,

etc.) es realizado en un recinto separado de las instalaciones de la AESA y especialmente habilitado para preservar la confidencialidad de la información.

El SNS está compuesto por un equipo multidisciplinar en el que participan pilotos, controladores aéreos, ingenieros, personal de mantenimiento y calidad, despachadores de vuelos, gestores aeronáuticos y administrativos..

(4) Quién tiene obligación de notificar:

El Reglamento (UE) 376/2014 establece obligaciones explícitas de notificación tanto a personas (piloto al mando de la aeronave, personas dedicadas al diseño y a la fabricación, personal de mantenimiento, proveedores de servicios, etc.) como a las organizaciones que, en el ejercicio de sus funciones, tengan conocimiento de sucesos acontecidos. Concretamente, el artículo 4, párrafo 6, enumera los siguiente obligados:

(i) Los sucesos de operación:

(A) El Comandante[3] de una aeronave matriculada en un Estado miembro o de una aeronave matriculada fuera de la Unión, pero utilizada por un operador para el que un Estado miembro garantiza la supervisión de las operaciones o por un operador establecido en la Unión, o, en caso de que el comandante no esté en condiciones de notificar el suceso, cualquier otro miembro de la tripulación que le siga en la cadena de mando de la aeronave;

Están obligados tanto los pilotos contratados por un operador europeo, como los pilotos autónomos que estén al mando de aeronaves utilizadas por un operador europeo.

3 Artículo 4(6)(a) se refiere a *"el comandante de una aeronave, o, en caso de que el comandante no esté en condiciones de notificar el suceso, cualquier otro miembro de la tripulación que le siga en la cadena de mando de la aeronave"*. Por casos en los que el piloto no esté en condiciones de notificar, se entiende aquéllos en los que el piloto no pueda notificar porque no tenga la capacidad física para hacerlo. La referencia a "cualquier otro miembro de la tripulación que le siga en la cadena de mando" pretende abarcar cualquier configuración de tripulación. Por ejemplo, otro miembro de la tripulación que siga la cadena de mando en el contexto de una operación de aviación comercial a bordo de una aeronave grande sería el copiloto, mientras que en el caso de un solo piloto a bordo sería el sobrecargo, etc. Estas situaciones deberían ser tratadas y descritas por una organización dentro de su sistema de gestión de la seguridad.

(Ver formulario 15.2 en el Capítulo 15 de este Manual)

(ii) Los sucesos de diseño, fabricación, aeronavegabilidad, y mantenimiento:

(A) Las personas dedicadas al diseño, la fabricación, el control de la navegabilidad continua, el mantenimiento o la modificación de una aeronave, o cualquier equipo o parte de ella, bajo la supervisión de un Estado miembro o bajo la supervisión de la Agencia;

(B) Las personas que firmen un certificado de revisión de la navegabilidad aérea, o un certificado de aptitud para el servicio respecto de una aeronave, o de cualquier equipo o parte de ella, bajo la supervisión de un Estado miembro o bajo la supervisión de la Agencia;

(iii) Los sucesos de navegación aérea:

(A) Las personas que desempeñen una función que requiera la autorización de un Estado miembro como miembros del personal de un proveedor de servicios de tránsito aéreo a quienes que se hayan confiado responsabilidades relacionadas con servicios de navegación aérea, o como oficiales de servicios de información de vuelo;

(B) Las personas que desempeñen una función relacionada con la instalación, modificación, mantenimiento, reparación, revisión, control en vuelo o inspección de instalaciones de navegación aérea cuya responsabilidad recaiga en un Estado miembro.

(iv) Los sucesos del entorno aeroportuario:

(A) Las personas que desempeñen una función relacionada con la gestión de la seguridad de un aeropuerto al que se aplique el Reglamento (CE) nº 1008/2008 del Parlamento Europeo y del Consejo;

(B) Las personas que desempeñen una función relacionada con el mantenimiento de una aeronave en tierra, incluidas las operaciones de carga de combustible, preparación de la hoja de embarque, carga, descongelación y remolque en un aeródromo a los que afecta el Reglamento (CE) nº 1008/2008.

(v) Es importante resaltar que, de acuerdo a este Reglamento, la obligación de notificar afecta a una parte importante de pilotos privados ya que la obligación se establece al "comandante de una aeronave matriculada en un Estado miembro" con excepción de las aeronaves a que se refiere el anexo I del Reglamento (UE) 2018/1139.

(vi) Las personas no obligadas a notificar podrán realizar una notificación cuando perciban que los hechos pueden suponer un peligro real o potencial para la seguridad aérea sin que exista un plazo definido para ello.

(5) A quién hay que notificar:

Las personas obligadas a notificar realizarán la notificación a la organización de la que formen parte mediante los canales y formatos establecidos en el sistema de notificación obligatoria de la organización (SNS) antes de que transcurran 72 horas desde el conocimiento del suceso. La organización será la responsable de notificar a AESA antes de las siguientes 72 horas una vez tengan conocimiento del suceso. En virtud del RD 995/2013 por el que se desarrolla la regulación del Programa Estatal de Seguridad Operacional para la Aviación Civil, se podrá notificar adicionalmente al sistema de notificación de sucesos de AESA. En caso de que la persona obligada a notificar no forme parte de una organización (como el caso de un piloto privado) o que su organización no disponga de un sistema de notificación de sucesos, la notificación se deberá remitir, antes de que transcurran 72 horas desde el conocimiento del suceso, directamente al Sistema de Notificación de Sucesos (SNS) de AESA por los cauces estipulados más abajo.

(6) Para qué se ha de notificar:

En Reglamento (UE) 376/2014 del Parlamento Europeo y del Consejo, tiene como finalidad mejorar la seguridad de la aviación mediante disposiciones que garanticen la notificación, recogida, almacenamiento, protección, intercambio, difusión y análisis de la información pertinente sobre seguridad de la aviación civil. El Reglamento garantizará:

(i) Que se tomen medidas de seguridad en el momento oportuno basadas en el análisis de la información recogida

(ii) La disponibilidad permanente de las informaciones de seguridad mediante normas relativas a la confidencialidad y al uso adecuado de las mismas

(iii) La protección del notificante y de las personas mencionadas en los informes de sucesos que los riesgos para la seguridad aérea se examinen y traten tanto a escala de la Unión como nacional.

El Sistema de Notificación de Sucesos de AESA está orientado a la prevención de futuros accidentes e incidentes, sin ánimo de buscar en ningún momento faltas o responsabilidades en los sucesos notificados. Por ello, si la intención es denunciar ante AESA un hecho, el Sistema de Notificación de Sucesos no es el cauce adecuado y se deberá realizar por escrito, debiéndose presentar a través del Registro General de AESA, por Correo Administrativo, por burofax o en la sede electrónica de la página web de AESA (https://sede.seguridadaerea.gob.es).

(7) Cómo hay que notificar

La AESA sugiere enviar las notificaciones en los formularios oficiales.

Los formularios PDF están diseñados para poder ser preprocesados de manera automática por los sistemas del Sistema de Notificación de Sucesos, por lo que, una vez rellenos y guardados los cambios, debe ser mandado el propio fichero no siendo válidas impresiones, fotografías u cualquier otro proceso que no permita ese preproceso automatizado.

Se ha de iniciar con lo siguiente:

En la Capítulo 15 de este Manual puede verse el formulario requerido para este tipo de notificaciones.

Puede ser de utilidad mantener una copia del formulario enviado para futuras referencias.

El Reglamento (UE) 376/2014 establece la obligatoriedad a las organizaciones de usar formatos normalizados para facilitar el intercambio de información, y compatibles con ECCAIRS y ADREP. Para facilitar el cumplimiento de este requisito la Comisión Europea ha desarrollado unos medios de cumplimiento aceptables:

(i) Formularios de notificación (pensados para particulares y organizaciones pequeñas o medianas). Ver capítulo 15 el formulario de sucesos de operación, y en AESA, *http://www.seguridadaerea.gob.es/media/4613837/operacion_de_la_aeronave.pdf*

(ii) Portal de notificación de la Comisión Europea vía web (www.aviationreporting.eu) (pensado para particulares y organizaciones pequeñas o medianas)

(iii) Formato de archivo de intercambio E5X basado en XML (pensado para organizaciones medianas o grandes)

(iv) Uso del sistema ECCAIRS por una organización (pensado para organizaciones pequeñas, medianas o grandes)

(v) De manera adicional, AESA disponía antes de la entrada en aplicación del Reglamento 376/2014 de un medio de notificación en formato Excel que presentaba capacidades de compatibilidad con ECCAIRS. Con el fin de permitir la adaptación al sector a los nuevos medios de cumplimiento, este formato se aceptará por parte de AESA, de forma temporal y previo acuerdo de la organización con AESA, como método de notificación compatible con el reglamento principalmente para pequeñas organizaciones u organizaciones que estuvieran usando este medio antes de la aplicación del Reglamento 376/2014.

(8) **Canales de notificación**: Se dirigirá al Sistema de Notificación de Sucesos (SNS) y puede hacerse por una de las siguientes vías:

- Email: sucesos.aesa@seguridadaerea.es
- Correos: Apdo. nº 59181 de Madrid 28080
- Fax: 91 301 98 12
- Teléfono: 91 301 95 79 / 91 301 98 96 + Extensión 19579

(9) **Desidentificación**: La Administración tiene la obligación de eliminar en las notificaciones presentadas, todos los datos personales referentes al notificador y de los datos técnicos que se deduzcan de la notificación y que puedan llevar a identificar al notificador o a terceros.

(10) **Aplicación**: La norma se aplica a los sucesos ocurridos en territorio español, o fuera de España cuando estén implicadas aeronaves de matrícula española, o explotadas por empresas establecidas en España.

(11) **Protección del informante**: El nuevo art. 12, 2 de la LSA establece que los empleados de los proveedores de servicios aeronáuticos (entre los que están los operadores aéreos) no podrán sufrir, por el hecho de informar, efectos adversos en su puesto de trabajo por parte del empleador, salvo en casos de mala fe. Se entenderán nulas y sin efecto alguno las decisiones del empleador tomadas en prejuicio o detrimento de los derechos laborales de los trabajadores que informado de algún suceso.

El artículo 8 párrafo segundo del Real Decreto 995/2013, de 13 de diciembre, por el que se desarrolla la regulación del Programa Estatal de Seguridad Operacional para la Aviación Civil, prevé que las medidas para la protección de la información facilitada en el marco del Programa no serán de aplicación a aquella información o datos de seguridad operacional que revelen actuaciones en las que se aprecie dolo o negligencia grave

(12) La cultura justa.

El Reglamento (UE) Nº 376/2014 del Parlamento europeo y del Consejo de 3 de abril de 2014 se define cultura justa como: *"Aquella en la que no se castigue a los operadores y demás personal de primera línea por sus acciones, omisiones o decisiones cuando sean acordes con su experiencia y capacitación, pero en la cual no se toleren la negligencia grave, las infracciones intencionadas ni los actos destructivos".*

Hemos visto en punto 11, la protección que tienen los Comandantes en lo referente a los informes operacionales y la toma de decisiones, e incluso desde el punto de vista laboral. La Ley de Seguridad Aérea, el Reglamento UE 996/2010, el Reglamento UE 376/2014, entre otros, ofrecen excepciones de importancia, debido a las cuales, el Comandante o el Piloto al Mando pueden perder dicha protección y pueden ser procesados. Me refiero al dolo, la negligencia grave o la mala fe.

El artículo 16 del Reglamento (UE) 376/2014 sobre notificación de sucesos en la aviación civil, se habla de la protección de las fuentes de información, diciendo que «*los Estados miembros podrán mantener o adoptar medidas destinadas a reforzar la protección de las personas que notifiquen un suceso o aparezcan mencionadas en las notificaciones de sucesos, y podrán hacer extensiva esta protección, en particular, a los procesos civiles o penales*».

Pero hay excepciones descritas, en el apartado 10 del mencionado artículo:

«La protección prevista en los apartados 6, 7 y 9 del presente artículo no se aplicará en cualquiera de las situaciones siguientes:

(i) En casos de conducta indebida deliberada;

(ii) Cuando se haya producido una omisión manifiesta, importante y grave del deber de diligencia ante un riesgo evidente y una falta profesional grave a la hora de prestar la diligencia que evidentemente se requiere en esas circunstancias, dando lugar

a daños previsibles a personas o bienes o que comprometan gravemente el nivel de la seguridad aérea». El punto a) se refiere al dolo y el b) a la negligencia grave.

El Reglamento (UE) 376/2014 añade: «La «cultura justa» debe alentar a las personas a notificar información relacionada con la seguridad. No obstante, no debe eximirlas de sus responsabilidades habituales. En este contexto, los trabajadores y el personal contratado no deben exponerse a perjuicio alguno con motivo de la información que hayan suministrado en virtud del presente Reglamento, salvo en casos de conducta dolosa o en situaciones en que se haya producido una omisión manifiesta, importante y grave del deber de diligencia ante un riesgo evidente y una falta profesional grave a la hora de prestar la diligencia que evidentemente se requiere en esas circunstancias, que den lugar a daños previsibles a personas o bienes o que comprometan gravemente el nivel de la seguridad aérea».

La LSA (art. 11) también lo ilustra: «La información sobre Seguridad Operacional facilitada voluntariamente en la que no se aprecie dolo o negligencia grave no podrá utilizarse como medio de prueba válido para cualquier tipo de procedimiento administrativo, ni podrá revelarse al público, salvo lo dispuesto en el artículo 19, con el fin de asegurar la continua disponibilidad para poder tomar medidas preventivas adecuadas y oportunas».

Sin pretender una explicación jurídica exhaustiva, entendemos por **dolo**, la voluntad deliberada de cometer una infracción penal a sabiendas de su ilicitud. Según la doctrina y la jurisprudencia, se requieren dos ingredientes para que haya dolo: «El conocimiento de los elementos objetivos del hecho, sabiendo lo antijurídico de la acción, y la voluntad de llevar a cabo el hecho» (Eugenio Cuello Calón, catedrático de derecho penal en las universidades de Barcelona y Madrid, fallecido en 1963). Según la jurisprudencia, el dolo no se presume, sino que quien lo alega, debe probarlo.

Cuando hablamos de **negligencia grave**, nos referimos a *«un descuido consciente y voluntario de la necesidad de usar un cuidado razonable, lo cual es probable que cause lesiones graves previsibles o daños a personas, bienes o ambos. Es una conducta que es extrema en comparación con la negligencia ordinaria, que es un mero fracaso para ejercer un cuidado razonable»* (Enciclopedia del Derecho y Ciencias Sociales).

Por último, la **«mala fe»**: Se puede asegurar, y los tratadistas lo afirman, que la mala fe va más allá de la mera conducta desleal y se equipara al dolo, por ser un acto consciente e intencionado.

(13) Comportamientos inseguros

De acuerdo con la exposición de la AESA en la Guía sobre Cultura Justa Número (MG-2015/001/1.0. Fecha de emisión: 09/01/2015):

"La siguiente figura ilustra las fronteras entre las conductas acep-

tables e inaceptables, en las primeras se trata el error humano (omisión, lapsus, equivocación y violación) a través de las políticas internas, y en las segundas son las leyes las que actúan en caso de imprudencia temeraria o negligencia grave y actos criminales. Aquellas situaciones que se encuentren en los límites entre unas y otras, pueden ser resueltas mediante procedimientos específicos y una gestión proactiva:"

9.7 Notificación de Actas Oficiales. Normas comunes

El acta es la certificación, testimonio, asiento, constancia oficial de un hecho.

En una aeronave civil de operaciones comerciales especializadas, la único acta que debería redactar y firmar el Piloto al Mando sería un acta de defunción a bordo.

<u>ACTA DE DEFUNCIÓN</u>

Según el artículo 71 del Reglamento del Registro Civil, el acta de defunción la puede autorizar el Piloto al Mando siguiendo los mismos trámites que para el nacimiento.

- Se notificará al Control de Vuelo y al representante de la Compañía de la primera escala los siguientes datos:
  1. Nombre completo del fallecido .
  2. Nacionalidad.
  3. Dirección y fecha de nacimiento.
  4. Aeropuerto de embarque.
  5. Destino del fallecido.
  6. Nombre de los acompañantes o familiares.
- Después de aterrizar: Rellenar el formulario del siguiente, por triplicado (original para la Autoridad del aeropuerto y las copias a la compañía).
- Hay que anotar el evento en el Diario de Navegación (art. 73 del Reglamento del Registro Civil).
- La inscripción de el acta la regula el Decreto de 14 de noviembre de 1958 por el que se aprueba el Reglamento de la Ley del Registro Civil, regula lo siguiente en el artículo 70: *"En caso de naufragio, en defecto de diligencias instruidas por autoridades españolas, se decidirá la competencia para la inscripción por razón del lugar del siniestro. En la catástrofe aérea rigen las reglas del naufragio".*

9.8 La denuncia

Los procedimientos sancionadores se inician siempre de oficio, bien por propia iniciativa, como consecuencia de orden superior, bien por petición razonada de otros órganos, o por denuncia. La denuncia es el acto por el que *cualquier persona, en cumplimiento o no de una obligación legal, pone en conocimiento de un órgano administrativo la existencia de un determinado hecho que pudiera constituir infracción administrativa.*

Las denuncias deberán expresar como mínimo:

- Autoridad a donde se dirige la denuncia
- La identidad de la persona o personas que las presentan,
- El relato de los hechos que pudieran constituir infracción,
- La fecha de su comisión y,
- Cuando sea posible, la identificación de los supuestos responsables.
- Relación de testigos, si los hubiera,
- Firma y fecha

En la profesión de piloto nos pueden afectar dos tipos de denuncia:

(1) Penal: Es la que se presenta ante el juzgado de guardia o ante la policía o guardia civil del aeródromo o lugar donde esté ubicado (dependiendo de que cuerpo tenga atribuido este cometido en cada aeropuerto) por la comisión de un supuesto delito o falta (afecta al Código Penal ordinario o a la Ley Penal de la Navegación Aérea. El Piloto al Mando sólo debe dar a conocer los hechos y el funcionario es el que redacta la denuncia y la tramita en los juzgados correspondientes.

(2) Administrativa: La puede redactar el propio Piloto al Mando e irá dirigida a la Directora de la Agencia Estatal de Seguridad Aérea o al Director de Seguridad de Aeronaves de la propia Agencia. Se referirá a hechos que supuestamente contravengan las normas administrativas (LNA, LSA o, incluso, el Manual de Operaciones) con riesgo para la navegación o para la seguridad de la aeronave o de las personas o cosas que vayan a bordo, o por perturbación del buen orden, la disciplina o la higiene a bordo.

Un formulario para presentar una denuncia viene recogido en el Capítulo de Formularios.

La podremos presentar en ventanilla de la AESA, por Burofax o como Certificado de Correo Administrativo en cualquier estafeta de Correos, procurando que sellen la copia de la denuncia para tener en vuestro poder una prueba fehaciente de la denuncia.

***

INTENCIONADAMENTE EN BLANCO

CAPÍTULO 10

INFRACCIONES Y SANCIONES.
EL PROCEDIMIENTO SANCIONADOR

10.1 Responsabilidades

10.1.1 Responsabilidad según el art. 60 de la LNA.

Será el Piloto al Mando el responsable de la aeronave, de su tripulación, de los viajeros y equipajes, en el ejercicio de su mando (art. 60 de la LNA). Esto quiere decir que es la persona que tiene a su cargo la dirección y vigilancia de la operación de vuelo y el mantenimiento, por tanto, de la seguridad de la misma y la vigilancia para que los tripulantes a su cargo y el personal de apoyo al vuelo la mantenga. No quiere decir que sea el culpable de los errores cometidos por los demás en la operación, si no los puede comprobar con los medios a su alcance en los procedimientos normales. Esta es la acepción de responsabilidad que debe aplicarse a la función del Piloto al Mando de aeronave. Por supuesto que tendrá otro tipo de responsabilidad penal, civil o administrativa en el caso de incidentes o accidentes debidos a imprevisiones, imprudencias, impericias o a comisiones de delitos o faltas perpetrados por él o sus subordinados, si no ha puesto todos los medios a su alcance para evitarlos.

10.1.2 Responsabilidad por daños.

Se entiende por daño en aviación el provocado en la propia aeronave y tripulantes y ocupantes a causa de un accidente o incidente. También se refiere al daño provocado por la aeronave a terceros en la superficie (Convenio de Roma de 7 de octubre de 1952).

El transportista es el responsable del daño o perjuicio causado durante el transporte:

(1) Por muerte, lesiones o cualquier otro daño corporal sufrido por los ocupantes.

(2) Por daños ocasionados por una aeronave en vuelo o por una persona o cosa caída de la misma.

(3) El transportista u operador responderán de sus propios actos, y de los de sus empleados en cualquier supuesto, incluso el accidente fortuito, aunque se demuestre que se obró con la debida diligencia, y no podrá ampararse en los límites de responsabilidad establecidos en ley, si se prueba que el daño es consecuencia de una acción u omisión suya o de sus dependientes (si obraban en el ejercicio de sus funciones) en la que exista dolo o culpa grave [1].

En el mismo sentido se expresa el art. 1903 del Código Civil [2].

La acción de responder indemnizando deriva siempre de actos u omisiones de todo tipo, civiles o penales, siempre que haya habido daño a un tercero. Pero según lo dicho en el párrafo anterior, si el Piloto al Mando, como responsable de la operación, comete un delito a resultas deL cual se produce un incidente o un accidente con daños, responderá por vía penal del delito con multa, privación de libertad, pérdida del título o suspensión del mismo y por vía gubernativa de la infracción administrativa, de acuerdo con la Ley de Seguridad Aérea (LSA), pero será el transportista o el Operador quien deberá responder civilmente en todo caso, indemnizando a los terceros perjudicados.

El transportista u operador podrían repetir contra el Piloto al Mando si se demuestra que hubo culpa o negligencia graves, a menos que se haya pactado otra cosa en su convenio colectivo o contrato [3].

10.2 Infracciones y Sanciones

El Piloto al Mando de aeronave y los demás tripulantes están sometidos a las Leyes y Reglamentos en el desempeño de sus funciones.

El Real Decreto 184/2008, de 8 de febrero, ha establecido que la competencia para imponer las sanciones previstas en la LSA, corresponde

1. Art. 120 y 121 de la LNA. La voluntariedad es común al dolo y a la culpa, puesto que en las dos especies de culpabilidad hay voluntad de acción u omisión. Cuando la voluntad se extiende al resultado, habrá dolo; cuando no exista intención o malicia, pero si imprudencia o negligencia, existirá culpa.

2. "Los dueños o directores de un establecimiento o empresa son responsables respecto de los perjuicios causados por sus dependientes en el servicio de los ramos donde estuvieran empleados, o con ocasión de sus funciones".

3. Aunque las Compañías sean las responsables directas de indemnizar en caso de daños y perjuicios, podrían repetir contra el Piloto al Mando si se demuestra que ha actuado con dolo o negligencia grave. En algunos convenios, la Compañía se subroga (realmente no hay subrogación sino resarcimiento, pues la Compañía responde directamente) en la responsabilidad civil del Piloto al Mando por daños y perjuicios ocasionados durante la operación, por culpa o negligencia no penadas por la Ley, No se subroga por los daños ocasionados por delitos o faltas.

al Director de la Agencia Estatal de Seguridad Aérea, sin perjuicio de las sanciones o penas que puedan imponerse en vía judicial, y de las facultades sancionadoras que pudieran corresponder en cada caso a otras autoridades en materia de su específica competencia [4].

10.2.1 Infracciones administrativas de la Ley de Seguridad Aérea.

(1) Contra la seguridad de la avión civil.

Son responsables de las infracciones, las personas físicas o jurídicas sujetas al cumplimiento de la obligación infringida, relacionada con la seguridad aérea, y sólo podrán ser sancionadas las personas físicas o jurídicas que resulten responsables aun a título de simple inobservancia:

(i) Leves:

El mero incumplimiento de las obligaciones recogidas en la Ley de Seguridad Aérea, salvo que constituya una infracción de las recogidas en los dos párrafos siguientes,

(ii) Graves:

- (A) Si se ha causado un incidente de aviación;
- (B) Si se han producido lesiones a las personas, con arreglo al Código Penal, o determinantes de baja para la actividad laboral por más de siete días, o incapacidad laboral;
- (C) Si se han originado daños y perjuicios a bienes y derechos que valorados de forma individual para cada uno de los sujetos afectados alcancen una cuantía entre 5.000 y 15.000 €.
- (D) Si se han ocasionado retrasos de más de cuatro horas en la prestación de los servicios aeronáuticos.

(iii) Muy graves:

- (A) Si se causa un accidente de aviación;
- (B) Si se ha causado la muerte de una persona;
- (C) Si se han originado daños y perjuicios a bienes y derechos que valorados de forma individual para cada uno de los sujetos afectados alcancen una cuantía superior a 15.000 €.
- (D) Si se ha causado la suspensión no justificada de la prestación de los servicios aeronáuticos;

4. Llamamos la atención sobre el hecho de que, con la nueva LSA, el Piloto al Mando ha perdido la potestad sancionadora que le otorgaba la LNA.

(2) En relación con los trabajos aéreos (SOP).

Son responsables las personas que las hayan cometido, los titulares de licencias de explotación, permiso o autorización, o los explotadores de las aeronaves.

(i) Leves

(A) La utilización por las compañías aéreas o por las empresas de trabajos aéreos, de aeronaves operadas por otras compañías o empresas o la cesión a estas de aeronaves propias, sin previa comunicación, cuando sea preceptiva, a los órganos administrativos competentes.

(B) Trato manifiestamente desconsiderado por parte del personal de la empresa prestadora a los pasajeros de los servicios de tránsito aéreo.

(ii) Graves:

(A) La utilización por las compañías aéreas o por las empresas de trabajos aéreos, de aeronaves operadas por otras compañías o empresas o la cesión a estas de aeronaves propias, sin autorización de los órganos administrativos competentes, cuando sea preceptiva, o contraviniendo las condiciones establecidas en la autorización.

(B) Realización de servicios aéreos internacionales, de ámbito extracomunitario, contraviniendo las condiciones establecidas en la correspondiente autorización, en relación con la ruta, número de frecuencias, capacidad y categorías de tráfico, o bajo modalidades operativas tales como código compartido o franquicias, sin haber obtenido la correspondiente autorización.

(iii) Muy graves.

(A) Realización de los servicios aéreos internacionales, de ámbito extracomunitario, sin disponer de los derechos de tráfico necesarios.

(B) Introducirse o viajar clandestinamente en una aeronave, así como cooperar para que lo anterior pueda realizarse.

(C) Denegación injustificada del libre acceso del público a los servicios de transporte aéreo.

(3) En relación a la disciplina en materia de ruido.

(Ver nota en 13.2)

Son responsables la compañía aérea, explotador u operador, o el piloto al mando de la aeronave con la que se haya cometido la infracción.

(i) 1. Leves:

(A) Incumplimiento de las restricciones de uso de reversa o de los métodos de abatimiento de ruidos en función de las actuaciones del avión establecidos en los procedimientos de disciplina de tráfico aéreo en materia de ruido.

(B) Utilización del APU incumpliendo lo dispuesto en dichos procedimientos.

(ii) Graves:

(A) Incumplimiento de las restricciones temporales para las operaciones de aterrizaje o despegue o de las restricciones para la operación de aeronaves por su categoría acústica o nivel de ruidos establecida.

(B) Ejecución de rutas de llegada o salida no autorizadas o la realización de cualquier maniobra, no justificada por razones de seguridad, meteorológicas o de fuerza mayor, superando la desviación máxima permitida respecto a la ruta de servicio de tránsito aéreo (ruta ATS) definida para dicha maniobra en loa procedimientos de disciplina de tránsito aéreo en materia de ruido.

(C) Superación de los niveles máximos de ruido definidos en las trayectorias y puntos establecidos en dichos procedimientos.

(D) Incumplimiento de las normas sobre limitación del uso de aviones de reacción subsónicos.

(iii) Muy graves:

(A) Incumplimiento de las restricciones de sobrevuelo o de altitud en las zonas de especial sensibilidad acústica definidas en los correspondientes procedimientos de disciplina de tráfico aéreo en materia de ruido.

(B) Incumplimiento de limitación de uso de aviones de reacción subsónicos durante los periodos de restricción temporal.

(4) <u>En relación con el funcionamiento y uso de los aeropuertos.</u>

Son responsables las personas que cometan la infracción o las autorizadas para la prestación de servicios y para la gestión de las infraestructuras aeroportuarias.

(i) Leves:

Cualquier actuación u omisión imprudente al realizar actividades, operaciones y maniobras en la zona de servicios, que no hayan causado daños y menoscabo relevantes.

(ii) Graves:

(A) Actos u omisiones culposos que causen daños o menoscabo de obras, instalaciones, equipos, mercancías, contenedores y medios de transporte situados en la zona de servicio de los aeropuertos y aeródromos o a las actividades aeroportuarias que se ejecuten en la misma.

(B) Incumplimiento de las normas de identificación personal de quienes desempeñen funciones en la zona de servicio de los aeropuertos y aeródromos.

(iii) Muy graves:

(A) Actos u omisiones dolosos que causen daños o menoscabo de obras, instalaciones, equipos, mercancías, contenedores y medios de transporte situados en la zona de servicio de los aeropuertos y aeródromos o a las actividades aeroportuarias que se ejecuten en la misma.

(B) Acceso no autorizado a la zona de operaciones y a las zonas restringidas de los aeropuertos.

(5) <u>En relación con el deber de colaboración con la Administración aeronáutica</u>.

(Ver nota en 13.2)

Es responsable la persona física o jurídica que infrinja.

(i) Graves:

(A) Incumplimiento del deber de comunicar los incidentes graves de aviación civil.

(B) La comunicación de hechos o actos inexactos o falsos a los órganos competentes en materia de aviación civil con ánimo de inducirles a producir erróneamente actos favorables para el comunicante o desfavorables para terceros.

(ii) Muy graves:

(A) El incumplimiento del deber de comunicación de los accidentes de aviación civil.

(B) El hecho de impedir u obstaculizar las investigaciones de la Comisión de Accidentes e Incidentes de Aviación Civil o el ejercicio de las funciones de la inspección aeronáutica.

(C) La simulación, ocultación, alteración o destrucción de datos, registros, grabaciones, materiales, informaciones y documentos útiles para las investigaciones de la CIAIAC o el ejercicio de las funciones de la inspección aeronáutica.

(D) Incumplimiento de las medidas adoptadas por la Autoridad aeronáutica de conformidad con lo previsto en los artículos 29 y 62 de la LSA (limitación o suspensión temporal de certificados, licencias, aprobaciones, habilitaciones, etc, y adopción de medidas cautelares, respectivamente)

(6) **Reincidencia.**

La reincidencia en más de una infracción grave por resolución firme, en el término de un año, convierta a las infracciones graves en muy graves.

10.2.2 Sanciones administrativas de la LSA.

La AESA sanciona las anteriores infracciones del modo siguiente:

(1) **Para personal aeronáutico**:

Tipo de infracción	Sanción
Leve	Apercibimiento o multa de 60 a 45.000 €
Grave	Multa de 45.001 a 90.000 €
Muy grave	Multa de 90.001 a 225.000€

(2) **Para compañías aéreas, de mantenimiento, colaboradores de la Inspección**:

Tipo de infracción	Sanción
Leve	Apercibimiento o multa de 4.500 a 70.000€
Grave	Multa de 70.001 a 250.000 €
Muy grave	Multa de 250.001 a 4.500.000 €

(3) **Sanciones accesorias:**

Casos previstos	Posible sanción
1. Infracciones graves: Si se requiere licencia, habilitación, aceptación, aprobación, autorización o certificado o derechos de tráfico	Suspensión o limitación hasta 5 años
2. Infracciones muy graves: Si se requiere licencia, habilitación, aceptación, aprobación, autorización o certificado o derechos de tráfico	Revocación de las mismos a la persona física o jurídica responsable de la infracción
3. Comisión de 2 ó más infracciones muy graves en el término de un año	Inhabilitación durante 3 años para titularidad o ejercicio de derecho o título administrativo que faculte para el desempeño de funciones, actividades o servicios, e inhabilitación para ser miembro del Consejo de Administración o equivalente de una persona jurídica titular de tales derechos.

(4) **Otras medidas.**

Los infractores sancionados tendrán las siguiente obligaciones:

(i) Restituir las cosas o reponerlas a su estado anterior, en un plazo;

(ii) Indemnizar los daños irreparables por cuantía igual al valor de los bienes destruidos o el deterioro causado, y de los perjuicios ocasionados, en el plazo que se fije.

(5) **Criterios para la graduación de las sanciones:**

Las multas y sanciones accesorias se deberán graduar según la gravedad del hecho teniendo en cuenta los siguientes criterios:

(i) Negligencia o intencionalidad del sujeto infractor;

(ii) Gravedad del riesgo generado por la infracción, para la seguridad aérea, para las personas, para otras aeronaves y demás bienes o cosas, tanto en vuelo como en tierra,

(iii) La gravedad de los perjuicios y molestias causados a los intereses públicos y a los usuarios del transporte aéreo y a terceros;

(iv) Si se cometen durante la operación de vuelo;

(v) La reiteración de la comisión de infracciones dentro del plazo de un año, salvo que se aprecie como reincidencia; o

(vi) Cualquier otra circunstancia que pueda incidir en el mayor o menos grado de responsabilidad del infractor.

(6) **Multas coercitivas**:

Además de las sanciones anteriores, el incumplimiento de los requerimientos de las autoridades aeronáuticas para salvaguardar la seguridad en materia de avión civil, el funcionamiento del transporte aéreo y los legítimos intereses de los usuarios, podrá dar lugar, una vez transcurrido el plazo fijado en dichos requerimientos, a la imposición de multas coercitivas, cuya cuantía no superará el 10% de la cuantía de la sanción correspondiente.

(7) **Responsables de las infracciones.**

La Ley de Seguridad Aérea establece claramente en su artículo 52, en quién recaerá la responsabilidad administrativa por las infracciones reguladas en esta Ley. Esta responsabilidad recaerá:

(i) En las infracciones contra la seguridad de la aviación civil, a las personas físicas o jurídicas sujetas al cumplimiento de la obligación infringida.

(ii) En las infracciones en relación con el transporte y los trabajos aéreos, a las personas que las hayan cometido, a los titulares de la licencia de explotación, permiso o autorización o a los explotadores de las aeronaves.

(iii) En las infracciones relativas al transporte de mercancías peligrosas o sujetas a normas especiales por vía aérea, al explotador de la aeronave, al expedidor de la mercancía, al agente de servicios de asistencia en tierra y al agente de carga.

(iv) En las infracciones relativas a la disciplina del tráfico aéreo en materia de ruido, a la compañía aérea, explotador u operador o al piloto al mando de la aeronave con la que se haya cometido la infracción.

(v) En las infracciones en relación con el funcionamiento y uso de los aeropuertos, a las personas que cometan la infracción o a las autorizadas para la prestación de servicios y para la gestión de las infraestructuras aeroportuarias.

(vi) En las infracciones en relación con la coordinación de los aeropuertos y el uso de las franjas horarias, a las compañías aéreas, al personal aeronáutico o a las demás personas físicas o jurídicas con responsabilidades en la asignación y gestión de las franjas horarias.

(vii) En las infracciones del deber de colaboración con las autoridades y órganos de la Administración General del Estado con competencias en materia de aviación civil, a la persona física o jurídica que cometa la infracción.

(viii) Cuando una misma infracción sea imputable a varias personas y no sea posible determinar el grado de participación de cada una de ellas, responderán solidariamente.

No eximirá de responsabilidad el hecho de que las personas que hayan cometido las infracciones estén integradas en asociaciones temporales de empresas, agrupaciones de interés económico o comunidades de bienes sin personalidad.

10.2.3 Infracciones Penales.

El personal aeronáutico, además de estar sometido al Código Penal ordinario, está también sometido a la Ley Penal de la Navegación Aérea (LPPNA) de 1964. Los delitos regulados en esta les que afectan al Piloto al Mando o a la tripulación son:

(1) Delitos contra la seguridad de la aeronave.

(i) Destruir total o parcialmente la aeronave.

(ii) Salir sin plan de vuelo o quebrantarlo sin justificación.

(iii) Realizar vuelos arriesgados en espacio aéreo prohibido, o sobrevolar aglomeraciones urbanas por debajo de la altura de seguridad o de la que esté autorizado.

(iv) Emprender vuelo con exceso o mala distribución de la carga que pueda poner en grave riesgo la seguridad de la aeronave.

(2) Delitos contra el tráfico aéreo.

(i) Sedición: Tripulantes que se oponen al cumplimiento de las órdenes del Piloto al Mando; que impiden el libre ejercicio de sus funciones; que realizan algún acto de odio o venganza en su persona; los tripulantes que no hayan cooperado con sus superiores a la represión de la sedición.

(ii) Abandono de la aeronave y del servicio: dejación del mando de la aeronave por el Piloto al Mando; Piloto al Mando o tripulante bajo los efectos de bebidas alcohólicas, narcóticos o estupefacientes; Piloto al Mando que, en caso de abandono de aeronave en peligro, no lo haga al final, o no adopte las medidas necesarias para el salvamento, sin justificación; tripulante que abandone la aeronave en peligro.

(iii) El Piloto al Mando o Explotador o tripulante que embarque mercancías peligrosas sin autorización.

(iv) El pasajero que utilice aparatos de fotografía o de transmisión radioeléctrica.

(3) Delitos contra el derecho de gentes.

(i) El Piloto al Mando que no preste auxilio a una aeronave o a un buque que lo solicite, pudiendo hacerlo sin riesgo.

(ii) Los tripulantes que conociendo alguna situación de peligro no lo adviertan.

(4) Delitos contra la autoridad.

(i) Insulto al mando; maltrato de obra a un superior en acto de servicio; intimidación, amenaza o atentado contra su libertad.

(ii) Atentados o desacatos de pasajeros contra el Piloto al Mando (se castiga con arreglo al Código Penal).

(iii) Desobediencia de órdenes relativas a la seguridad por parte de los pasajeros.

(5) Abuso de autoridad y negligencia en el ejercicio del mando

El superior que, excediéndose arbitrariamente en sus atribuciones, maltrate de obra o irrogue a un tripulante un perjuicio grave; o el Piloto al Mando que veje, ofenda o someta a un pasajero a medidas no autorizadas por la Ley o Reglamento; el Piloto al Mando que abandone a un tripulante o pasajero de un modo arbitrario; el Piloto al Mando que no emplee todos los medios a su alcance para reprimir cualquier acto de indisciplina, si del mismo pudiera derivarse dificultad o perturbación para el servicio público o peligro para la vida de las personas, la aeronave o el cargamento.

(6) Delitos de falsedad.

(i) El Piloto al Mando que tripule una aeronave sin marcas de matrícula o nacionalidad, o que las lleve irregularmente.

(ii) El que haga uso de documentos de a bordo de otra aeronave a la que hubiese usurpado la marca de matrícula.

(iii) El que utilice el documento aeronáutico de otra persona para hacer recaer en el otro un daño u obtener un beneficio.

(iv) Falsificación de documentos y libros de a bordo.

(7) Delitos contra la propiedad.

(i) Robo o hurto a bordo de una aeronave por tripulantes (con arreglo al Código Penal y su grado máximo).

(ii) Piloto al Mando de aeronave que la empleare ilegítimamente en provecho propio o de un tercero.

(iii) Apropiación de todo o parte del cargamento de una aeronave (con arreglo al Código Penal y su grado máximo, o el grado mínimo de la superior inmediata).

(iv) Daños: Causar maliciosamente averías a una aeronave o a su cargamento, que pongan en peligro la navegación .

(v) Polizonaje: Entrar clandestinamente sin billete en una aeronave comercial con propósito de hacer el viaje; también, tripulantes que cooperen en la comisión de este delito.

(8) Delitos de imprevisión, imprudencia o impericia en el tráfico aéreo.

(i) Realizar, en el ejercicio de sus funciones para la navegación aérea, un hecho de grave imprevisión, imprudencia o impericia, que si mediare malicia habría constituido un delito.

(9) Delitos leves[5] contra la policía y seguridad de la navegación aérea.

(i) Los que sin autorización realicen funciones a bordo que no necesiten título.

(ii) El Piloto al Mando que navegue sin tener a bordo los aparatos o documentos reglamentarios, lleve irregularmente la lista de tripulación o el plan de vuelo, o no ejecute las anotaciones prescritas.

(iii) El Piloto al Mando que no cumpla la orden urgente de aterrizar, que sin autorización entre en espacio aéreo reservado o que transporte pasajeros en una aeronave no autorizada o calificada para ello.

(iv) El Piloto al Mando que aterrice en aeropuerto no previsto en el plan de vuelo, o no modifique éste en la forma que le ordene la autoridad competente.

(v) El Piloto al Mando que no dé el aviso de haber hecho un aterrizaje forzoso fuera del aeropuerto.

(10) Delitos leves contra la policía de aeropuertos.

(i) Los que se dediquen a la enseñanza aeronáutica sin autorización.

(ii) El tripulante que no anote en los libros las indicaciones reglamentarias con exactitud.

5 Con el nuevo Código Penal, se han suprimido las faltas, transformándolas en delitos leves. La Disposición Transitoria Undécima dice: *"1. Cuando se hayan de aplicar Leyes penales especiales o procesales por la jurisdicción ordinaria, se entenderán sustituidas:... l) Cualquier otra pena de las suprimidas en este Código, por la pena o medida de seguridad que el Juez o Tribunal estime más análoga y de igual o menor gravedad. De no existir o de ser todas más graves, dejará de imponerse".* Por lo tanto, hasta saber qué es lo que las Autoridades deciden sobre las faltas de la LPPNA, las dejaremos como están.

(iii) El que lleve pasajeros sin cumplir las normas reglamentarias de seguridad para los mismos o que los transporte en mayor número que el de asientos debidamente autorizados para cada viaje.

(11) Otros delitos leves.

(i) Faltas de asistencia o puntualidad en la incorporación al servicio, con perturbación de horarios.

(ii) Arrojar objetos no clasificados como lastre desde una aeronave.

(iii) Incumplir las reglas de policía.

(iv) Realizar, en el ejercicio de sus funciones para la navegación aérea, un hecho de simple imprevisión, imprudencia o impericia, que si mediare malicia habría constituido un delito.

10.2.4 Sanciones penales

Tanto el Piloto al Mando como el personal aeronáutico pueden ser procesados y condenados por delitos o faltas aeronáuticas, con las siguientes penas [6]:

Penas graves	Penas menos graves	Penas leves
1. Prisión de 15 a 20 años	7. Prisión de 6 meses a 3 años	12. Multa de 1 a 60 días
2. Prisión de 8 a 15 años	8. Arresto de 7 a 15 fines de semana	13. Arresto de 1 a 6 fines de semana
3. Prisión de 3 a 8 años	9. Multa de 3 a 15 meses	14. Amonestación
4. Pérdida del título profesional o aeronáutico*	10. Mula de 2 a 3 meses	****
5. Suspensión del título profesional o aeronáutico de 3 a 6 años.	11. Suspensión del título profesional o aeronáutico hasta 3 años.	****

NOTA DEL AUTOR : La pena de pérdida del título profesional o aeronáutico (definido por el art. 5º de la LPPNA como inhabilitación permanente) no está regulada en el nuevo Código Penal por lo que, según su Disposición Transitoria 11ª, podría dejar de existir. No así la

6. El Nuevo Código Penal (Disposición Transitoria undécima) ha modificado la nomenclatura y cuantía de las penas, incluidos los Códigos Penales especiales y se ordena su sustitución por las nuevas. La tabla que se expone se refiere a las penas ya corregidas por esta disposición y adaptadas a las normas actuales, según criterio lógico, con la salvedad de la posible revisión, en su día, de un modo oficial y con diferentes criterios. Este código ha derogado además los artículos 29 y 49 de la LPPNA

suspensión del título que sería una inhabilitación especial.

10.3 El procedimientos sancionador en la aviación civil

Tras la posible infracción de una norma administrativa, la Administración puede abrir expediente sancionador, por medio de un procedimiento administrativo sancionador. El procedimiento sancionador en la aviación civil está regulado en los artículos 61 y siguientes de la Ley de Seguridad Aérea (LSA)

Según la LSA, el expediente sancionador se iniciarán siempre de oficio por acuerdo del Director de la Agencia Estatal de Seguridad Aérea, bien por propia iniciativa o como consecuencia de orden superior, o a petición razonada de otros órganos administrativos, o por denuncia.

La Administración nombra a un instructor y a un secretario que suele ser un abogado del Ministerio. La instrucción de los expedientes sancionadores ahora se va a llevar a través de las Oficinas de Seguridad de Vuelo. El expediente consiste en averiguar lo que ha ocurrido valiéndose de lo que la Ley de Seguridad Aérea prevé y subsidiariamente de lo establecido en la Ley de Régimen Jurídico de las Administraciones Públicas y del Procedimiento Administrativo Común, así como del Reglamento para el Ejercicio de la Potestad Sancionadora.

El Instructor remitirá al supuesto infractor un escrito de notificación de la apertura de expediente ante el que el imputado puede presentar alegaciones. El instructor examinará las alegaciones y puede decidir la apertura de un periodo de pruebas por ambas partes. Una vez estudiado el expediente, puede optar por dos vías: Declarar que el asunto no es sancionable o presentar una propuesta de resolución ante la que el imputado puede presentar de nuevo alegaciones.

Si no acepta las alegaciones, se hace válida la propuesta de sanción con lo que el Director de Seguridad de Aeronaves le remitirá la sanción correspondiente. El imputado puede presentar recurso de alzada ante el Director de la AESA y de ser rechazada sólo le quedará el procedimiento contencioso-administrativo ya con abogado y procurador y ante el juzgado correspondiente.

A. MEDIDAS CAUTELARES

En cualquier momento del procedimiento sancionador, el Director de la AESA podrá adoptar medidas tales como inmovilización de una aeronave, limitación o suspensión temporal de las licencias, habilitaciones, certificados o autorizaciones, cuando se haya constatado la existencia de irregularidades que afecten de forma cierta, grave e inmediata a la seguridad, o cualesquiera otras medidas que, atendiendo a las circunstancias del caso, sean necesarias para asegurar la efectividad de la resolución que pudiera recaer en el procedimiento o el buen fin del mismo, así como para evitar el mantenimiento de los efectos de la infracción, si existiesen elementos de juicio suficientes para ello.

B. PLAZO PARA RESOLVER Y NOTIFICAR.

La Administración tiene un plazo para resolver y notificar de 18 meses en los expedientes por infracciones graves o muy graves, y de 9 meses en el caso de infracciones leves. Transcurrido ese plazo sin que haya recaído resolución, el Director de Seguridad de Aeronaves de la AESA declarará la caducidad del procedimiento, notificándoselo al imputado.

C. RECURSOS:

a. Potestativo de REPOSICIÓN

Los actos administrativos que pongan fin a la vía administrativa podrán ser recurridos potestativamente en reposición ante el mismo órgano que los hubiera dictado o ser impugnados directamente ante el orden jurisdiccional contencioso-administrativo. No se podrá interponer recurso contencioso-administrativo hasta que sea resuelto expresamente o se haya producido la desestimación presunta del recurso de reposición interpuesto.

El plazo para la interposición del recurso de reposición será de un mes, si el acto fuera expreso. Si no lo fuera, el plazo será de tres meses y se contará, para el solicitante y otros posibles interesados, a partir del día siguiente a aquel en que, de acuerdo con su normativa específica, se produzca el acto presunto. Transcurridos dichos plazos, únicamente podrá interponerse recurso contencioso-administrativo, sin perjuicio, en su caso, de la procedencia del recurso extraordinario de revisión.

El plazo máximo para dictar y notificar la resolución del recurso será de un mes. Contra la resolución de un recurso de reposición no podrá interponerse de nuevo dicho recurso.

b. Recurso extraordinario de REVISIÓN

Contra los actos firmes en vía administrativa podrá interponerse el recurso extraordinario de revisión ante el órgano administrativo que los dictó, que también será el competente para su resolución, cuando concurra alguna de las circunstancias siguientes:

- Que al dictarlos se hubiera incurrido en error de hecho, que resulte de los propios documentos incorporados al expediente.
- Que aparezcan documentos de valor esencial para la resolución del asunto que, aunque sean posteriores, evidencien el error de la resolución recurrida.
- Que en la resolución hayan influido esencialmente documentos o

testimonios declarados falsos por sentencia judicial firme, anterior o posterior a aquella resolución.

- Que la resolución se hubiese dictado como consecuencia de prevaricación, cohecho, violencia, maquinación fraudulenta u otra conducta punible y se haya declarado así en virtud de sentencia judicial firme.

El recurso extraordinario de revisión se interpondrá, cuando se trate de la causa 1, dentro del plazo de cuatro años siguientes a la fecha de la notificación de la resolución impugnada. En los demás casos, el plazo será de tres meses a contar desde el conocimiento de los documentos o desde que la sentencia judicial quedó firme. Transcurrido el plazo de tres meses desde la interposición del recurso extraordinario de revisión sin haberse dictado y notificado la resolución, se entenderá desestimado, quedando expedita la vía jurisdiccional contencioso-administrativa.

D. EFECTOS DE LA RESOLUCIÓN:

a. La resolución será ejecutiva cuando ponga fin a la vía administrativa. En el propio escrito de resolución se indicará este extremo.

b. En la resolución se adoptarán, en su caso, las disposiciones cautelares precisas para garantizar su eficacia en tanto no sea ejecutiva.

***

CAPÍTULO 11

FORMULARIOS Y ACTAS

Con estos formularios se intenta orientar a los Pilotos a la hora de realizar actas, notificaciones reglamentarias o documentos exigidos en el transcurso de la operación de vuelo para dar a conocer a la Autoridad competente los incidentes ocurridos a bordo de su aeronave. Se explican también algunos actos relacionados con estos trámites. Podemos dividirlos en dos clases:

(a) Notificaciones o informes.

(1) Informe de accidente / incidente grave dirigido a la CIAIAC.

(2) Informe de sucesos relacionados con la operación de vuelo.

(3) Notificación a la Compañía cuando se ha incrementado el límite máximo de actividad o se ha reducido el mínimo de descanso

(b) Actas y denuncias.

(1) Acta de defunción a bordo.

(2) Denuncia ante la Autoridad Aeronáutica, presentada por el Piloto al Mando

NOTA: Todos ellos se entregarán a la autoridad correspondiente, con copia a la propia compañía.

(c) Otros formularios

NOTA: El Piloto al Mando puede redactar los informes en el formato que crea conveniente, excepto en incidentes y sucesos, siempre que se atenga a los a los requisitos mínimos.

Si la compañía tiene establecidos unos formularios o vías de notificación determinadas se emplearán éstas, siempre que no eviten las oficiales o puedan afectar a la responsabilidad del Piloto al Mando o a su independencia según establecen las normas.

INTENCIONADAMENTE EN BLANCO

11.1 INFORME DE ACCIDENTE / INCIDENTE GRAVE

(Ver cap. 11.14 de este Manual)

El proceso de notificación de accidentes e incidentes graves será el siguiente:

Se comunicará tan pronto como sea posible a la CIAIAC llamando al:

Teléfono de servicio 24H: **91 597 89 00**

La información que interesa conocer en estos primeros momentos (y que se transmitirá por teléfono) es la siguiente, que será la misma que se transmita más tarde por escrito:

1. Identificación del suceso: INCIDENTE GRAVE/ACCIDENTE

2. Fabricante, modelo, marcas de nacionalidad y de matrícula, y número de serie de la aeronave ....

3. Nombre del propietario de la aeronave, del explotador y del arrendador, si lo hubiere y tipo de operación ....

4. Nombre del piloto al mando de la aeronave y nacionalidad de la tripulación y los pasajeros ....
....
....
....
....

5. Fecha y hora (local) en que ocurrió el accidente o incidente grave:

   Día......................., a las.............................

6. Último punto de salida:..............................

7. Punto de aterrizaje previsto de la aeronave:

....

8. Posición de la aeronave respecto a algún punto geográfico de fácil identificación, y latitud y longitud si se cono-

ce:

9. Número de tripulantes y pasajeros:

- A bordo:................
- Muertos y gravemente heridos:.................................

10. Características físicas del lugar del accidente o incidente grave, con indicación de las dificultades de acceso o requisitos especiales para llegar al lugar:

11. Presencia de mercancías peligrosas a bordo de la aeronave y descripción de las mismas:

12. Descripción del accidente o incidente grave, y daños que presente la aeronave:

Y para que conste a los efectos oportunos, firma el presente informe en........................, a..........., de ...., de 20....

Firma

NOTA IMPORTANTE: En el momento de la llamada se facilitará el máximo posible de esta información, pero en ningún caso se demorará por falta de información completa.

Posteriormente se remitirá a la CIAIAC copia de la notificación vía fax al número 914635535 o por correo electrónico a la dirección ciaiac@fomento.es.

Pueden hallar más información al respecto en: https://www.fomento.gob.es/organos-colegiados/ciaiac/notificacion

11.2 Formulario de informes sucesos.

FORMULARIO DE NOTIFICACIÓN DE SUCESOS PARA ORGANIZACIONES ORGANISATIONS OCCURRENCE REPORTING FORM OPERACIÓN DE LA AERONAVE / FLIGHT OPERATIONS DATOS DEL NOTIFICANTE / OCCURRENCE REPORTER INFORMATION	
NOMBRE Y APELLIDOS / NAME AND SURNAME	
ORGANIZACIÓN / NAME OF ORGANISATION	
CARGO / JOB POSITION	
DIRECCIÓN / ADDRESS	
TELÉFONO / TELEPHONE NUMBER	
CORREO ELECTRÓNICO / EMAIL	

Una vez cumplimentado el formulario, deberá guardarlo y adjuntarlo en un correo electrónico a: sucesos.aesa@seguridadaerea.es

Esta notificación no tiene la naturaleza de denuncia ni puede dar lugar a la determinación de responsabilidades, salvo en supuestos de dolo o negligencia grave. Por ello, si la intención es denunciar ante AESA un hecho, el Sistema de Notificación de Sucesos no es el cauce adecuado. Si usted quiere presentar una denuncia ante AESA por incumplimiento, uso irregular, riesgo de la seguridad aérea, etc. debe hacerlo, por escrito, a través de una de las siguientes vías:

- Registro General de AESA, ubicado en la 1a planta del no 40 de la calle General Perón de Madrid,
- En alguno de los lugares previstos en el artículo 16.4 de la Ley 39/2015, de 1 de octubre.

- De forma telemática a través de la sede electrónica de AESA (https://sede.seguridadaerea.gob.es

Si considera el hecho a notificar como accidente o incidente grave, debe notificar lo antes posible a la CIAIAC (Comisión de Investigación de Accidentes e Incidentes de Aviación Civil) llamando al teléfono 915978900 (24H). Adicionalmente, debe realizar notificación del suceso al Sistema de Notificación de Sucesos de AESA siguiendo los plazos y procedimientos habituales de notificación de sucesos. Puede encontrar más información sobre la notificación de accidentes o incidentes graves en la página web de la CIAIAC: https://www.fomento.gob.es/organos colegiados/ciaiac/notificacion

Para rellenar el formulario debe abrirlo con una aplicación lector de PDF que soporte formularios PDF y scripts incrustados. El formulario ha sido probado usando la versión libre disponible de lector de PDF 'Adobe Acrobat Reader DC' que puede descargarse desde www.adobe.com. Otros lectores de PDF pueden no funcionar, por ese motivo, recomendamos usar el lector de PDF mencionado anteriormente.

Estos formularios pdf están diseñados para poder ser preprocesados de manera automática por los sistemas del Sistema de Notificación de Sucesos, por lo que, una vez rellenos y guardados los cambios, debe ser mandado el propio fichero no siendo válidas impresiones, fotografías u cualquier otro proceso que no permita ese preproceso automatizado.

En caso de necesitar más información o alguna aclaración en relación a la notificación de sucesos, puede contactar con el Sistema de Notificación de Sucesos:

- Correo electrónico para notificación y consultas: sucesos.aesa@seguridadaerea.es
- Teléfonos de información y consultas: 91 396 84 14 (directo) / 91 301 98 96 + Extensión 19579

Puede encontrar más información relativa al Sistema de Notificación de Sucesos dentro del apartado "Gestión de riesgos para la seguridad", "Sistema de Notificación de Sucesos (SNS)" de la página web de AESA: (https://www.seguridadaerea.gob.es/), o directamente en el siguiente enlace: https://www.seguridadaerea.gob.es/lang_castellano/g_r_seguridad/notificacion_sucesos/default.aspx

Cualquier copia impresa o en soporte informático, total o parcial de este documento se considera como copia no controlada y siempre debe ser contrastada con su versión vigente

11.3 Carta al operador adjuntando copia del informe de incidente/accidente.

DE...........: Nombre del Piloto al Mando.

A.............: Director de Operaciones

ASUNTO: Notificación de incidente grave/accidente.

Adjunto remito el informe que he enviado a la Autoridad Aeronáutica según ordena la Ley de Seguridad Aérea. Estoy a disposición de la Dirección para ampliar o explicar con mayor detenimiento los hechos ocurridos.

Atentamente

Firma

Fecha

NOTA IMPORTANTE: El informe de incidente grave lo puede enviar el Piloto al Mando o el Operador, por lo que se puede enviar por el Piloto al Mando al Operador para que lo remita a la CIAIAC. Se sugiere que se entregue en mano para quedarse con copia sellada como justificante.

La el Piloto al Mando está obligado, si no hay impedimento, a enviar el informe de accidentes a la Autoridad (CIAIAC)

11.4 Acta de defunción a bordo.

(Art. 71 del Reglamento del Registro Civil)

Durante el vuelo................., de la Compañía......................, de fecha................. a las .... (hora GMT) y en la posición (poner situación exacta en grados de Longitud y Latitud, o posición de VOR, radiofaro, etc.), el/la pasajero/a D/Dña.. ...., de nacionalidad..., y lugar de nacimiento.., con domicilio habitual en C/Pl. ....de................................., ha fallecido a bordo, cuando volábamos a una altitud de .... pies y con una presión en cabina de ...... pies.

La causa probable del fallecimiento ha sido..

(En caso de que hubiera un médico a bordo, se hará constar su diagnóstico, así como sus datos personales y nº. de colegiado).

Datos del Piloto al Mando:

Apellidos...

Nombre...

Firma del Piloto al Mando

Fecha

Nota: Mandar una copia al Director del Aeropuerto y otra a la Dirección de Operaciones para lo traslade al Registro Civil correspondiente, lo antes posible

11.5 Formulario de notificación de extensión de actividad o reducción del descanso por decisión del Comandante, debido a circunstancias imprevistas

AL DIRECTOR DE OPERACIONES

D/Dña. ...., Piloto de Transporte de Línea Aérea/Comercial, *(Tachar lo que no corresponda),* con licencia nº..............., y domicilio en la calle/plaza..., de.................................., provincia de..., como Piloto al Mando del vuelo ...., *(número, tipo o clase),* de la Compañía........................, el día ...... de............... de ...., en la etapa de.......... a.........., de acuerdo con lo ordenado en la Circular Operativa 16B, se ha visto obligado a *(tachar lo que no corresponda)*:

1. Incrementar la actividad aérea en .... horas/min, o/y
2. Reducir el descanso de la tripulación en .... horas/min (nunca por debajo del mínimo legal), debido a las siguientes circunstancias[1]:

....

....

....

....

Lo cual considera pertinente según la mencionada norma.

Firmado: El Piloto al Mando

Fecha :......................................

1 Indicar las circunstancias que han ocasionado el incremento de la actividad (pérdida de slot, búsqueda de maletas, más viento en cara que el previsto, averías, etc).

11.6 Denuncia ante la Autoridad Aeronáutica presentada por el Piloto al Mando [2].

Si quiere presentar una denuncia ante AESA por incumplimiento, uso irregular, riesgo de la seguridad aérea, etc... puede hacerlo de tres maneras:

1. Por escrito a través del Registro General de AESA, ubicado en la 1ª planta del nº 40 de la calle General Perón de Madrid.
2. Por escrito en alguno de los lugares previstos en el artículo 16.4 de la Ley 39/2015, de 1 de octubre.
3. De forma telemática a través de la sede electrónica de AESA[3], utilizando los sistemas de firma electrónica admitidos (DNI-electrónico y certificados digitales)

FORMULARIO DE DENUNCIA:

A LA DIRECTORA DE LA AGENCIA ESTATAL DE SEGURIDAD AÉREA

D./Dña .... Comandante del vuelo, ..., de la Compañía................................, con DNI nº............................ y Licencia de Piloto de Transporte (o Comercial) de avión (o de helicóptero), nº......................., con domicilio a efecto de notificaciones en la calle /plaza................................., de................................ (ciudad), código postal................, de la provincia de ...., por medio del presente escrito, ante la Dirección de la AESA comparece y como mejor proceda en Derecho

EXPONE

(1) Que este escrito tiene el carácter de DENUNCIA, de acuerdo con el artículo 62º de la Ley de Seguridad Aérea y los artículos 62º y s.s. de la Ley 39/2015, de 1 de octubre, del Procedimiento Administrativo Común de las Administraciones Públicas

(2) Que en el vuelo............................, el pasajero / tripulante

2. Enviar por correo administrativo a la AESA, Avenida General Perón n.º 40, Portal B, 1ª planta. 28020 (Madrid, España). El correo administrativo requiere presentar en la oficina de Correos, dos copias del escrito para que las sellen, enviando una al destinatario certificada (con aviso de recibo) y quedándose con la otra como prueba de envío. Conviene presentar copia al Director de Operaciones (o Jefe de Flota)

3 https://sede.seguridadaerea.gob.es/SEDE_AESA/LANG_CASTELLANO/TRAMITACIONES/SOLIC_GRAL/DESCRIPCION/

/ personal de tierra *(táchese lo que no proceda)*, D/Dña... ...., con DNI/NIE/ Pasaporte nº........................, y domicilio en (domicilio completo)..., ha realizado los siguientes hechos [4]:

(3) Que son testigos de los hechos, las siguientes personas: (Indicar nombres y DNI o nº de pasaporte, y dirección completa de los testigos si fuera posible):

D/Dña:..

D/Dña:..

D/Dña:..

(4) Que estos hechos pueden contravenir las normas (u obligaciones) recogidas en los artículos correspondientes del Título IV de la Ley de Seguridad Aérea;

(5) Que según la legislación alegada, estos hechos pueden ser constitutivos de infracción sancionable por la Autoridad Aeronáutica.

En su virtud, y rogando notificación al que suscribe sobre las medidas que se adopten,

SOLICITO que, habiendo por presentado este escrito, junto a los documentos que se acompañan, lo admita a trámite y, de acuerdo con lo expuesto en este documento, proceda a actuar de oficio, como requiere el artículo 62 de la Ley de Seguridad Aérea, con la apertura del correspondiente expediente sancionador.

Por ser de justicia que pido en ....,

a ....de.........................de 20_ _

Firma:

4. Explicar lo mejor posible los hechos que han ocasionado la supuesta infracción de las normas.

11.7 Carnés de Inspección Tipo "A"

Carnés tipo A:

Modelo a utilizar por el personal funcionario con atribuciones para la realización de las actuaciones de inspección aeronáutica (que se designarán como FR):

<table>
<tr><th>Anverso</th><th>Reverso</th></tr>
<tr><td>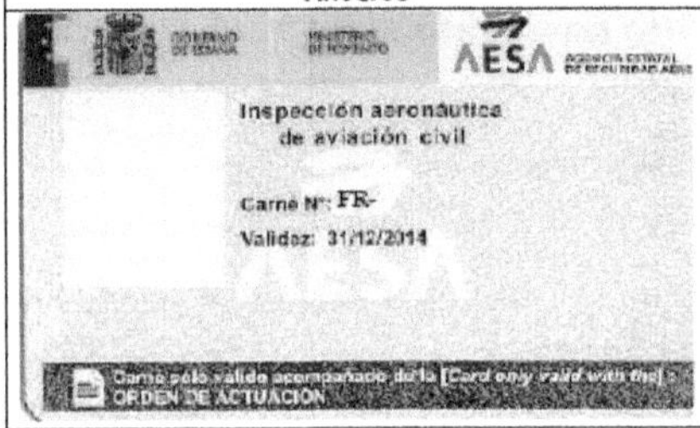
</td><td>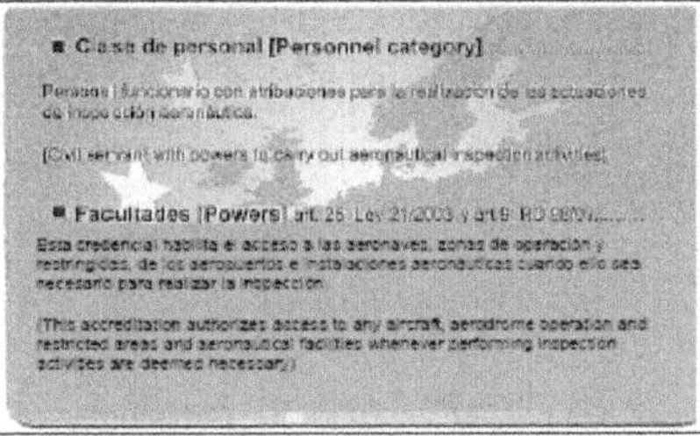
</td></tr>
</table>

Modelo a utilizar por el personal con atribuciones para la ejecución de las actuaciones propias de la inspección aeronáutica de carácter técnico o especializado (que se designarán como EX):

<table>
<tr><th>Anverso</th><th>Reverso</th></tr>
<tr><td>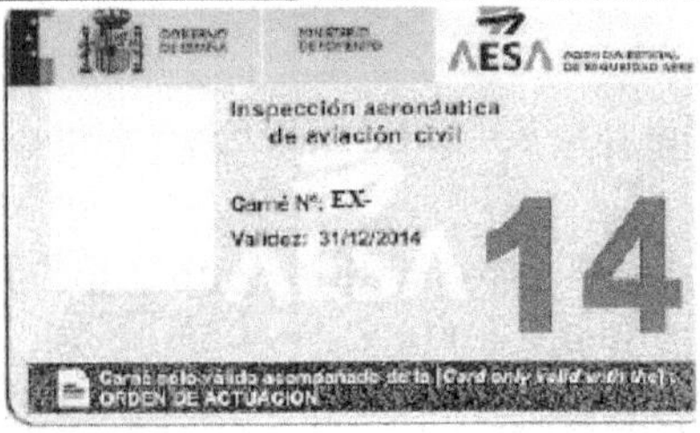
</td><td>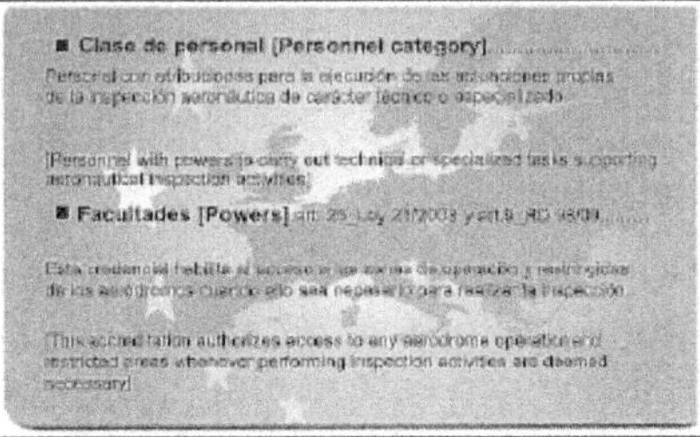
</td></tr>
</table>

11.8 Carnés de Inspección Tipo "B"

Carnés tipo B

Modelo a utilizar por el personal funcionario con atribuciones para la realización de las actuaciones de inspección aeronáutica (que se designarán como FR):

Anverso	Reverso
	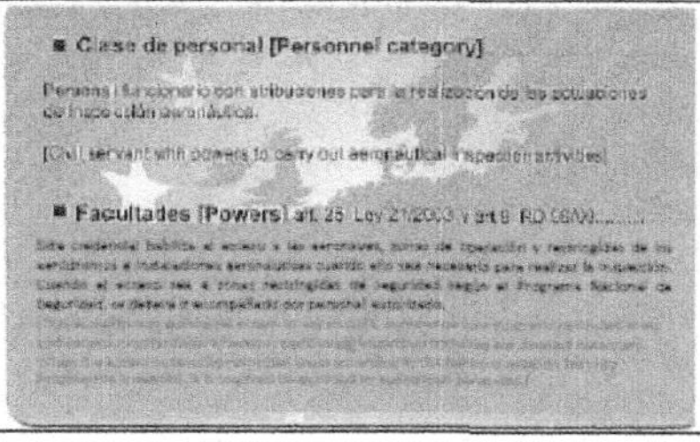

Modelo a utilizar por el personal con atribuciones para la ejecución de las actuaciones propias de la inspección aeronáutica de carácter técnico o especializado (que se designarán como EX):

Anverso	Reverso
	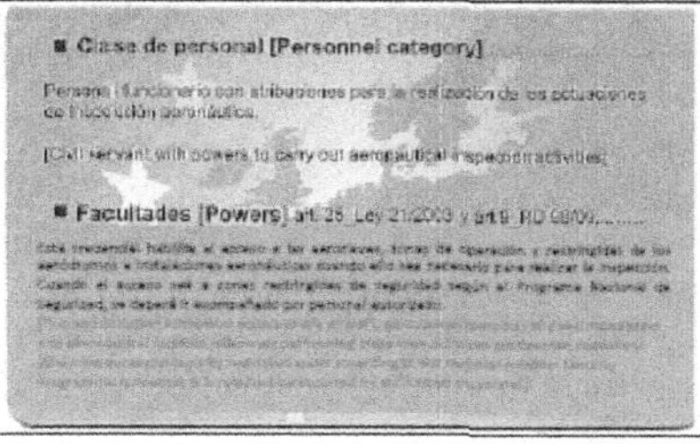

11.9 Orden de actuación de Inspección Aeronáutica

ANEXO III

ORDEN DE ACTUACIÓN DE INSPECCIÓN AERONÁUTICA

De conformidad con la Ley 21/2003, de Seguridad Aérea de 7 de julio, modificada por la Ley 1/2011 de 4 de marzo, y el artículo 11 del Reglamento de Inspección Aeronáutica, aprobado por el RD 98/2009, de 6 de febrero, se encomienda al personal citado a continuación la realización de actuaciones de inspección aeronáutica en las siguientes categorías de actividades inspectoras:

(Categoría de la actividad –general o específica- o actividades inspectoras concretas)

Organización inspeccionada (en su caso)

Lugar de la actuación

Esta orden de actuación es válida para las actuaciones referidas en territorio español, en instalaciones o aeronaves utilizadas por organizaciones u operadores españoles fuera del territorio nacional, teniendo validez durante el siguiente periodo

(Fechas o periodo de inspección)

EQUIPO INSPECTOR: *(Si hay más de un equipo, repetir el cuadro indicando Equipo 1, Equipo 2,...)*

Funcionario Responsable Coordinador:

Apellidos	*Nombre*	*Nº CARNET INSPECTOR*

Funcionarios Responsables:

Apellidos	*Nombre*	*Nº CARNET INSPECTOR*

Personal para actividades auxiliares o de apoyo:

Apellidos	*Nombre*	*Nº CARNET INSPECTOR*

Personal para actuaciones de carácter técnico o especializado:

Apellidos	*Nombre*	*Nº CARNET INSPECTOR*

LIMITACIONES:
Ley 21/2003 de Seguridad Aérea, modificada por Ley 1/2011
Reglamento de Inspección Aeronáutica, aprobado por el RD 98/2009, de 6 de febrero.
Otros:

En aplicación del artículo 7 del Real Decreto 171/2004, de 30 de enero, por el que se desarrolla el artículo 24 de la Ley 31/1995, de 8 de noviembre, de Prevención de Riesgos Laborales, en materia de coordinación de actividades empresariales, se deberá informar al equipo inspector sobre los riesgos propios del centro de trabajo y las instalaciones objeto de inspección, así como las medidas de prevención a adoptar para tales riesgos y de las actuaciones a seguir ante cualquier emergencia ocurrida en el centro.

Madrid, a ____ de ________ de 20__

EL DIRECTOR DE ....

Fdo.: ....

CAPÍTULO 12

ANEXO I

NOTIFICACIÓN OBLIGATORIA DE SUCESOS

(Ver capítulo 9.6.3 de este Manual)

REGLAMENTO DE EJECUCIÓN (UE) 2015/1018 DE LA COMISIÓN de 29 de junio de 2015 por el que se establece una lista de clasificación de los sucesos en la aviación civil de notificación obligatoria de conformidad con el Reglamento (UE) nº 376/2014 del Parlamento Europeo y del Consejo.

Señalamos solamente los sucesos que el Piloto al mando tiene la obligación de notificar.

I. SUCESOS RELACIONADOS CON LA OPERACIÓN DE LA AERONAVE

Esta presentación no debe ser interpretada en el sentido de que esos sucesos no deben ser notificados si se producen fuera de la categoría de actividades con la que están relacionados en la lista.

(A) Operaciones aéreas

(1) Preparación del vuelo

(i) Uso de datos incorrectos o introducción errónea de datos en los equipos usados para la navegación o los cálculos de las actuaciones de la aeronave que han puesto, o que podrían haber puesto, en peligro la aeronave, a sus ocupantes o a cualquier otra persona.

(ii) Transporte o intento de transporte de mercancías peligrosas en violación de las normas aplicables, incluidos el etiquetado, el embalaje y la manipulación incorrectos de mercancías peligrosas.

(2) Preparación de la aeronave

(i) Tipo de combustible incorrecto o combustible contaminado.

(ii) Falta de tratamiento de deshielo o anti-hielo, o tratamiento incorrecto o inadecuado.

(3) Despegue y aterrizaje

(i) Salida de calle de rodadura o de pista.

(ii) Incursión real o potencial en calle de rodadura o pista.

(iii) Incursión en área de aproximación final y despegue («FATO»).

(iv) Cualquier despegue abortado

(v) Incapacidad de lograr las actuaciones requeridas o previstas durante el despegue, la maniobra de motor y al aire, o el aterrizaje.

(vi) Despegue, aproximación o aterrizaje, o intento de despegue, aproximación o aterrizaje, con parámetros de configuración incorrectos.

(vii) Golpe con la cola, palas de la hélice, punta alar o góndola de motor durante el despegue o el aterrizaje.

(viii) Continuación de la aproximación contra los criterios de aproximación estabilizada del operador aéreo.

(ix) Continuación de una aproximación instrumental por debajo de los mínimos publicados con referencias visuales inadecuadas. 10) Aterrizaje preventivo o forzoso.

(x) Aterrizaje corto o aterrizaje largo.

(xi) Aterrizaje duro.

(4) Cualquier fase de vuelo

(i) Pérdida de control.

(ii) Posición anormal, superación de la actitud de cabeceo normal, ángulo de alabeo o velocidad aerodinámica inadecuados para las condiciones de vuelo.

(iii) Desvío del nivel de vuelo autorizado.

(iv) Activación de cualquier protección de la envolvente de vuelo, incluidos el aviso de entrada en pérdida, avisadores integrados en la palanca de control (stick shaker/stick pusher) y protecciones automáticas.

(v) La desviación no intencionada de la trayectoria prevista o asignada del doble de la performance de navegación requerida o de 10 millas náuticas, lo que sea menor.

(vi) Superación de las limitaciones del manual de vuelo de la aeronave.

(vii) Operación con reglaje incorrecto del altímetro.

(viii) Sucesos relacionados con el impacto del chorro de un reactor o de una hélice que han puesto, o que podrían haber puesto, en peligro la aeronave, a sus ocupantes o a cualquier otra persona.

(ix) Interpretación incorrecta de los automatismos o de cualquier información de la cabina de vuelo facilitada a la tripulación de vuelo que han puesto, o que podrían haber puesto, en peligro la aeronave, a sus ocupantes o a cualquier otra persona.

(5) Otros tipos de sucesos

(i) Suelta no intencionada de carga o de otros equipos transportados externamente.

(ii) Pérdida de conciencia situacional (incluidos la conciencia del entorno, los sistemas y su modo de operación, la desorientación espacial y el horizonte temporal).

(iii) 3) Cualquier suceso en el que el desempeño humano haya contribuido, o podría haber contribuido, de forma directa a un accidente o a un incidente grave.

(B) SUCESOS TÉCNICOS

(1) Estructura y sistemas

(i) Desprendimiento de cualquier parte de la estructura de la aeronave en vuelo.

(ii) Pérdida de un sistema.

(iii) Pérdida de la redundancia de un sistema.

(iv) Fuga de un líquido que provoque un peligro de incendio o la posible contaminación peligrosa de la estructura, los sistemas o los equipos de la aeronave, o que han puesto, o que podrían haber puesto en peligro la aeronave, a sus ocupantes o a cualquier otra persona.

(v) Mal funcionamiento o defectos del sistema de combustible que hayan tenido repercusiones significativas sobre el abastecimiento y/o la distribución del combustible.

(vi) Mal funcionamiento o defecto de cualquier sistema de aviso que dé lugar a indicaciones engañosas para la tripulación.

(vii) Funcionamiento anormal de los controles de vuelo, como controles de vuelo asimétricos o atascados [por ejemplo: dispositivos hipersustentadores (flaps/slats), aumento de la resistencia aerodinámica (spoilers), dispositivos de control de actitud (alerones, timones de profundidad y de dirección)].

(2) Sistemas de propulsión (incluidos motores, hélices y rotores) y unidades de potencia auxiliar (APU)

(i) Fallo o malfuncionamiento significativo de cualquier pieza o control de una hélice, rotor o grupo motopro pulsor.

(ii) Daño o fallo en el rotor principal o rotor de cola, la transmisión y/o los sistemas equivalentes.

(iii) Apagado o parada en vuelo de cualquier motor o del APU cuando este sea requerido [por ejemplo: operaciones de alcance extendido de las aeronaves bimotor («ETOPS»), lista de equipo mínimo («MEL»)].

(iv) Superación de los límites de funcionamiento del motor, incluidos el exceso de velocidad o la incapacidad de controlar la velocidad de cualquier componente rotatorio de alta velocidad (por ejemplo: APU, arrancador neumático, sistema de refrigeración de aire, turbina de motor, hélice o rotor).

(v) Fallo o malfuncionamiento de cualquier pieza de un motor, grupo motopropulsor, APU o transmisión que provoque uno o más de los sucesos siguientes:

(A) No respuesta de las reversas de empuje al ser accionadas;

(B) Incapacidad de controlar la potencia, el empuje o las revoluciones por minuto;

(C) No contención de componentes o restos.

(c) Interacción con los servicios de navegación aérea (ANS) y la gestión del tránsito aéreo (ATM)

(1) Autorización ATC (control del tráfico aéreo) insegura.

(2) Pérdida prolongada de comunicación con el ATS (servicio de tránsito aéreo) o la unidad ATM.

(3) Instrucciones contradictorias de unidades ATS diferentes que puedan dar lugar a una pérdida de separación.

(4) Malinterpretación de una comunicación por radio que ha

puesto, o que podría haber puesto, en peligro la aeronave, a sus ocupantes o a cualquier otra persona.

(5) Desviación intencionada de una instrucción ATC que ha puesto, o que podría haber puesto, en peligro la aeronave, a sus ocupantes o a cualquier otra persona.

(D) EMERGENCIAS Y OTRAS SITUACIONES CRÍTICAS

(1) Cualquier suceso que dé lugar a una declaración de emergencia (llamada «MAYDAY» o «PAN»).

(2) Cualquier combustión, fusión, humos, emanaciones, arco eléctrico, sobrecalentamiento, incendio o explosión.

(3) Aire contaminado en la cabina de vuelo o en el compartimento de pasajeros que ha puesto, o que podría haber puesto, en peligro la aeronave, a sus ocupantes o a cualquier otra persona.

(4) Falta de aplicación del procedimiento correcto para situaciones no habituales o anormales por parte de la tripulación de vuelo o de cabina para gestionar una situación de emergencia.

(5) Uso de un procedimiento de emergencia o para situaciones anormales que afecte a las prestaciones en vuelo o de aterrizaje.

(6) Fallo de un sistema o equipo de emergencia o rescate que ha puesto, o que podría haber puesto, en peligro la aeronave, a sus ocupantes o a cualquier otra persona.

(7) Presión de cabina incontrolable.

(8) Cantidad críticamente baja de combustible o cantidad de combustible en destino inferior a la cantidad de combustible de reserva final exigida.

(9) Cualquier uso por parte de la tripulación de su sistema de oxígeno.

(10) Incapacitación de un miembro de la tripulación de vuelo o de cabina que tenga como consecuencia la reducción de esta por debajo del número mínimo de tripulación certificada.

(11) Fatiga de la tripulación que repercute o pueda repercutir en su capacidad de llevar a cabo de forma segura sus funciones en vuelo.

(E) ENTORNO EXTERIOR Y METEOROLOGÍA

(1) Una colisión o cuasi-colisión, en tierra o en el aire, con otra

aeronave, el terreno o un obstáculo[1].

(2) Avisos de resolución («RA») del sistema anticolisión de a bordo («ACAS»).

(3) Activación de un «aviso» de genuino de un sistema de prevención de colisiones contra el terreno, tal como el sistema de alerta de proximidad al suelo («GPWS») o el sistema de advertencia y alarma de terreno («TAWS»).

(4) Colisión con fauna, incluida la colisión con aves.

(5) Daños provocados por objetos extraños o restos («FOD»).

(6) Encuentro inesperado con malas condiciones de la superficie de la pista.

(7) Encuentro con turbulencias de estela.

(8) Interferencia con la aeronave mediante armas de fuego, fuegos artificiales, cometas, luces láser, luces láser de alta potencia, sistemas de aeronave pilotada a distancia, aeromodelos o por medios similares.

(9) Impacto de rayo que haya resultado en daños a la aeronave o la pérdida o mal funcionamiento de un sistema de la aeronave.

(10) Encuentro con granizo que haya resultado en daños a la aeronave o la pérdida o mal funcionamiento de un sistema de la aeronave.

(11) Encuentro con turbulencia severa o cualquier encuentro que resulte en lesiones a los ocupantes o que requiera una comprobación por encuentro con turbulencia («Turbulence check») de la aeronave.

(12) Encuentro con cizalladura o cortante de viento (windshear) o tormenta que ha puesto, o que podría haber puesto, en peligro la aeronave, a sus ocupantes o a cualquier otra persona.

(13) Encuentro con condiciones de engelamiento que resulte en dificultades de manejo, daños a la aeronave o la pérdida o mal funcionamiento de un sistema de la aeronave.

(14) Encuentro con cenizas volcánicas.

(F) SEGURIDAD (FÍSICA)

(1) Amenaza de bomba o secuestro.

(2) Dificultad en controlar pasajeros ebrios, violentos o indisciplinados.

(3) Descubrimiento de un polizón.

1. Un obstáculo puede ser un vehículo.

ANEXO II

LISTADO DE AUTORIDADES RELEVANTES EN AVIACIÓN CIVIL

AUTORIDAD AERONÁUTICA PARA LA AVIACIÓN CIVIL

Agencia Estatal de Seguridad Aérea, órgano a través del cual el Ministerio de Fomento, ejerce sus funciones, supervisoras e inspectoras según Real Decreto 184/2008, de 18 de julio.

1990/1992 y 758/1996.

Dirección postal:

AGENCIA ESTATAL DE SEGURIDAD AÉREA

Paseo de la Castellana 112. 28046 Madrid, España.28020 Madrid (España)

(Contactos telefónicos:

- **Recepción y atención al público**:

  (+34) 91 396 80 00

- **Teléfono de Atención a usuarios para trámites electrónicos:**

  (+34) 91 396 85 90

- **Prensa**: comunicación.aesa@seguridadaerea.es

  (+34) 91 396 84 68

  (+34) 91 396 84 96

- **Secretaría de la Dirección de Seguridad de Aeronaves**

  (+34) 91 396 81 00

- **Secretaría de la Dirección de Seguridad de Aviación Civil y Protección al Usuario**

  (+34) 91 396 82 00

- **Secretaría de la Dirección de Seguridad de Aeropuertos y Navegación Aérea**

  (+34) 91 396 83 00

- **Secretaría de la Dirección de Evaluación de la Seguridad y Auditoría**

Técnica Interna

(+34) 91 396 84 00

- **Operaciones Aéreas** (+34) 91 396 80 00
  - ops.aesa@seguridadaerea.es: Consultas relativas a cualquier tipo de operación aérea
  - cat.aesa@seguridadaerea.es: Consultas relativas a las operaciones de operadores de transporte aéreo comercial.
  - mmpp.aesa@seguridadaerea.es: Consultas relativas a Mercancías Peligrosas.
  - elt.aesa@seguridadaerea.es: Consultas relativas de ELTs (Emergency Locator Transmitter).
  - mel.aesa@seguridadaerea.es: Consultas relativas a MEL.
  - helicoptero-ta.aesa@seguridadaerea.es
    - Operaciones de operadores especiales (LCI/SAR);
    - Autorizaciones a empresas de trabajos aéreos españolas (concesión, requisitos, procedimientos, cuestiones relacionadas con el mantenimiento, renovación o modificación de autorizaciones ya concedidas, etc...) y concesión de permisos de vuelos de trabajos aéreos (de fotografía, filmación, publicidad, tratamientos aéreos, observación y patrullaje, traslados de cargas externas, etc...) a compañías ya autorizadas, españolas o de otros estados de la UE.
  - aviaciongeneral.aesa@seguridadaerea.es: Para consultas relativas a:
    - Operaciones no comerciales con avión y helicóptero;
    - Operaciones de aviación general con otro tipo de aeronaves.
  - sobrevuelos.aesa@seguridadaerea.es : Para consultas relativas a la tramitación de permisos de sobrevuelo para aeronaves no OACI ultraligeras, históricas y de construcción por aficionados.

AUTORIDAD DEFINIDORA DE LA POLÍTICA AERONÁUTICA EN AVIACIÓN CIVIL.

Aprueba circulares aeronáuticas, coordina actuaciones entre Fomento y Defensa, y es la máximo representante del Departamento ante organismos nacionales e internacionales.

<u>DIRECTOR GENERAL DE AVIACIÓN CIVIL</u>

Paseo de la Castellana, 67

28071 Madrid (España)

TEL: 34-915 977 000.- FAX: 34-915 975 357

AUTORIDAD AERONÁUTICA PARA LA AVIACIÓN MILITAR

Estado Mayor del Ejército del Aire, órgano a través del cual el Ministerio de Defensa ejerce sus funciones Dirección postal:

CUARTEL GENERAL DEL AIRE

ESTADO MAYOR DEL AIRE

División de Operaciones

Sección de Espacio Aéreo

c/ Romero Robledo, 8

28071 Madrid

TEL: 34-915 032 097

FAX: 34-915 034 496

AENA SME S.A

C/ Arturo Soria, 109

28043 Madrid

TEL: (+34) 913 211 000

ENAIRE

P. E. Las Mercedes - Edificio 2, Avenida de Aragón, 330. 28022, Madrid

900 929 220 (Lunes a jueves de 9:00 a 18:00 h y viernes de 9:00 a 16:00 h.)

Email: info@enaire.es

Direcciones Regionales de ENAIRE

- Servicios Centrales: 900 929 220.
- Centro Norte: 916785230.
- Balear: 971494701.
- Canaria: 928577002.
- Este: 933786101.

- Sur: 954555302

EXPLOTACIÓN Y ADMINISTRACIÓN DE LOS AEROPUERTOS

DIRECCIÓN DE AEROPUERTOS ESPAÑOLES

c/ Peonías, 2 (Edificio azul Piovera)

28042 Madrid (España)

TEL: 34-902 404 407.- FAX: 34-913 211 313

ENTIDAD PRESTATARIA DE SERVICIO DE INFORMACIÓN DE VUELO DE AERÓDROMO (AFIS)

INECO: DIRECCIÓN GENERAL DE AERONÁUTICA

Avenida del Partenón, 4-6.- 4ª planta

28042 Madrid

TEL: 34 914 521 200 .- FAX: 34 914 521 306

ENTIDAD PRESTATARIA DE LOS SERVICIOS MILITARES

El Estado Mayor del Ejército del Aire es la autoridad para la gestión de la circulación aérea operativa y la explotación y administración de las bases aéreas militares.

Dirección postal:

Cuartel General del Ejército del Aire

Estado Mayor del Aire

División de Operaciones

Sección de Espacio Aéreo c/ Romero Robledo, 8

28071 Madrid

TEL: 34-915 032 330.- FAX: 34-915 034 496

AUTORIDAD METEOROLÓGICA CIVIL:

AGENCIA ESTATAL DE METEOROLOGÍA

c/ Leonardo Prieto Castro, 8

Ciudad Universitaria

28040 Madrid

El número de atención telefónica es el 060, y para información general:

https://sede.aemet.gob.es/AEMET/es/GestionPeticiones/NuevaConsulta.

AUTORIDAD METEOROLÓGICA MILITAR:

JEFE DEL ESTADO MAYOR DEL MANDO DE OPERACIONES DEL ESTADO MAYOR DE LA DEFENSA.

Dirección postal:

EMACON

c/ Vitrubio, 1

28006 Madrid (España)

TEL: 34-917 455 399 .- FAX: 34-917 455 090

AUTORIDAD ADUANERA

MINISTERIO DE ECONOMÍA Y HACIENDA

Agencia Tributaria

c/ Infanta Mercedes, 37.

28071 Madrid (España)

TEL: 34-915 837 000

AUTORIDAD DE INMIGRACIÓN

MINISTERIO DE INTERIOR

Comisaría General de Extranjería y Documentación

c/ General Pardiñas, 90 BIS

28071 Madrid (España)

TEL: 34-913 226 806 .- FAX: 34-913 226 842

AUTORIDAD SANITARIA CIVIL:

MINISTERIO DE SANIDAD Y CONSUMO

Dirección General de la Salud Pública y Sanidad Exterior

Subdirección General de Sanidad Exterior

Paseo del Prado, 18-20

28071 Madrid (España)

TEL: 34-915 961 000 / 038 .- FAX: 34-913 601 343

AUTORIDAD SANITARIA MILITAR:

AUTORIDAD ASIGNADA PARA EL MINISTERIO DE DEFENSA

Dirección General de Personal (DIGENPER/MINISDEF)

SUBDEF/INSPECCIÓN GENERAL DE SANIDAD DE LA DEFENSA

Hospital General de la Defensa

Glorieta del Ejército, s/n

28047 Madrid

TEL: 34-901 40 01 00

AUTORIDAD DESIGNADA PARA EL EJÉRCITO DEL AIRE

MANDO DE PERSONAL DEL E.A.

Excmo. Sr. General Director de Sanidad del E.A.

c/ Romero Robledo, 8

28071 Madrid (España)

TEL: 34-915 497 000 .- FAX: 34-915 495 363

AUTORIDAD VETERINARIA Y FITOSANITARIA

MINISTERIO DE MEDIO AMBIENTE RURAL Y MARINO

Sanidad animal y vegetal

DIRECCIÓN GENERAL DE RECURSOS AGRÍCOLAS Y GANADEROS

c/ Alfonso XII, 62

28071 Madrid (España)

TEL: 34-913 475 883

OTRAS DIRECCIONES DE INTERÉS:

A. TARIFAS AEROPORTUARIAS

Aena División de Gestión Económica de Ingresos

c/ Peonías, 2

28042 Madrid (España)

TEL: 34-913 212 628 .- FAX: 34-913 212 686

B. TARIFAS DE NAVEGACIÓN AÉREA

Aena División de Gestión Económica de Navegación Aérea

c/ Juan Ignacio Luca de Tena, 14

28027 Madrid (España)

TEL: 34-913 213 421 .- FAX: 34-913 213 109

INVESTIGACIÓN DE ACCIDENTES DE AERONAVE CIVIL (CIAIAC)

MINISTERIO DE FOMENTO

Comisión de Investigación de Accidentes e Incidentes de Aviación Civil (CIAIAC)

c/ Fruela, 6 - 1º

28011 Madrid (España)

TEL: 34-915 978 900 .- FAX: 34-914 635 535

e-mail: ciaiac@fomento.es

INVESTIGACIÓN DE ACCIDENTES DE AERONAVE MILITAR:

Comisión de Investigación Técnica de Accidentes de Aeronaves Militares (CITAAM)

Cuartel General del Aire

Mando Apoyo Logístico

c/ Romero Robledo, 8

28071 Madrid (España)

TEL: 34-915 034 377

SISTEMA DE NOTIFICACIÓN DE SUCESOS DE LA AESA.

Apartado de Correos 59081

28080 Madrid

- Dirección de correo electrónico: sucesos.aesa@seguridadaerea.es
- Número de fax: 91 301 98 12
- Apartado de correos: 59181. Madrid 28080
- Información y consultas: 91 396 84 14 (directo) / 91 301 98 96 + Extensión 19579

CEANITA

Se ha suprimido.

DEPORTE AÉREO Y ACTIVIDADES RECREATIVAS

AESA. Servicio de Trabajos Aéreos y Aviación Deportiva

Avda. del General Perón, 40

Buerta B, 1ª planta

28020 Madrid

Teléfono: 34-925 978 701/702/723

FAX: 34-925 978 665

SERVICIOS DE TRÁNSITO AÉREO

Dirección de Navegación Aérea de AENA

Avda Aragón. 402. Edificio LAMELA

28022 Madrid

AFTN: LEANYANX

ANEXO III

CUADRO RESUMEN DE NOTIFICACIONES MÁS IMPORTANTES

TIPO DE INCIDENCIA	COMUNICADO O ACCIÓN A TOMAR
A. ACCIDENTES / INCIDENTES GRAVES	El Comandante informará por teléfono a la CIAIAC. Más tarde lo hará por escrito. Ver punto C.1 de este capítulo. Formulario: Capítulo 15.2
B. SUCESOS	El Comandante informará al operador para que éste lo haga a la AESA antes de 72 horas del sucesos que hayan puesto o hayan podido poner en riesgo la operación, y antes de 30 días en los demás casos. Formularios: Capítulo 15.3 Ver lista de sucesos que han de notificarse en el Anexo I de este capítulo
D. INFORME A LA COMPAÑÍA	Para cualquier informe o notificación que se haga a la Compañía se empleará el formulario que la Compañía tenga previsto en su M.O. o de no haberlo se puede redactar el del Capítulo 15.4.
E. Acta de nacimiento	Cap. 15.5
F. Acta de defunción	Cap. 15.6
G. Acta de matrimonio	Cap. 15.7
H. INFORME SOBRE EXTENSIÓN DE ACTIVIDAD O REDUCCIÓN DEL DESCANSO	El informe se dirigirá al departamento de la compañía indicado en el M.O. o en su caso, a la Dirección de Operaciones. Formulario: Capítulo 15.8
I. DENUNCIA ANTE LA AESA	Formulario: Página 15.9

INCIDENCIA	SE DEBE ENTREGAR A...
Acta de defunción a bordo	Registro Civil
Denuncia por infracción administrativa	AESA
Denuncia por delito o falta	Juzgado de guardia o Policía Nacional del aeropuerto

ANEXO IV

ARTÍCULOS PROHIBIDOS A BORDO [2]

Los pasajeros no están autorizados a introducir en la zona restringida de seguridad ni en la cabina de una aeronave los artículos que se enumeran a continuación.

NOTA: Un pasajero puede estar exento de este requisito si:

1. La autoridad competente ha sido informada con antelación y ha dado su acuerdo para que los artículos sean transportados; y
2. El Comandante de la aeronave ha sido informado acerca del pasajero y del artículo o artículos prohibidos que transporta.
3. Si procede se colocarán estos artículos en condiciones seguras.

No se permitirá a los pasajeros transportar ni introducir en las zonas restringidas de seguridad o a bordo de una aeronave los artículos siguientes:

(a) Armas de fuego y otros dispositivos que descarguen proyectiles: dispositivos que puedan utilizarse, o parezca que pueden utilizarse, para causar heridas graves mediante la descarga de un proyectil, entre los que se incluyen:
   (1) Todo tipo de armas de fuego, tales como pistolas, revólveres, rifles o escopetas,
   (2) Pistolas de juguete, reproducciones de armas de fuego y armas de fuego de imitación que puedan confundirse con armas reales,
   (3) Piezas procedentes de armas de fuego, excepto miras telescópicas,
   (4) Armas de aire comprimido y CO_2, tales como pistolas, escopetas de perdigones, rifles y pistolas de balines,
   (5) Pistolas lanza-bengalas y pistolas «estárter» o de señalización,
   (6) Arcos, ballestas y flechas,
   (7) Arpones y fusiles de pesca, y
   (8) Hondas y tirachinas.

(b) Dispositivos para aturdir: dispositivos destinados específicamente a aturdir o inmovilizar, entre los que se incluyen:
   (1) Dispositivos para provocar descargas, tales como pistolas para aturdir, pistolas eléctricas tipo «Taser» o bastones para

2. De acuerdo con el Reglamento (UE) 185/2010, de 4 de marzo, por el que se establecen Medidas detalladas para la aplicación de las Normas Básicas Comunes de Seguridad Aérea, y con la Resolución de 30 de agosto de 2017 de la Secretaría General de Transporte.

aturdir,
(2) Aturdidores para animales y pistolas de matarife, y
(3) Productos químicos, gases y nebulizadores neutralizadores o incapacitantes, tales como macis, rociadores de sustancias picantes, aerosoles de pimienta, gases lacrimógenos, rociadores de ácido y aerosoles repelentes de animales.

(c) Objetos de punta afilada o borde cortante: objetos de punta afilada o un borde cortante que puedan utilizarse para causar heridas graves, incluidos:
(1) Artículos concebidos para cortar, tales como hachas, hachuelas y hendidoras,
(2) Piquetas y picos para hielo,
(3) Navajas y cuchillas de afeitar,
(4) Cortadores de cajas,
(5) Cuchillos y navajas cuyas hojas superen los 6 cm de longitud,
(6) Tijeras cuyas hojas superen los 6 cm medidos a partir del eje,
(7) Equipos de artes marciales punzantes o cortantes, y
(8) Espadas y sables.

(d) Herramientas de trabajo: herramientas que puedan utilizarse bien para causar heridas graves o para amenazar la seguridad de la aeronave, entre las que se incluyen:
(1) Palancas,
(2) Taladros y brocas, incluidos taladros eléctricos portátiles sin cable,
(3) Herramientas dotadas de una hoja o eje de más de 6 cm de longitud que puedan ser usadas como arma, tales como los destornilladores y formones,
(4) Sierras, incluidas sierras eléctricas portátiles sin cable,
(5) Sopletes, y
(6) Pistolas de proyectil fijo y pistolas grapadoras.

(e) Instrumentos romos: objetos que puedan utilizarse para causar heridas graves cuando se utilicen para golpear, incluidos:
(1) Bates de béisbol y sóftbol,
(2) Palos y bastones, como porras y cachiporras, y
(3) Equipos para artes marciales.

(f) Sustancias y dispositivos explosivos e incendiarios: sustancias y dispositivos explosivos e incendiarios que puedan utilizarse, o parezca que pueden utilizarse, para causar heridas graves o para amenazar la seguridad de la aeronave, tales como:
(1) Municiones,
(2) Fulminantes,

   (3) Detonadores y espoletas,
   (4) Reproducciones o imitaciones de dispositivos explosivos,
   (5) Minas, granadas y otras cargas explosivas de uso militar,
   (6) Fuegos de artificio y otros artículos de pirotecnia,
   (7) Botes de humo y cartuchos generadores de humo, y
   (8) Dinamita, pólvora y explosivos plásticos.

(g) Líquidos: Ver capítulo 6.5.3.3.

(h) Otras consideraciones:
   (1) La lista de artículos prohibidos que hemos visto y la información acerca de las excepciones autorizadas se pondrán a disposición del público.
   (2) La autoridad competente podrá prohibir otros artículos además de los estos. La autoridad competente hará esfuerzos razonables por in formar a los pasajeros acerca de dichos artículos antes de que concluyan el procedimiento de facturación del equipaje de bodega.
   (3) Salvo que se prohíba según esta norma, los artículos prohibidos podrán transportarse en el equipaje de bodega, siempre que los pasajeros no dispongan de un acceso sin supervisión a dicho equipaje, desde el punto en que se factura hasta el punto en que se recupera a la llegada.
   (4) El personal de seguridad podrá denegar el acceso a una zona restringida de seguridad y a la cabina de la aeronave a cualquier pasajero en posesión de un artículo que no figure en la lista expuesta al público, sobre el que tenga sospechas.

***

BIBLIOGRAFÍA

Libros recomendados para ampliar estos conocimientos:

- **MANUAL DE CONSULTA DEL COMANDANTE DE AERONAVE**
  Apoyo jurídica para el Comandante
  Autor: Javier Recarte Casanova
  Sólo para Suscriptores del Bufete aeroley.

- **Serie: MANUALES JURÍDICO-AERONÁUTICOS PARA TRIPULANTES Editados por AMAZÓN Libros:**
  1. **Manual de Consulta Jurídica del Piloto de Transporte Aéreo**
     Enero 2022
     Apoyo jurídico del Copiloto
     Autor. Javier Recarte Casanova
  2. **Manual de Consulta Jurídica del TCP**
     Enero 2022
     Apoyo jurídico para el TCP.
     Autor. Javier Recarte Casanova
  3. **El Piloto al Mando en Operaciones Comerciales Especializadas**
     Enero 2022
     Apoyo jurídico para al piloto de trabajos aéreos.
     Autor: Javier Recarte Casanova
  4. **Definiciones y Términos Aeronáuticos**
     Bufete Aeroley. 2ª Edición, Enero 2022
     Javier Recarte Casanova

- **Funciones, Atribuciones, Obligaciones y Responsabilidades del Comandante de Aeronave**
  (Manual de seguimiento del Curso de Responsabilidades)
  Aeroley, 6ª edición. 2021
  Autor. Javier Recarte Casanova

- **Derecho Aeronáutico**
  Editorial Bosch, 2ª ed.
  Autor. Luis Tapia Salinas

- **Derecho Administrativo Aeronáutico:**
  Régimen de la Aviación y el Transporte Aéreo
  Editorial Iustel
  Autor. Marcos Gómez Puente

- **Legislación Aérea**
  Editorial Tecnos
  Autor. Enrique Mapelli

- **Derecho Aeronáutico**
  Industria Gráfica MAE
  Autor. José Daniel Parada Vázquez

- **La Relación Jurídico Aeronáutica**
  Editorial Cedecs
  Autor. José Daniel Parada Vázquez

- **El Comandante de Aeronave**
  Edición de la Dirección Técnica de Vuelo de Iberia LAE
  Compendio de varios autores.

Made in the USA
Coppell, TX
30 April 2022

77270801R00203